Die Todesstrafe.

Ein Gutachten

von

Dr. M. Liepmann,

Professor der Rechte in Kiel.

Berlin 1912.

J. Guttentag, Verlagsbuchhandlung,

G. m. b. H.

Sonderabdruck

aus den

Verhandlungen des XXXI. Deutschen Juristentages.

Inhaltsverzeichnis.

		Seite
§ 1.	Fragestellung und Programm	5
§ 2.	Die abschreckende Wirkung der Todesstrafe in Theorie und Erfahrung	25
§ 3.	Die „Unentbehrlichkeit der Todesstrafe“?	72
§ 4.	Das Anwendungsgebiet der Todesstrafe	107
§ 5.	Die Gefahr eines Justizirrtums und ihre Bedeutung	126
§ 6.	Die „Lebenslänglichen“	177

Gutachten über die Frage:

„Ist die Todesstrafe im künftigen deutschen und österreichischen Strafgesetzbuch beizubehalten?"

---

§ 1: Fragestellung und Programm.

Es kann nicht die Aufgabe eines Gutachtens sein, die Vollständigkeit einer monographischen Darstellung zu erstreben. Daher können und wollen diese Darlegungen weder die Geschichte der Todesstrafe noch den Kampf um ihre Beseitigung in allen seinen historischen, nationalen und internationalen Phasen darstellen, sie sollen keine allgemeine und abstrakte Untersuchung über Wert oder Unwert der Todesstrafe geben, sondern lediglich die Frage für eine konkrete Situation beantworten: können Deutschland und Österreich die Todesstrafe heute in ihren (Zivil-)Strafgesetzbüchern entbehren?

In dieser scheinbar rein konkreten Fragestellung liegt aber in Wahrheit bereits eine Stellungnahme zu dem allgemeinen Problem. Das Urteil nämlich, daß unsere Strafgesetzbücher in Deutschland und Österreich nur unter der Voraussetzung die Todesstrafe beizubehalten ein Recht haben, wenn sie unentbehrlich ist.

Diese Auffassung ist keineswegs selbstverständlich, sie ist das Ergebnis einer historischen und vor allem kulturellen Entwicklung. Es war Beccaria, der 1764 als Erster das Recht der Todesstrafe kritisch prüfte und verneinte, sobald der Nachweis gelungen sei, daß sie für den Staat „weder nützlich noch notwendig" sei. Seitdem hat die Aufklärungsbewegung in immer erneutem Ansturm aus dem gleichen Gesichtspunkt der Betrachtung die Todesstrafe bekämpft. Und „Klassiker" wie „Positivisten" — um die unvollständigen und irreführenden, populären Schlagworte für die Strafrechtsgegensätze des Tages zu nennen — haben sich oft aus verschiedenen Prämissen auf den gleichen Schluß: „die Todesstrafe ist zu beseitigen", geeinigt. Aber auch dort, wo das Urteil zugunsten der Beibehaltung der Todesstrafe ausfällt, — darüber sind sich heute alle einig, wenigstens alle, die Anspruch auf Sachkunde erheben dürfen: niemals ist es selbstverständlich, daß ein neues Strafgesetzbuch in Kulturländern die Todesstrafe weiter bestehen läßt. Ihre einzige Legitimation kann vielmehr nur darin bestehen, daß der Nachweis erbracht wird, daß sie auch für die Zukunft noch nicht zu entbehren sei.

Ist doch jede Strafe, wie wir heute wissen, ein Übel. Für den, der sie zu erleiden hat, aber darüber hinaus zugleich für Staat und Gesellschaft: eine Vernichtung von Kraft und Werten, die nur dann gerechtfertigt ist, wenn die durch die Strafe bekämpften Übel größer sind als die von ihr geschaffenen. Durch das ganze Mittelalter bis zur Aufklärungszeit haben wir mit grausamer Unermüdlichkeit gestraft, und glaubten unsere Pflicht zu tun mit all den qualifizierten Todesstrafen und Verstümmelungen. Erst die Not hat uns die Augen geöffnet und gezeigt, daß wir das Verbrechen mit diesen Mitteln nicht bekämpfen konnten. Aus immer neuen Quellen fand es seine Nahrung, es hätte an „Holz zu Galgen und Hanf zu Stricken gefehlt" [1]), wenn man alle Verbrecher hätte hängen wollen (und können), denen diese Strafe angedroht war. Je grausamer man wurde, um so mehr Brutalität trug man in die Massen, — je unmenschlicher die Staatsgewalt verfuhr, um so leichter verflog der letzte Rest von Menschlichkeit in der Brust des Verbrechers auf Nimmerwiedersehen. Man wollte die schädlichen Wirkungen des Verbrechens bekämpfen, in Wahrheit aber verdarb man unzählige Existenzen, die noch zu retten gewesen wären, nun aber neue und gefährlichere Infektionsstoffe zu Verbrechen weiterverbreiteten.

Wir wissen heute, daß die Strafjustiz durch solches blutige und brutale Dreinschlagen nur dem blinden und kurzsichtigen Affekt des Verletzten oder der erregten Menge dienen kann, ohne die Aufgaben des Rechts wirklich zu erfüllen, daß sie „mit dem Übermaß ihrer nach äußerlichen Symptomen dekretierten Latwergen und Mixturen" nur „Verwüstung anrichtete, wo sie Heilung bringen sollte" [2]). Wir wissen heute, daß die Strafe ihren

---

[1]) Krohne, Lehrbuch der Gefängniskunde, 14.

[2]) Adolf Merkel, Die Lehre von Verbrechen und Strafe, herausgegeben von Liepmann, 1912, 246 (im Druck).

Beruf verfehlt hat, die „nur Wunden schlägt", daß jede Strafe zum Nutzen des Ganzen und soweit als irgend möglich auch zum Nutzen des Rechtsbrechers selbst wirksam werden soll. So ist uns heute — wenigstens in thesi — „selbstverständlich", daß die Freiheitsstrafe den Einzelnen nicht verschlechtern oder gar unbrauchbar für das Leben in der Freiheit machen darf, daß sie ihn vielmehr durch Gewöhnung an Arbeit und Disziplinierung einer Affekte stählen und mit neuen Kräften ausrüsten soll. Aber wir wissen auch, daß das in vielen Fällen trotz aller Bemühungen im Strafvollzug und in der Fürsorge nach der Entlassung ein frommer Wunsch bleiben muß, daß es uns nie gelingen kann, alle schädlichen Reflexwirkungen einer schweren Strafe (Erschwerung des Fortkommens, Rückwirkung auf die Familie des Verbrechers u. ähnl.) zu beseitigen. Daher üben wir heute Zurückhaltung in der Anwendung von Strafen: nicht aus Sentimentalität, aus „Humanitätsduselei", wie der geschmacklose neudeutsche Ausdruck lautet, sondern aus wohlverstandenem Staatsegoismus. Je weniger Strafen, je weniger einschneidende Strafen ein Staat zu verhängen braucht, um so stärker und lebenskräftiger ist sein Bau.

Das sollten Gemeinplätze sein für den Kriminalisten, den Staatsmann, den Historiker, der die Entwicklungsgeschichte der menschlichen Kultur kennt. Aber sobald man über die Todesstrafe und ihren Wert nachdenkt, ist man verpflichtet, sie immer wieder aufs neue lebendig zu machen in unser aller Bewußtsein. Denn es ist klar, daß die Todesstrafe in ganz besonderem Maße diese Übelsnatur aller Strafen besitzt. Zu welchem Endergebnis über sie man auch kommen mag, — das ist sicher, daß sie zunächst alle Züge einer in Kulturstaaten im übrigen überwundenen Strafauffassung trägt. Sie vernichtet und zerstört, sie befriedigt die alten, die jahrtausende alten Instinkte und Leidenschaften des Volkes und dient so dem elementaren Bedürfnis nach Rache und Vergeltung, aber sie dient ihm mit den Mitteln des sinnlichen Zwanges, der physischen Vernichtung. Sie unterscheidet sich von allen andern Strafmitteln durch eine nicht aufzuhebende Kluft. — Diese wollen den Verbrecher die Macht des Rechts in empfindlichen, quantitativ der größten Steigerung fähigen Übeln fühlen lassen von der Geldstrafe bis zur lebenslangen Freiheitsstrafe, immer aber respektieren sie den Verbrecher als Menschen, als Rechtssubjekt, sein „Recht auf das Leben". Bei der Todesstrafe aber wird der Mensch zu einem bloßen Objekt der Vernichtung, sein Leben wird den Anforderungen des Rechts preisgegeben. Während alle Schuld meßbar ist und in den allermannigfachsten Abstufungen innerhalb desselben Verbrechens sich offenbart, wird hier ein unteilbares und unwiderrufliches

Übel zugefügt: „Der Unterschied zwischen der schwersten Freiheitsstrafe und der Lebensstrafe" ist aber „ein viel zu gewaltiger, als daß er die Nuancen der Schuld richtig ausdrückte"[3]). Und schließlich, sie ist irreparabel, obwohl die Möglichkeit einer zu strengen Beurteilung oder eines Verdikts gegen einen Schuldunfähigen oder gar Unschuldigen bei jedem Menschenwerk und ganz besonders bei der Strafrechtspflege eine furchtbare Realität ist.

Alle diese unbestreitbaren Übel in Kauf zu nehmen, dazu ist der Staat und der Gesetzgeber nur dann berechtigt, wenn er nicht anders seine wertvollsten Rechtsgüter und Interessen zu schätzen vermag. Aus welchen Quellen und nach welchen Gesichtspunkten kann man sich ein Urteil über diese Notwendigkeit der Todesstrafe schaffen? Hält man sich bei der Beantwortung dieser Frage von allem Streit der Straftheorien — diesen „querelles allemandes" — fern und bemüht sich auf sicherem Boden zu bleiben, so wird man zunächst die Frage beantworten müssen, ob es Verbrechen gebe, welche auch heute notwendig die staatliche Reaktion der Todesstrafe fordern? Denn jede Strafe ist — in Anwendung wie Androhung, im praktischen Verhalten der Staaten wie in der Reflexion der Gelehrten — stets eine Reaktion gegen das Unrecht im Interesse des Rechts. Also kann sich ihre Eigenart nur bestimmen lassen nach der Eigenart der Verbrechen und dem durch diese ausgelösten und durch die Mittel des Rechts zu befriedigenden Bedürfnis nach Reaktion. Jedes Verbrechen fordert nun eine Bekämpfung durch das Recht, weil es 1. bestimmte schädliche, rechtsfeindliche Wirkungen erzeugt, 2. bestimmte, für Rechtsinteressen und Rechtsordnung gefährliche Wirkungen offenbart, also rechtsfeindliche Ursachen bloßlegt[4]). Damit sind die Prämissen für den Gang unserer Untersuchung gefunden.

1. Gibt es Verbrechen, deren Wirkungen so tiefgreifen und schwer wiegen, daß sie nur durch das Mittel der Vernichtung des Verbrechers zu beseitigen sind? Die Wir-

---

[3]) W. Mittermaier, Handwörterbuch der Schweizerischen Volkswirtschaft, Sozialpolitik und Verwaltung, 1909, Artikel: „Todesstrafe", 1052.

[4]) Ich gehe hier und im folgenden von der Strafauffassung aus, wie sie die sogen. „dritte Schule" vertritt. Die von mir geschilderten Gesichtspunkte sollen aber keine neue „Straftheorie", keine subjektivistischen Werturteile über die Berechtigung und die Grenzen der Strafe entwickeln, sondern sie wollen die in jeder Strafe zum Ausdruck kommenden realen Aufgaben darstellen. Vgl. zu diesen Ausführungen meine Einleitung in das Strafrecht, 188 ff. und Z. f. Strafrechtswissenschaft 28, 1 ff., sowie vor allem A. Merkel, Die Lehre von Verbrechen und Strafe, a. a. O. 209 ff.

kungen des Verbrechens, welche die Strafjustiz angehen, sind durchgängig psychischer Natur. Bei allen schweren Delikten entstehen bei dem unmittelbar Verletzten und den ihm Nahestehenden außer Gefühlen intensiven Schmerzes und dem Trieb zu eigenmächtiger Vergeltung Erregungszustände, die als Gefühle gestörter Sicherheit zu charakterisieren sind. Und diese Unruhe teilt sich weiteren Kreisen mit. Sie befällt die Organe und Hüter der Rechtsordnung, welche die Tat angreift, sie überträgt sich auf diejenigen, welche sich staatlichem Schutze anvertrauen wollen, die Menge der „friedlichen Bürger", welche in ihrem Vertrauen auf die Macht der staatlichen Ordnung erschüttert werden, sie kann wohl auch in besonders eindrucksvollen Fällen die staatlichen Grenzpfähle überschreiten und entfernte Zentren der Kulturgemeinschaft in Furcht und Erbitterung erzittern lassen. In der Seele des Verbrechers zeigen sich die schädlichen Wirkungen der Tat in der Ertötung weiterer Hemmungsvorstellungen im Vertrauen auf die Ohnmacht des Rechts. Und wie bei ihm verstärken schließlich gelungene und namentlich unentdeckt gebliebene Verbrechen bei den Gesinnungsgenossen des Verbrechers die zu gleichartigen Taten hindrängenden Neigungen und Charakterdispositionen[5]). Diesen psychischen Wirkungen der Tat sucht die Strafe entgegenzuwirken, indem sie neue und wenn möglich stärkere Hemmungsvorstellungen gegen das Verbrechen schafft, die Ohnmacht des Unrechts und die Macht des Rechts durch Reaktion gegen den Verbrecher „für alle, die es angeht" praktisch erhärtet, das Genugtuungsbedürfnis des unmittelbar oder mittelbar Verletzten niederzuhalten und dadurch dem sozialen Frieden zu dienen versucht.

Was soll es nun heißen, wenn die These aufgestellt wird, daß es Verbrechen gäbe, deren Wirkungen nur durch die Hinrichtung eines Verbrechers zu beseitigen sein? Offenbar kann das nur der Fall sein, wenn entweder die Todesstrafe einem absoluten Postulat der Gerechtigkeit, einem kategorischen Imperativ entspricht, der auf keine andere Weise Befriedigung zu finden vermag, oder wenn der Staat hierzu genötigt wird durch das Vergeltungsbedürfnis des Verletzten, das sich andernfalls in anarchischen Explosionen der Lynchjustiz Luft machen und damit die Fundamente der staatlichen Ordnung erschüttern würde.

Beide Gesichtspunkte haben durch Jahrhunderte hindurch die Legitimation der Todesstrafe gebildet. Sie war notwendig, solange sie gefordert

[5]) Meine Einleitung in das Strafrecht, 81 und 193 ff.

wurde durch Rechtsbefehle, welche keine Reflexion auf ihren Zweck zuließen, sondern einen absoluten Wert beanspruchten. Das war die Zeit der ersten Rechtsentwicklung bei jedem Volk, die Zeit, da die Anordnungen des Rechts, uralter, nicht verfolgbarer Tradition entspringend, sich in dem geheimnisvollen Nebel göttlicher Befehle verloren. Der Gott befiehlt, der Mensch hat zu folgen, er darf an dem Gebot nicht rütteln, er darf nicht seinen Wert an menschlichen Zwecken prüfen und menschliche Kritik zum Maßstab der Geltung göttlicher Befehle machen. Und da jeder Gott in primitiver Rechtsgemeinschaft vor allem ein Gott des Zornes ist, den man zu fürchten hat, so ist jedes Strafrecht theokratischer Art durch blutige Härte charakterisiert: „je erhabener der Wille ist, gegen welchen der Einzelne sich auflehnt, um so schwerer ist seine Verschuldung, um so strenger die Strafe“ [6]).

Wir kennen dieses „Strafrecht der vorigen Jahrhunderte“, das, „so sehr es sich als ein göttliches aufspreizte, geistig im wesentlichen auf gleichem Boden mit der zu Gewalttätigkeiten geneigten Masse des Volkes“ stand, ja sich vielfach von denselben Leidenschaften, derselben Gefühlsroheit und dem gleichen Aberwitze beherrscht zeigt, we die ordnungsfeindlichen Elemente, mit denen es einen nicht immer glücklichen Krieg führt [6a]). Aber auch abgesehen von dem hiernach historischwohlbegründeten Mißtrauen gegen jede Berufung auf göttliches Gebot in Sachen des Strafrechts ist eine theokratische Begründung des Strafrechts in sich unhaltbar und nur ein Beweis für ein völliges Verkennen der Fundamente unseres Rechts.

Dieses ist in allen seinen Teilen eine menschliche — oft allzumenschliche Einrichtung, entstanden aus menschlichen Interessengegensätzen und Konflikten und dazu bestimmt, menschlichen Werten zum Siege zu verhelfen. Die Zurückführung eines Rechtssatzes und gar einer Strafe auf göttlichen Willen sollte daher für jedes religiöse Gefühl als blasphemische Behauptung zurückgewiesen werden. Wir haben kein Recht, Forderungen gesellschaftlicher Wohlfahrt und staatlicher Selbsterhaltung zu göttlichen Werten zu steigern, wir haben kein Recht zu staatlichem Zwang und Strafgewalt, wenn wir nicht die Verantwortung dafür auf unsere eigenen Schultern zu nehmen und sie aus menschlichen Werten zu rechtfertigen vermögen. Damit sind zwei Auffassungen zur Rechtfertigung der Todesstrafe zurück-

---

[6]) A. Merkel, Die Lehre von Verbrechen und Strafe, 30, ferner 32 und 255.

[6a]) Merkel, a. a. O. 37.

gewiesen. Einmal der Weg Kants und Hegels, die, wie die Strafe überhaupt, auch die Todesstrafe als absolute Forderung der Gerechtigkeit zu postulieren versuchten: Der Mörder „muß" sterben, weil „Gleiches mit Gleichem vergolten werden muß"; „denn da", wie es in Hegels Rechtsphilosophie, ganz im Sinne Kants heißt, „das Leben der ganze Umfang des Daseins ist, so kann die Strafe nicht in einem Werte (d. h. in einer andern gleichwertigen Strafe), den es dafür nicht gibt, sondern wiederum nur in der Entziehung des Lebens bestehen." (§ 101 Zusatz) Ebenso unhaltbar sind die Versuche, die Todesstrafe auf „ewige sittliche Werte" oder auf göttliches Gebot zurückzuführen. So vor allem Richard Rothes „Argumentation", die in der bekannten Reichstagsrede Bismarcks wiederklingt. Niemals kann hiernach um des bloßen Rechtsschutzes, der staatlichen Selbsterhaltung willen die Todesstrafe gerechtfertigt sein: wenn der Staat deshalb zur Tötung des Verbrechers schreite, so sei das reine Polizeimaßregel, die „nur in der Not ihre Entschuldigung" finden könnte, durch die er aber sich selbst „das traurigste Armutszeugnis ausstellen würde"[7]). Bei der Todesstrafe handle es sich aber um das, was der Staat „pflichtgemäß muß nach dem Gesetz der ewigen sittlichen Ordnung, deren Diener er ist, wie er seine Majestät von ihr zu Lehen trägt und an der er folglich nicht ändern darf ... in kurzsichtig törichter Empfindelei" — „der Staat muß ... das ewige sittliche Gesetz anwenden und also auch das unverbrüchliche Gesetz der gerechten Vergeltung"[8]).

---

[7]) Richard Rothe, Theologische Ethik, 2. Aufl. Bd. 5 (1871), 278 ff.

[8]) Allerdings — fährt er fort — „wer der Meinung ist, die Gesetze des Staates seien sein eigenes beliebiges Machwerk, wer von keinem Gesetze über dem Staate weiß, an das er selbst unbedingt gebunden ist bei seiner Gesetzgebung und das er lediglich zu vollstrecken, nicht aber zu meistern hat, der muß die Todesstrafe verdammen", 286/87. Vergleiche hierzu Bismarcks Aufforderung an die „Herren Juristen": „schrecken Sie angesichts der hohen Aufgabe, die Ihnen von der Vorsehung auferlegt ist, nicht vor Erfüllung derselben in ihrem höchsten Stadium zurück und werfen Sie das Richtschwert nicht von sich. Sie können sich dazu nur gedrungen fühlen, wenn Sie Ihrem Arm in seiner Handhabung lediglich menschliche Kraft zutrauen. Eine menschliche Kraft, die keine Rechtfertigung von oben in sich spürt, ist allerdings zur Führung des Richtschwerts nicht stark genug!" — Übrigens gehört die Behauptung zu den Geschichtsfälschungen, daß der Reichstag des Norddeutschen Bundes infolge dieser „großen" Rede (1. März 1870) seine Überzeugung gegen die Todesstrafe aufgegeben habe. In dieser Sitzung stimmten vielmehr 81 Mitglieder für Beibehaltung, 118 für Streichung der Todesstrafe. Erst in der dritten Lesung (23. Mai 1870) als Bismarck den Planckschen Vermittlungsantrag

Das sind Kanzeltöne von hohem, freilich mehr ästhetischem als ethischem Schwung. Und nirgends geben sie eine Lösung oder gar Rechtfertigung der Frage. Abgesehen von dem in ihnen liegenden „ruchlosen Optimismus", die geschichtliche Anwendung der Todesstrafe, das Werk blindesten Aberglaubens, brutalster Grausamkeit, oft rein egoistischer Staatenpolitik als Folge unverbrüchlicher sittlicher Werte aufzufassen, — wo liegt die absolute Notwendigkeit der Todesstrafe? Wer in der Hinrichtung eine Vergeltung von „Gleichem mit Gleichem" sieht, reagiert nach dem Maße des äußeren Erfolges: d. h. dem rohesten und primitivsten Standpunkt der Rechtsauffassung, und müßte die gleiche Forderung bei jedem Delikt mit tödlichem Ausgang: der fahrlässigen Tötung wie dem Affekttotschlag, dem Kindsmord oder andern privilegierten Tötungsfällen erheben. Wer hätte den Mut heute, solche These zu vertreten? — unsere ethischen und religiösen Werturteile würden dagegen ebenso elementar protestieren, wie unsere kriminalpolitischen Forderungen verstandesgemäßer Herkunft. So bleibt für die Rechtfertigung der Todesstrafe vom absoluten Standpunkt einzig und allein die Berufung auf Bibelworte übrig. In der Tat hat auch dieser Standpunkt heute noch seine Anhänger. Begreiflich ist das freilich: wer das „Du sollst nicht töten" als Grundgebot auch für das staatliche Rechtsleben ansieht, kann die Todesstrafe nur aufrechterhalten, wenn andere Gebote Gottes Ausnahmen hiervon zulassen oder befehlen. „Wer Blut vergießt, deß Blut soll wieder vergossen werden." Daß das ein Gebot der mosaischen Gesetzgebung war, derselben Gesetzgebung, die auch dem Sabbathschänder Tod androhte, zeigt zur Genüge, daß das Wort nicht die bleibende Notwendigkeit der Todesstrafe begründen kann. Und dasselbe gilt von den andern biblischen Rechtfertigungsgründen, wie dem „Schwert der Obrigkeit" u. ähnl., die selbst ein Theologe als „fromme Spielereien" verwirft[9]). Daß diese Rechtfertigung andern Bibelworten: „Gott will nicht den Tod des Sünders,

(Beseitigung der Todesstrafe nur in den Staaten des Norddeutschen Bundes, wo sie gesetzlich bereits vorher abgeschafft war, z. B. Sachsen, Oldenburg), vom Standpunkt der politischen Einheit mit ein paar Worten als unannehmbar bezeichnete, änderte der Reichstag sein Votum: mit 8 (!) Stimmen Majorität (127 gegen 119) wurde die Beibehaltung beschlossen, nicht weil die Gegner der Todesstrafe durch Bismarcks Gründe überzeugt wurden, sondern um nicht das ganze Gesetzbuch zu Fall zu bringen.

[9]) Bitzius, Die Todesstrafe vom Standpunkt der Religion und der Theologischen Wissenschaft, 1870, 30. Vgl. ferner Prälat Mehring, Die Frage von der Todesstrafe, 1869, 65 ff. und Hetzel, Die Todesstrafe in ihrer kulturgeschichtlichen Bedeutung, 1870, 40 ff. und 474 ff.

sondern daß er sich bekehre und bessere", „die Rache ist mein, ich will vergelten, spricht der Herr", daß sie den Worten der Bergpredigt und dem Geist des Christentums zuwiderläuft, das alle Menschen — auch die Verbrecher — als Ebenbilder Gottes respektiert und die absolute Unverletzlichkeit und Heiligkeit des menschlichen Lebens, als eines von Gott erhaltenen Geschenkes gepredigt hat [10]), darüber sollten wir uns heute einig sein. Es gibt keine unchristlichere Auffassung, als die Rechtfertigung der Todesstrafe durch das Christentum. Denn es ist in Wahrheit der Geist der Wiedervergeltung, der Blutrache und Talion, der hier das Evangelium zu Hilfe ruft [11]). — zwei Anschauungen von denkbar größter Gegensätzlichkeit!

---

[10]) Vgl. die sehr feinen Darlegungen von F. W. Förster, Schuld und Sühne, 1911, „Indem das Christentum die absolute Unverletzlichkeit des menschlichen Lebens proklamierte und dessen Vernichtung mit der größten Konsequenz bekämpfte, war es sich bewußt, daß allein durch solche Konsequenzen die zerstörendsten Leidenschaften der Menschen einigermaßen eingedämmt werden können. Und in der Tat ist durch nichts die menschliche Roheit so außer Funktion gesetzt, die Macht des Gewissens gegenüber Selbstsucht und Leidenschaft so sehr gestärkt worden als durch jene ausnahmslose Unantastbarkeit des Menschenlebens. So lange es noch ‚unnütze Leben' gibt, die man skrupellos beseitigen darf, so lange haben wir auch noch eine offene Wunde am Organismus der menschlichen Gesellschaft. Von jedem Gebiet, auf dem die Tötung eines Menschen erlaubt ist — und sei diese Tötung noch so feierlich und „wohl begründet" — bringt die Abstumpfung der Scheu vor Vernichtung eines Menschenlebens in alle andern Gebiete ein ... Diese heilige Scheu vor dem Menschenleben wird durch eine staatlich sanktionierte Tötung in der Tiefe der Seele desavouiert. Aus der Berücksichtigung dieser psychologischen Wahrheit heraus hat sich das Christentum von Anfang an der zum Tode Verurteilten angenommen, eben weil es in so universeller Weise Seelsorge trieb, und sehr wohl wußte, was alles in der menschlichen Seele mit der Idee der absoluten Heiligkeit menschlichen Lebens steht und fällt". 128/29. Vgl. außer den genannten noch die englische Literatur, die die Bibelargumente ebenfalls soweit mir bekannt, durchweg gegen die Todesstrafe verwertet: z. B. Girdlestone, Capital Punishment, 1904; Oldfield, The Penalty of Death, 1901 und die kleine Flugschrift: Gasquoine, Capital Punishment and the Divine Law, 1907 (verbreitet von der „Society for the Abolit:on of Capital Punishment" in London; — ich verdanke dem Sekretär dieser Gesellschaft J. F. Tilly mannigfache Förderung in der Beschaffung dieser Literatur).

[11]) Bitzius sagt von den Auffassungen von Kant, Hegel, Richard Rothe mit Recht: „Sie wollten den Staat hoch heben und machten ihn zum Büttel, einen heiligen Geist in das Recht hineintragen und arbeiteten nur der brutalen Gewalt in die Hände; sie meinten, das Recht auf seine tiefsten Grundlagen zu stellen und doch, stößt man nur leise an den stolzen Bau, so fällt der Mörtel ab und das alte, blutige ‚Auge um Auge' schaut hervor." a. a. O. 76.

Diese Auffassung ist denn heute auch wesentlich im Absterben begriffen. Dagegen findet die Rücksicht auf das Vergeltungsbedürfnis, das die Todesstrafe fordere, und das der Staat im eigenen Interesse nicht ignorieren könne, immer noch eine weitgehende Resonanz. Und doch kommt diese Rücksicht, man kann sagen, mindestens ein Jahrhundert zu spät. Daß der Staat sie gebrauchte, solange er um seine Existenz zu kämpfen hatte gegen die destruktiven Tendenzen der Privatrache, daß sie auch heute noch dem Bedürfnis der Menge, namentlich wenn sie unter dem erregenden Einfluß einer Mordtat steht, entspricht — wer wollte das leugnen? Aber diejenigen, die sich in dieser Frage so gern auf die „Volkspsyche" berufen, vergessen, daß sie damit einen Götzen herbeirufen, den sie sonst mit aller Macht aus der Strafrechtspflege verjagt haben. Auch die Prügelstrafe und die verstümmelnden Strafen sind durch die erregte Menge gefordert worden, — und der Staat lebt doch und führt eine viel gesichertere Existenz, obwohl er sich lange in Deutschland und Österreich von solchen plastischen Bewährungsmitteln seiner Macht freigemacht hat. Und wenn wirklich Blut Blut fordert, wie kommt es denn, daß wir heute nur noch für den Mord an der Todesstrafe festhalten und wissen, daß der Verzicht auf sie bei allen andern kriminellen Tötungen keinerlei elementare Rachereaktionen heraufbeschwört? Wäre dieser Trieb wirklich unausrottbar, wie wäre es möglich gewesen, ihn auf den meisten Gebieten seiner Herrschaft gefahrlos zu beseitigen? Die Angst vor dem nicht zu bändigenden Rachetrieb des Volks hat bisher jede Humanisierung des Strafrechts aufzuhalten versucht, und stets, d. h. in einer Erfahrung von mindestens 100 Jahren, hat sich gezeigt, daß diese Furcht unbegründet war. Auch wäre diese Angst doch nur dann begreiflich, wenn die Todesstrafe heute noch eine regelmäßige Betätigung der Strafjustiz wäre — in Wirklichkeit hat sie aber doch, wie selbst Anhänger der Todesstrafe erklären mußten, im Verhältnis zur Strafrechtspflege überhaupt, „so gut wie gar keine" erhebliche praktische Bedeutung. Ein ganz verschwindender Rest im Vergleich zu den ehemaligen Kapitalverbrechen, in wenigen Fällen nur noch im Gesetz angedroht, selten durch Richterspruch ausgesprochen und noch seltener wirklich vollstreckt. So vegetiert sie im Grunde nur noch in Kulturstaaten. Das Vergeltungsbedürfnis der Einzelnen aber lodert bei sehr vielen andern Verbrechen: bei Brandstiftungen, Körperverletzungen, vor allem Sittlichkeitsdelikten noch in alter Heftigkeit auf. Und doch ist der Staat fast überall, wo er ernsthaft und erfolgreich seine Strafjustiz ausübt, dieses Triebes Herr geworden, obwohl der Täter durchweg in diesen Fällen „nur" mit Freiheitsstrafe getroffen wird.

Man weist warnend auf die Lynchjustiz in Amerika. Aber sie hat ganz andere Gründe [12]). Vor allem Rassegegensätze, dann die Unzulänglichkeit von Polizei und Strafjustiz, die langsam, schwerfällig und vor allem unzuverlässig arbeiten. Sie erhebt ihr Haupt, wenn das Volk sieht, daß Verbrecher von bestochenen Polizeibeamten freigelassen werden oder aus ungenügenden Verwahrungsanstalten entkommen, daß ihre Überführung an der Korruption der Richter, der Geschworenen oder der Unzulänglichkeit des Gerichtsverfahrens scheitert. Die Lynchjustiz hat in einem geordneten Staatswesen keine Existenz mehr, sie bricht anderseits aus, wenn jene Mängel sich zeigen, mag auch die Todesstrafe bestehen. Hierfür bieten gerade die Daten aus Amerika einen klassischen Beleg. Nicht die Abolitionsstaaten, sondern gerade die Staaten, in denen die Todesstrafe noch besteht, haben erhebliche Zahlen von Lynchjustiz [13]). 1905 war die Todesstrafe abgeschafft in Maine, Michigan, Rhode Island und Wisconsin. In der Zeit von 1890—1905 kamen nur in Wisconsin 2 Fälle von Lynchjustiz vor, und auch nur in der Zeit von 1890—95. Die 3 übrigen Staaten haben in der ganzen angegebenen Zeit überhaupt keinen einzigen Fall zu verzeichnen! Wohl aber hatten von 1890—1905:

Alabama	119	Hinrichtungen,	206	Lynchakte
Arkansas	100	„	167	„
Georgia	172	„	237	
Lousiana	88	„	224	„
Kentucky	54	„	122	„
Texas	140	„	183	„
Tenessee	63	„	154	„

und so geht es weiter.

Nur 7 Staaten, die die Todesstrafe anwenden, (Connecticut, Massachusetts, New Hampshire, New Jersey, Utah, Vermont, Columbia) kennen in dieser Zeit keine Lynchjustiz.

Angesichts dieser geradezu verblüffenden Zahlen will es nichts sagen, wenn uns ohne nähere Daten [14]) von Colorado berichtet wird, daß

[12]) Vgl. hierüber Cutler, Lynch-Law. An Investigation into the history of Lynching in the United States, 1905.

[13]) Vgl. Ohio State Library, Monthly Bulletin, January 1906.

[14]) Und ich bemerke, daß ich in der großen amerikanischen Literatur vergebens nähere Details hierüber gefunden habe, obwohl mich eine Reihe amerikanischer Kollegen aufs energischste unterstützt haben.

nach Abschaffung der Todesstrafe 1897 im Jahre 1900 drei Mörder (darunter 2 Neger) gelyncht sind. Der eine von diesen Negern wurde durch den — Sheriff, der ihn in Verwahrung hatte, eigenhändigst an den Ort der Lynchexekution geführt [15])! Schon dieses Genrebild einer „Rechtspflege" läßt vermuten, daß andere Gründe, als das Fehlen der Todesstrafe, den Lynchakt erklären. Und diese Meinung bestätigt sich, wenn wir hören, daß vor Abschaffung der Todesstrafe von 1890—96 nicht weniger als 18 Lynchakte vorkamen, und bereits 1902, d. h. ein Jahr nach der Wiedereinführung der Todesstrafe, ein Lynchfall berichtet wird! —

Aber wir brauchen uns gar nicht auf diese amerikanischen Fälle zu beschränken. Auch in andern Ländern, in denen die Todesstrafe besteht, zeigen sich Neigungen zu Lynchakten gerade bei solchen Delikten, bei denen die Todesstrafe mit der größten Wahrscheinlichkeit den Täter trifft. Ich meine Königsmorde und Anarchistendelikte! Wenn es hier der Polizei nicht gelingt, den Täter schleunigst der Menge zu entreißen, so wird er, man kann sagen, mit Sicherheit von dieser niedergeschlagen. Überall haben sich — man denke etwa an die Attentate auf Kaiser Wilhelm I. — solche Szenen abgespielt, die zeigen, daß in Augenblicken der höchsten Erregung Lynchakte verübt werden, ob die Todesstrafe besteht oder nicht, — daß dagegen die Neigung hierzu gefahrlos für den Staat zu unterdrücken ist, sobald der Täter dingfest gemacht wird, und die staatlichen Organe mit ernster Entschlossenheit die Strafverfolgung durchführen.

Nein, wer gefährliche Explosionen des Rachetriebs von der Abschaffung der Todesstrafe befürchtet, wird durch die Erfahrungen der Strafrechtsentwicklung widerlegt. Die Angst vor direktionslosen Entladungen des Mob wäre begründet, wenn die Abschaffung der Todesstrafe sozusagen unmittelbar aus der Barbarei der Strafrechtspflege heraus dekretiert würde. Heute aber, wo hundert und mehr Deliktsfälle ohne Gefahr für den Staat eine Umwandlung von der Todesstrafe in bloße Freiheitsstrafe ausgehalten haben, ist die Meinung, daß nur die letzten kümmerlichen Reste der alten Blutjustiz einen solchen Umwandlungsprozeß nicht zuließen, historisch und psychologisch nicht zu rechtfertigen. Dazu ist unser Staat zu mächtig geworden und unser Vergeltungsbedürfnis selbst bei dem gemeinen Mann viel zu sehr „von des Gedankens Blässe angekränkelt". Seine elementare Kraft zeigt sich nur in den ersten Momenten nach der Tat, — schon in wenigen Wochen ist seine Macht

---

[15]) Cutler, Capital Punishment and Lynching in „Annals of the American Academy of Political and Social Science", Mai 1907.

gebrochen. Wenn man bedenkt, daß es schon in fränkischer Zeit möglich war, der verletzten Sippe die Blutrache „abzukaufen", so erscheint die Behauptung, daß heute die Todesstrafe bei Mord durch das Vergeltungsbedürfnis der Nächstbeteiligten so elementar gefordert werde, daß der Staat daran gebunden sei, zum Mindesten als „ein merkwürdiger Atavismus" [16]). Aber auch da, wo die Lynchinstinkte die Vernichtung des Verbrechers fordern, zeigt die Erfahrung, daß der Staat die Macht hat, sie zu unterdrücken. Solange seine Organe fest bleiben und sich als Herren über die Instinkte des Mob, nicht als bloße Vollstrecker dieser Instinkte, fühlen, haben sie noch stets die Macht dazu gehabt [17]).

Gegen die absolute Geltung des Rachetriebs spricht schließlich unwiderleglich die Rechtseinrichtung der Verjährung. Wenn Jahre und Jahrzehnte nach der Tat vergangen sind, so verbieten die Rechte der meisten modernen Völker[18]) übereinstimmend die Strafverfolgung, ja sogar, auch wenn ein rechtskräftiges Urteil vorliegt, die Vollstreckung der Strafe. Gewiß nicht aus dem technisch-juristischen Grund, daß der Beweis der Schuld nach so langer Zeit nicht mehr mit Sicherheit geführt werden kann, sondern weil das Strafbedürfnis selbst vergänglich ist. Die Strafe soll, wie wir gesehen haben, die psychischen Wirkungen des Verbrechens bekämpfen. Aber diese schwinden mit der Zeit, das Ver-

[16]) Darauf weist Jung, Das Problem des natürlichen Rechts, 1912, 71 mit Recht hin. Vgl. auch 73/4, „daß auf jede nicht ohne Überlegung ausgeführte Tötung ganz ohne Ansehung der Umstände und Antriebe mit lange vorbereiteter und vorangekündigter Wiedertötung geantwortet werden muß, stellt nicht die Gefühlsreaktion unseres Volkes, unserer Zeit und unserer Kultur dar, und ist tatsächlich nicht durch eine uns heute lebendige Überzeugung vom Grund und Zweck der Strafe zu erklären, sondern nur durch die historische Tatsache, daß die religiösen Vorstellungen des „lästigen unkultivierten asiatischen Hirtenvolks der Keniter, wie ein berühmter Alttestamentler in Gießen zu sagen pflegte, infolge einer merkwürdigen Rezeption noch heute ein gewisses Nachleben auf einer im übrigen viel höheren Stufe der religiösen und kulturellen Entwicklung führen".

[17]) Daß für Zeiten der Revolution, des Kriegsrechts oder für koloniale Zustände mit einer andern Psychologie der Massen gerechnet werden muß, steht auf einem andern Blatt. Nur darum handelt es sich, ob das Strafgesetzbuch — abgesehen von solchen Ausnahmezuständen — die Todesstrafe entbehren kann.

[18]) Vgl. über die ganz vereinzelten Einschränkungen in einzelnen modernen Strafgesetzen, (Ausschluß der Strafvollstreckungsverjährung, Beschränkung der Strafverfolgungsverjährung auf Delikte nur bis zu bestimmter Strafhöhe) sowie überhaupt zu dieser Materie Loening, Vgl. Darstellung des deutschen und ausländischen Strafrechts, Allgem. Teil I, 379 ff.

brechen wird nicht mehr empfunden, es wird vergessen, auch bei den Nächstbeteiligten, — würde jetzt noch die Strafe einsetzen, so wäre sie nur noch ein Übel, sie würde es mit den Worten Merkels übernehmen: „Bedürfnisse zu befriedigen, die nicht mehr empfunden werden, Wunden zu heilen, die vernarbt oder einer Heilung nicht mehr zugänglich sind“ [19]). Man sieht also: das ist keine Erfindung der Juristen, das ist nur die Anerkennung einer ganz elementar und allgemein sich unter Menschen geltend machenden Tatsache und realer psychologischer Gesetze. Ist aber das Strafbedürfnis vergänglich, so kann auch nicht der Trieb, der es auslöst, unvergänglich sein: er kann nicht „absolut“, d. h. ewig sich geltend machen. So ist jeder Versuch, die Todesstrafe absolut zu rechtfertigen, hoffnungslos gescheitert. Der Gedanke der Verjährung stellt aber darüber hinaus das Recht der Todesstrafe überhaupt in Frage. Wenn der Mörder nach dem deutschen Strafgesetzbuch 20 Jahre nach Begehung der Tat und — falls es ihm gelingt, sich der Vollstreckung des Urteils zu entziehen — 30 Jahre nach dem Todesurteil überhaupt nicht mehr der staatlichen Strafgewalt (wegen dieses Verbrechens) unterworfen ist, so heißt das: auch ohne Bestrafung verschwinden die rechtsfeindlichen Wirkungen des Verbrechens. So vergänglich sind also selbst die schwersten Verbrechen in ihren Wirkungen, daß der Staat nach längerer Zeit auf jede Strafe verzichten kann und soll. Wie kann man demgegenüber behaupten, daß die Wirkungen eines Verbrechens nur durch die Vernichtung des Verbrechers zu beseitigen seien? Der Vergänglichkeit der Verbrechenswirkungen, welche die Strafe im Interesse des Rechts zu paralysieren hat, widersprechen vielmehr Strafen, welche dauernd und unaufhebbar wirken!

2. Wir fragen aber weiter: Gibt es Verbrechen, welche so gemeingefährliche Ursachen erkennen lassen, daß den Anforderungen des Rechts nur durch die Tötung des Verbrechers gedient werden kann? Es sind im wesentlichen drei Arten von Verbrechensursachen, welche durch Verbrechen und insbesondere schwere Missetaten aufgedeckt werden. Erstens kausale Faktoren in der Person des Täters: mißbilligenswerte psychische Eigenschaften, welche sich zu Motiven für weitere Verbrechen entwickeln können. Zweitens gleiche Eigenschaften, die die Tendenz haben, auch andere Personen zu Taten verwandten Inhalts zu treiben. Und drittens allgemeine, durch das Verbrechen erkennbar gemachte soziale Mißstände, Zustände der Verwahrlosung,

---

[19]) A. Merkel, Lehre von Verbrechen und Strafe a. a. O. 301, Anm.

Abstumpfung oder Erregung, welche den Nährboden für neue Verbrechen bilden. Jede Strafe, die ihre Funktion: die Verbrechensbekämpfung zum Wohle des Rechts voll erfüllen soll, hat diesen Ursachen entgegenzuwirken, indem sie versucht, Hemmungsvorstellungen gegen das Verbrechen in dem Verbrecher und allen ihm Gleichgesinnten zu verstärken oder vielleicht erst zu erzeugen, indem sie weiter positiv jene allgemeinen Verbrechensquellen zu verstopfen versucht.

Gerade auf diesem Gebiete liegen nun auf den ersten Blick die heilkräftigsten Wirkungen der Todesstrafe. Sie beseitigt mit dem Verbrecher zugleich die Möglichkeit, daß dieser Mensch neue Verbrechen begehen kann. Die Androhung der Todesstrafe schafft aber weiter, so glaubt man, die stärksten Gegengewichte für andere, die ohne die Furcht vor der Hinrichtung nicht zu bändigen wären. Die abschreckende Kraft der Todesstrafe rechtfertigt also, so sagt man, dieses äußerste Mittel des Staatszwanges. In der Tat liegt hierin das stärkste Moment zugunsten der Todesstrafe, dasjenige Argument, das zunächst jeden Laien, aber auch jeden Juristen für die Todesstrafe gewinnt. Ich selbst habe jahrelang unter dem Einfluß dieses Arguments gestanden und bin erst durch das Studium der Tatsachen, d. h. überwältigend reicher Massenbeobachtungen aus Ländern mit und ohne Todesstrafe zum Gegner dieser Strafe geworden. Hier liegt daher das Schwergewicht des Kampfes gegen die Todesstrafe. Läßt sich *der Nachweis* erbringen, *daß die Abschaffung der Todesstrafe heute kein gefährliches Experiment mehr darstellt, sondern ohne Schaden für die Rechtssicherheit der Einzelnen wie der Erhaltung des Staatsorganismus durchgeführt werden kann*, so ist damit die Entbehrlichkeit der Todesstrafe für den modernen Staat dargetan. Dieser Nachweis wird unten erbracht werden. Momente der allerverschiedensten Art: die Psychologie der einzelnen Verbrecher und ihrer Taten, Erfahrungen aus kleinen wie großen Staaten, geschichtliche und kriminalstatistische Dokumente verbinden sich zu einem geschlossenen Ganzen, zu dem Ergebnis, daß der Glaube an die Unentbehrlichkeit der Todesstrafe nicht mehr aufrecht erhalten werden kann. Es ist kein Zufall, daß von den ungezählten Schriftstellern, die sich mit der Frage der Todesstrafe eindringlicher beschäftigt haben, nur ein ganz verschwindender Rest sich diesem Ergebnis hat entziehen können. Wir haben ganze Bibliotheken von Werken gegen die Todesstrafe, — aber nicht mehr als ganz wenige Schriften zu ihren Gunsten, keine einzige Monographie, nur ein paar Broschüren, die im besten Fall geistreiche Einfälle enthalten und durchweg in erregtem Ton ihre Stellung verteidigen[20]). Auch das ist kein Zufall: wer sich länger mit der Frage beschäftigt, sieht, daß der Anhänger der Todesstrafe überall unter dem Einfluß vererbter Gefühle kämpft: mag er den „gesunden Menschenverstand" oder die unverkünstelte „Volkspsyche", den gemeinen Mann von der Straße oder den erfahrenen Staatsmann als Gewährsmänner anrufen, in Wahrheit sind es stets unreflektierte und oft undisziplinierte Gefühle, die den Unterton zu seinen Argumentationen bilden. So erklärt sich auch die merkwürdige Mischung aus Gefühlsüberschwang und stumpfem Rationalismus in diesem Lager. Dem Gegner der Todesstrafe wirft ihr Anhänger Sentimentalität vor, er selbst aber empfiehlt die Todesstrafe als das viel weniger grausame Mittel, — „wozu soll man diese Kerle lebenslänglich füttern?" ruft er aus und verteidigt die Todesstrafe vom Standpunkt — der geringeren Kosten, anderseits aber vergleicht er zur Rechtfertigung seines Standpunktes die Hinrichtung des armen Sünders mit dem Heldentod des Kriegers[21]); er hält die Furcht der Abolitionisten vor dem Justizirrtum für schwächlich und nennt selbst jede, auch die kleinste Strafe irreparabel, er verteidigt die Todesstrafe aus dem Wort „Gottes" und — der Vernichtung schädlicher Raubtiere[22])! — Es ist begreiflich, daß solche Argumentationen rhetorisch wirken, niemals aber die Diskussion über diese Frage spruchreif machen konnten. Läßt sich dagegen der Nachweis erbringen, daß die Hinrichtung eines Verbrechers jedenfalls nicht notwendig ist zur Abschreckung anderer, so haben wir für jeden, der in dieser Frage für Überzeugungen überhaupt noch zugängig ist, das Haupthindernis gegen die Beseitigung der Todesstrafe hinweggeräumt. Wir fragen dann weiter, ob dieser Strafe vielleicht sonst ein entscheidender Wert in der Bekämpfung der Verbrechensursachen zukommt? Die Antwort scheint einfach: die Gesellschaft ist vor neuen Verbrechen des Hingerichteten sicher.

Kein Zweifel, daß das ein Vorzug ist. Es fragt sich nur, ob er nicht zu teuer erkauft wird, ob er nicht auf andere rationellere Art erreicht werden kann. Drei Gründe führen zur Bejahung dieser Frage.

Einmal der Gedanke an die Möglichkeit eines Justizirrtums. Wer sich die Tragweite dieser Gefahr und ihre traurige Wirklichkeit für jetzt und

[20]) Ich meine die Arbeiten von Kunze, Pfotenhauer, Freuler, Lacassagne.

[21]) Vgl. die Worte Wahlbergs über diesen „gedankenlosen" Vergleich. Kriminalistische und nationalökonomische Gesichtspunkte mit Rücksicht auf das deutsche Strafrecht, 1872, 102.

[22]) So Laurent, Le criminel, 1908, 241 ff.

alle Zeit zum Bewußtsein bringt, wird leichten Herzens ein Mittel der Strafjustiz aufgeben, wenn der Staat aus Gründen der Sicherheit darauf ruhig verzichten kann. Zweitens die Kenntnis derjenigen Verbrecher, für die die Todesstrafe bestimmt ist. Es ist eine „grundfalsche Voraussetzung", daß „die schwersten Verbrecher immer die verworfensten Menschen seien" [23]): „Mörder sind weder die am tiefsten stehenden noch etwa die hoffnungslosesten unter den Verbrechern" [24]). Es gibt Verbrecher, die eine viel größere Gemeinheit und Minderwertigkeit offenbaren, z. B. gewerbsmäßige Messerstecher und Sittlichkeitsverbrecher. Und gerade diejenigen Mörder, welche zu den hoffnungslosen und völlig vertierten Exemplaren des Menschengeschlechts gehören, sind fast durchweg geistig gestörte, schwer psychopathische Entartete und entgehen aus diesem Grunde meistens dem Schaffot. Ist es möglich, die Gesellschaft vor diesen gefährlichsten aller Kriminellen zu schützen, sei es, daß man sie in Irrenhäusern oder im Zuchthaus interniert, so ist nicht einzusehen, warum nicht auch bei allen übrigen Mördern die gleiche Maßregel zum Schutz der Gesellschaft genügen sollte. Zum nicht geringen Teil sind die Mörder aus schwerwiegenden Motiven, oft unter dem Einfluß stärkster Erregung und mitwirkender pathologischer Prozesse zu ihrer Tat gekommen. Daher ist die Gefahr eines Rückfalls bei ihnen auch viel geringer als bei andern Roheits- oder Eigentumsverbrechern. Leider fehlen uns allgemeinere Untersuchungen über die kriminelle Eigenart der Mörder. Wir wissen nicht einmal, wieviele von ihnen kriminell belastet und vorbestraft waren, als sie ihre Tat begingen. Immerhin kann ich zwei Daten angeben, die uns zeigen, daß wir es bei den Mördern vermutlich nur zum geringen Teil mit gewerbsmäßigen, d. h. präsumtiv unverbesserlichen Verbrechern zu tun haben. Auf eine Anfrage im englischen Unterhause ist 1909 eine amtliche Auskunft über die Vorbestrafungen von Mördern gegeben worden für die Zeit von 1899—1908 in England und Wales. Von 156 Mördern (murder), die in dieser Zeit hingerichtet wurden, waren nicht weniger als 118, welche niemals vorher verurteilt waren, 21 waren von ihnen nur einmal vorbestraft! Ein ähnlich günstiges Bild zeigen die Zahlen der zum Tode verurteilten Begnadigten aus der gleichen Zeit: von 127 waren 110 nicht vorbestraft, 7 nur einmal vor-

---

[23]) Wahlberg, Die gesetzliche Herrschaft der Todesstrafe und die Begnadigungspraxis, in Ges. Schriften über Strafrecht, Strafprozeß usw. in Österreich, 1875, I, 180.

[24]) Tallack, Penological and Preventive Principles, London 1889. 164.

bestraft [25]). Wahlberg berichtet aus Österreich, daß von 282 zum Tode Verurteilten nur etwa 70 früher vorbestraft waren [25a]).

Und weiter zeigten uns die Erfahrungen an lebenslänglich Verurteilten und Begnadigten, über die noch zu berichten sein wird, daß auch die Gefahr von Ausbrüchen oder Attentaten gegen Mitgefangene oder Beamte — das letzte Argument, auf das sich die Anhänger der Todesstrafe zurückziehen — zu den ganz verschwindend seltenen Ausnahmen gehört, zu den Ausnahmen, die durch bessere Schulung für die Aufgaben des Strafvollzugs, insbesondere rechtzeitige Erkenntnis beginnender pathologischer Erregungszustände und rationelle Sicherheitseinrichtungen in modernen Strafanstalten vollkommen zu beseitigen sind. Und die nicht vereinzelten Bekundungen über solche Mörder, die, „sittlich voll gesundet", der Gesellschaft wieder als nützliche Glieder zurückgegeben werden könnten, die sich in dem harten „purgatorio" des Zuchthauses als aufopferungsfähig und pflichttreu durch Jahrzehnte hindurch bewährt haben, — alles das zeigt uns, daß wir auch ohne das Schafott die individuellen Ursachen in der Person des Verbrechers erfolgreich bekämpfen können. Schließlich drittens: die Todesstrafe ist nicht bloß entbehrlich, sondern sie ist zugleich eine gefährliche und unzulängliche Waffe. Denn sie lenkt die Aufmerksamkeit des Volkes und der Gesetzgebung von den wichtigsten Maßregeln zur Bekämpfung der allgemeinen Verbrechensursachen ab. Es ist leicht, dem aufgeregten Pöbel durch das Schafott eine sinnlich einleuchtende Strafjustiz vorzutäuschen — aber der Henker ist in Wahrheit nur „der Charlatan der Strafjustiz" [26]). Man hat ein Menschenleben vernichtet, aber weiter nichts. Gerade in Staaten, in denen die kriminelle Situation, ob mit Recht oder Unrecht, der öffentlichen Meinung kritisch erscheint, wo der Schrei nach der Todesstrafe [27]) zu den Organen der Gesetzgebung und Regierung dringt, zeigt sich, wie gefährlich der Glaube ist, daß durch

---

[25]) Society for the Abolition of Capital Punishment, Leaflet Nr. 9, London.

[25a]) Wahlberg, Gesetzl. Herrsch. d. Todesstrafe, 182.

[26]) Cruppi, Documents parlementaires, Chambre de Députés, 1907, 10.

[27]) „Gewisse robuste Herren sprechen immer von ‚hysterischer Angst' vor starken Mitteln. In Wahrheit aber kommt der Schrei nach der Todesstrafe vielfach nicht aus gesundem Ernste, sondern aus einem durch „grausige Taten gestörten Nervensystem" und trägt „alle Zeichen neurasthenischer Erregung an sich". Förster a. a. O. 128.

Hängen oder Köpfen das Verbrechen zu bekämpfen sei. Es ist leicht und bequem für den Staat, den Henker in Bewegung zu setzen und das Volk damit zu beruhigen. Sehr schwer aber ist es und nur mit Anspannung aller staatlichen und sozialen Kräfte zu erreichen, daß Einrichtungen geschaffen werden, die die Wiederholung schwerer Mordtaten zu verhindern und die Keime zu den gefährlichsten Untaten zu unterdrücken versuchen, ehe es zu spät ist. Die Anarchisten, die Apachen, die Lustmörder bekämpfen zu wollen dadurch, daß man einige Exemplare köpft, — das ist ein kurzsichtiger Aberglaube, ein Versuch mit absolut untauglichen Mitteln. Dafür bietet uns gerade das gegenwärtige Frankreich[28]) ein deprimierendes Beispiel. Man verbessere den polizeilichen Überwachungs- und Sicherheitsdienst, man bekämpfe die schlimmsten Auswüchse des Alkoholismus durch Prohibitivmaßregeln und energische Bestrafung, man verjage durch zielbewußte Ausweisung und Aufenthaltsanweisung die in Großstädten zusammengehäuften und organisierten Verbrecherzentren. Und wenn dazu noch die Einrichtungen von Armenpflege und Fürsorge verfeinert werden, so würde Frankreich in kurzem von seiner Apachenfurcht, vor allem aber von den Apachen selber befreit sein. Aber freilich dazu gehört zielbewußte energische Arbeit und Geld [29]), dazu genügen nicht bloß Exzitationen von Furcht und Wut; das Köpfen ist viel einfacher und — billiger. Aber seine Wirkungen sind auch danach. Man sieht ja, wie wenig gerade in Frankreich durch solche „starken Mittel" erreicht wird!

Aber man hat gesagt: — um zu zeigen, daß die alten Strafmittel aus dem Mittelalter auch eine Beleuchtung durch die allerneuesten Horizonte vertragen — die Todesstrafe scheidet doch die gefährlichsten Elemente aus der Gesellschaft aus und bekämpft so durch künstliche Selektion die Ursachen des Verbrechens [30]). Mit Recht hat man diesen Gedanken als Naivetät zurückgewiesen: kann die Rasse wirklich gebessert werden durch wenige Hinrichtungen im Jahre — und kann die Art fortgepflanzt werden,

---

[28]) Vgl. unten S. 668 ff.

[29]) Man vgl. die Klage von Vidal über die kurzsichtige Sparwirtschaft gerade in Dingen der Strafpolizei und Strafjustiz: „la puérile préoccupation gouvernementale de faire des économies sur le budget de la justice, le plus misérable et le plus indispensable de tous les budgets", Considérations sur l'état actuel de la criminalité en France et les caractères de la criminalité moderne, 1904, 28.

[30]) Das ist ein Gesichtspunkt, der insbesondere bei den italienischen Positivisten, z. B. Garofalo, Lombroso eine Rolle spielt. Er findet sich aber auch anderwärts, z. B. bei A. Macdonald, Death Penalty and Homicide, in the American Journal of Sociology, Bd. 16 (1910), 90.

wenn der Täter zum ergastolo verurteilt wird [30a])? Und müßte man nicht, worauf Ferri hinweist, in Italien wenigstens 1000, in Frankreich wenigstens 250 im Jahr exekutieren, anstatt 7 oder 8, wollte man wirklich mit diesem Gedanken Ernst machen [31])?

Das Ergebnis ist also: die Todesstrafe beseitigt zwar den Verbrecher, aber es besteht für den modernen Staat keine Notwendigkeit mehr, ihn auf diese Weise für die Gesellschaft unschädlich zu machen. Im übrigen aber können durch die bloße Vernichtung des Verbrechers gerade die allgemeinen und gefährlichsten Keime zu schweren Verbrechen niemals bekämpft werden [32]). Der Glaube an die Heilkraft der Todesstrafe ist ein durch die Erfahrungen der Vergangenheit und Gegenwart längst widerlegter Aberglaube, — eine moderne Regierung, die sich von diesem primitiven und rudimentären Strafmittel greifbaren Nutzen verspricht, treibt — Quacksalberei. Noch nach einer letzten Richtung ignoriert die Todesstrafe die Ursachen des Verbrechens. Wir wissen heute, daß kein Verbrechen des Verbrechers ureigenstes und alleiniges Werk ist, sondern daß es aus tausend individuellen und sozialen Quellen stammt, die andere mitbelasten: so daß also an jedem Verbrechen eine Mitschuld der Gesellschaft besteht. Diese Erkenntnis hat das Verantwortlichkeitsgefühl auf allen Gebieten des sozialen Lebens wesentlich geschärft und damit zugleich den Weg gewiesen zur zweckmäßigen Bekämpfung sozialer Mißstände — sie hat unsere Strafjustiz humaner und doch zugleich erfolgreicher gemacht. Solange wir die Todesstrafe haben, sündigen wir gegen diese Grundlagen des modernen Strafrechts. Wir vergessen, worauf Jellinek [33]) hinweist, daß auch bei dem schwersten Verbrechen diese Mitschuld der Gesellschaft zutage tritt, für die der Einzelne nicht bestraft werden dürfte: „geteilte Schuld verlangt eine teilbare Strafe". Auch aus diesem Grunde ist die Todesstrafe abzulehnen. — Damit ist das Programm für die nun folgenden Ausführungen, entwickelt und der eigene Standpunkt fixiert. — Noch ein Wort über die

---

[30a]) So Longhi, Repressione e Prevenzione nel Diritto Penale Attuale, 1911, 932.

[31]) Ferri, La sociologie criminelle, (1893) 527 ff.

[32]) Vgl. das Wort von Lord Lytton: „Society has erected the gallows at the end of the lane instead of guide posts and direction boards at the beginning", aus General Curtis Rede über die Todesstrafe, in den Publikationen der Howard Association, London, 1891, 3.

[33]) Jellinek, Moralstatistik und Todesstrafe, Ausgewählte Reden und Schriften I, 1911, 71/72.

Literatur. Wir haben über die Frage eine ganz unübersehbare Literatur in allen Kultursprachen. Alle möglichen Register von kühlster Empirie zur kühnsten Spekulation, historische, dogmatische, psychologische und normative, statistische und rationalistische Gesichtspunkte, Verstandeserwägungen und Gefühlsmomente sprechen hier zu uns. Ihre Beschaffung ist mit Schwierigkeiten verbunden, von deren Größe sich kaum jemand eine richtige Vorstellung machen kann, der nicht selbst die Frage bearbeitet hat. Selbst unsere besten deutschen Bibliotheken auf strafrechtlichem Gebiet: die Reichsgerichtsbibliothek und die Bibliothek des Kriminalistischen Seminars in Berlin versagen, von den übrigen Universitätsbibliotheken ganz zu schweigen. Das dringende Bedürfnis eines Forschungsinstituts für Rechtsvergleichung ist mir bei dieser Gelegenheit wieder einmal aufs deutlichste fühlbar geworden.

Ohne sehr werktätige Unterstützung inländischer und ausländischer Zentralbehörden und Strafanstaltsdirektionen, ohne die von amerikanischen Governors auf meine Bitte veranlaßten statistischen Enqueten, die Hilfe des Institut Solvay in Brüssel, der Berner Landesbibliothek hätte ich unmöglich ein deutliches Bild von der Frage bekommen können. Ihnen allen gilt mein wärmster Dank. Ebenso den vielen Kollegen und Fachmännern, die mich durch Anregungen und Auskunft unterstützt haben, in Deutschland meinen Kollegen Mittermaier, Freudenthal, Delaquis, Kohlrausch; in Frankreich Garçon, in Belgien Prins und dem Chef des statistischen Bureaus Gillard, in Holland van Hamel, in England dem Sekretär der „Society for the abolition of the Capital Punishment" Frederick Tilly, in Amerika dem Superintendent der Central Howard Association in Chicago Emory Lyon, dem Präsident der Prison Association Eugene Smith in New York, dem Herausgeber des Journal of Criminal Law and Criminology Robert Harvey Gault in Chicago, den Professoren Henderson in Chicago und Arthur Macdonald in Washington, meinem Kollegen Tanoviceano in Bukarest, dem Sekretär des Board of State Charities in Indianopolis, Amos W. Butler; Dr. Vambéry in Budapest und Professor Serlachius-Helsingfors.

§ 2. Die abschreckende Wirkung der Todesstrafe in Theorie und Erfahrung.

I. Jeder Laie, der anfängt über die Frage des Wertes der Todesstrafe nachzudenken und viele, die ohne das urteilen, halten die Todesstrafe für notwendig als Abschreckungsmittel. Es erscheint ihnen keines weiteren Beweises bedürftig, daß die Androhung der Todesstrafe und der Gedanke an ihren Vollzug einen sehr starken Einfluß zur Überwindung von Tötungsvorsätzen ausüben, daß sie die Kraft einer Hemmungsvorstellung in viel stärkerem Maße besitzen als jede andere Strafe: das Einzige, wie sie meinen, was manchen verhindere, zum Mörder zu werden.

Ein einleuchtender Gedankengang. Aber die Psychologie der Abschreckung ist nicht so vulgär einleuchtend. Es ist klar: jede — ernsthafte — Strafe **kann** abschrecken, und, da die Todesstrafe dem Gros der Menschen als die schwerste erscheint, hat sie, scheint's, auch die Kraft, am stärksten abzuschrecken. Die Voraussetzung dafür, daß diese Rechnung stimmt, ist aber einmal, daß bei dem Mörder während der Entschlußfassung oder zum mindesten vor Beginn der Ausführung die Vorstellung von der drohenden Todesstrafe über die Schwelle des Bewußtseins tritt, zweitens, daß sie ihn stärker gefühlswertig beeinflußt als die zur Tat treibenden Vorstellungen und Gefühle. — Ob diese Voraussetzungen, wenn auch nur regelmäßig, bei der Begehung von Verbrechen zutreffen, ist zunächst durch eine allgemeine psychologische Untersuchung festzustellen.

Zu diesem Zweck ist **die Entstehungsgeschichte einer menschlichen Handlung** zu prüfen. Es ist klar, daß wir nur dann eine Veränderung des gegenwärtigen Zustandes anstreben, wenn uns bestimmte, in unserem Bewußtsein auftretende Gefühle emotionaler Art als treibende Kräfte bestimmen. Der gegenwärtige Zustand vor der Handlung muß dem Bewußtsein Unlust erwecken und zur Beseitigung drängen. Die Vorstellung des durch die Handlung zu erreichenden Zwecks anderseits muß als ein lustschaffender zukünftiger Zustand von unserem Bewußtsein empfunden werden. Nicht das bloße Vorstellungsbewußtsein von den Folgen, sondern nur ihre gefühlsmäßige Wertung löst die Kausalität des Handelnden aus [34]). Neben dem unmittelbar erlebten Gefühl der Unlust muß also ein Gefühl der Lust den Handelnden treiben, das auf ein Zukünftiges, durch die Handlung erst zu Verwirklichendes gerichtet ist. Offenbar kann nun ein zukünftiger Zustand nur dann unserem Bewußtsein als Lust erscheinen, wenn er eine Reproduktion oder Kombination

---

[34]) „Die Wahl einer Handlung wird durch das Bewußtsein ihrer Folgen nur insofern bestimmt, als diese ihrerseits Wertgefühle hervorzurufen vermögen. Wo das nicht der Fall ist, da hilft das Erwecken von Vorstellungen nichts. Bleiben diese gleichgültig, so werden sie keine Momente der Wahl. Man kann von den Folgen predigen, soviel man will — es ist umsonst, wenn man damit nicht an Gefühle appelliert." **Windelband**, Über Willensfreiheit, 1904, 55/56.

von früher Erlebtem ist. Daher nennt Windelband auch, dem dieser Gedankengang entnommen ist, diese zum Handeln treibenden, nicht unmittelbar erlebten, sondern nur vorgestellten Gefühle Erinnerungs- oder Phantasiegefühle[35]). Die Wirksamkeit dieser Gefühle erklärt sich aus den psychischen Nachwirkungen früherer Vorstellungen und Gefühle, die das Ich erlebt hat: ein bestimmter Grundstock von allgemeinen unbewußt den Handelnden erregenden Tendenzen gibt der Gegenwart Wert und Richtung, bestimmt die individuelle Reaktion auf den konkreten Reiz zur Handlung. Bei allen entwickelteren Handlungsvorgängen — und jedes Verbrechen stellt auch in seinen einfachsten Erscheinungsformen einen überaus komplizierten psychologischen Vorgang dar — treten nun diese Nachwirkungen der Vergangenheit nicht als eindeutige Antriebe auf, sondern sie geben dem Bewußtsein verschiedene Möglichkeiten, ein pro und contra zur Wahl, den Reiz zur Handlung fördernde und ihn hemmende Erinnerungsgefühle. Den Erinnerungsgefühlen der Lust treten mit andern Worten im Bewußtsein Erinnerungsgefühle der Unlust entgegen. Es ist klar, daß die Handlung nur erfolgt, wenn das erwartete Lustgefühl dem Handelnden stärker erscheint als die ihm ebenfalls bewußt werdenden Unlustgefühle oder wie man auch sagen kann, wenn das Gefühl von den vorgestellten möglichen unangenehmen Folgen des Geschehens geringer wirkt als die augenblicklich erlebte, drückend empfundene Unlust. Hierauf baute bekanntlich Feuerbach seine Straftheorie: er meinte, die Antriebe zum Verbrechen könnten nur dadurch aufgehoben werden, daß jeder wisse, auf seine Tat werde unausbleiblich ein Übel folgen, welches größer sei, als die Unlust, die aus dem nicht befriedigten Antrieb zur Tat entspringe[36]). Der Grundfehler dieser Theorie lag in einer irrigen Psychologie.

Wie kann die Strafdrohung das Bewußtsein erwecken, daß sie „unausbleiblich" an dem Täter verwirklicht werden würde? Offenbar kann dieses Bewußtsein niemals durch die Art der Strafdrohung, sondern nur dadurch erzielt werden, daß die Justiz so prompt und unfehlbar sicher ihre Funktion ausübt, und ferner daß diese Wirksamkeit auch dem Täter vor der Tat zum Bewußtsein kommt. Weder das Eine noch das Andere kann die Strafdrohung garantieren. Aber auch sonst hat der Staat

---

[35]) Windelband a. a. O. 56. Vgl. auch die instruktive Darstellung dieser Vorgänge bei E. Wentscher, Der Wille, 10 ff.

[36]) Feuerbach, Lehrbuch des gemeinen in Deutschland gültigen peinlichen Rechts, 9. Aufl. (1826), § 13 und Revision der Grundsätze und Grundbegriffe des peinlichen Rechts, I u. II (1799/1800).

keine Macht über die Erzeugung einer solchen Bewußtseinsrichtung. Abgesehen davon, daß er ja selber niemals auf jene „Unausbleiblichkeit" der Straffolge rechnen kann, wie soll er es erreichen, daß der Verbrecher vor der Tat an sie denkt und auch glaubt? Er braucht an sie überhaupt nicht zu denken — läßt doch ein starkes Gefühl, das zum Handeln treibt, oft die nächstliegenden Vorstellungen nicht aufkommen, namentlich wenn sie geeignet wären, dem Verlangen ein Hindernis zu bereiten. Und vollends können die Machtmittel des Staates nicht erzwingen, daß der Verbrecher diese Straffolgen als unausbleiblich perzipiert. Keine Staatsmacht kann ausnahmslos verhindern, daß ein Verbrecher ihrem Einfluß entgeht — wie also soll sie erreichen, daß der Täter nicht an diese offenliegende Tatsache sich erinnert, sondern die der Erfahrung widersprechende Unentrinnbarkeit der Strafjustiz bei seiner Tat annimmt? Selbst wenn aber die Ergreifung des Täters mit Sicherheit zu erwarten wäre, so folgt daraus doch noch nicht, daß der Täter selbst seine Chancen vor der Tat auch so einschätzt. Mit Recht betont Windelband, daß die Motivationskraft der Erwartungsgefühle durch den Grad der Wahrscheinlichkeit bestimmt werde, der für den wirklichen Eintritt des vorgestellten Gefühlsgegenstandes — hier der Straffolgen — angenommen werde. Dieser Wahrscheinlichkeitsgrad selbst aber habe selbst wieder „etwas Gefühlsmäßiges an sich": nicht durch die sachliche Überlegung, wir können sagen: durch die richtige Erkenntnis der Situation, sondern „durch individuelle Dispositionen der Stimmung und des Temperaments" komme er zustande [37]. Ob er überhaupt dem Täter zum Bewußtsein kommt und wie stark er ihn gefühlsmäßig bestimmt, ist daher ganz und gar unberechenbar.

Dazu kommt ein zweiter Fehler. Die Lust zum Verbrechen soll durch die stärkere Unlust der Strafe bekämpft werden. So meinte Feuerbach, und die Strafjustiz hat von alters her bis über seine Zeit hinaus das gleiche Rezept befolgt. Sie hat die Strafen verschärft und sie mit wahrhaft teuflischer Phantasie zu dem denkbar größten Maß von menschlicher Qual hinaufgesteigert. Und sie glaubte, wenn nun noch der Galgen jede Landstraße zierte, und die Leichname der Geräderten und Gehenkten jedem „zum abscheulichen Exempel" entgegenstarrten, so sei das der richtige Weg, die Lust zum Verbrechen zu bekämpfen. Sie übersah aber, daß grausame Strafen auf die Dauer nur abstumpften und nur neue Keime zur Grausamkeit in die Massen des Volkes legten, daß die Roheit

[37]) Windelband, 63 ff.

der Strafmittel nur die Roheit des Verbrechers erhöhte, keineswegs aber die Antriebe zum Verbrechen unterdrücken konnte. So lehrt die Geschichte des Strafrechts mit flammenden Zügen: „Die Länder und Zeitalter der härtesten Strafen sahen auch die blutigsten und unmenschlichsten Verbrechen“ [38]). Dieser geschichtliche Rückblick allein widerlegt Feuerbachs Theorie. Es ist ein Irrwahn, daß die abschreckende Kraft der Strafe zunimmt mit ihrer steigenden Schwere [39]). Mag die Strafe noch so schwer sein, so folgt daraus gewiß nicht, daß nun auch das Gefühl von der möglicherweise zu erwartenden Strafe dem Täter eines Verbrechens besonders intensiv zum Bewußtsein kommt. Die Stärke dieses Gefühls läßt sich schlechterdings nicht durch Strafdrohungen hervorzaubern. Ob es überhaupt sich einstellt und mit welcher Kraft es die Entschlußfassung zu bestimmen versucht, hängt von ganz andern Faktoren ab, wie wir gezeigt haben. Es muß sogar — nach gesicherter Kenntnis unserer Verbrecherwelt — als ganz verschwindende Ausnahme bezeichnet werden, daß der Gedanke an die konkrete Strafdrohung dem Täter zum Bewußtsein kommt. Daher hat auch niemals ein Strafgesetz die Kenntnis von der in concreto angedrohten Strafe als Voraussetzung der Bestrafung angesehen. Und ebenso gibt es heute wenigstens keine Straftheorie, die ein Bewußtsein der Strafbarkeit auf seiten des Täters verlangt. Daß er vollends an die konkrete Strafdrohung gedacht haben müsse, hat, so viel ich weiß, auch in Zeiten ausschweifendster Theoretisiererei der Kriminalisten, niemand gefordert. Daraus ergibt sich, daß die Erfahrung auf das Auftreten dieser Vorstellung überhaupt nicht rechnet, jedenfalls ihm gar keinen entscheidenden Wert beimißt. So ist die abschreckende Kraft der Strafdrohung schlechthin als problematisch anzusehen. Zumal bei allen Delikten, welche sinnlichen Affekten und Triebkräften entspringen, beherrscht die Intensität der das Verlangen aufpeitschenden Unlust und die Stärke der von der Handlung erwarteten

---

[38]) Beccaria, Dei delitti e delle pene, übersetzt von Glaser, 2. Aufl. (1876) 65.

[39]) Freilich gehört diese Meinung immer noch zu dem ständigen Inventar der Laienauffassung. Aber auch Gesetzgebung und Regierungsanschauungen sind noch heute von ihr beeinflußt: „Kein Optimismus ist ja bei den Regierungen von alters her so verbreitet, wie der des Vertrauens in die Wirksamkeit der Strafjustiz überhaupt und einer von Humanitätsrücksichten nicht angekränkelten Strafjustiz insbesondere“, Merkel, Verbrechen und Strafe a. a. O. 333/34. Vgl. auch Desprez, De la peine de mort, 1870, 89: „es ist eine Narrheit, von der Strenge des Strafgesetzes zu verlangen, daß sie das Verbrechen aus der Welt schaffe, sie kann nur den Verbrecher selbst beseitigen“.

und gefühlsmäßig vorempfundenen Lust den Täter so vollständig, daß jedes andere Bild und vor allem jedes Hemmungsgefühl dagegen vollkommen verblaßt. Die Psychologie des Verlangens erklärt, warum Leidenschaftsdelikte so oft völlig blind gegen die elementarsten Vorsichtsmaßregeln begangen werden. Der Täter mußte sich doch sagen — meint dann wohl der kluge nachträgliche Beurteiler —, daß er ohne Hoffnung auf Entweichen unmittelbar in flagranti gefaßt werden würde. Ja, er mußte sich sagen, wenn er das Bewußtsein der Folgen der Tat überhaupt gehabt hätte, — er aber lebte nur den Antrieben des Augenblicks und sah und dachte nichts anderes.

Anders — aber nicht besser für unsere Frage — liegt die Situation bei allen verstandesgemäß ersonnenen und vorbereiteten Delikten. Sie sind im allgemeinen ein Zeichen größerer krimineller Routine. Schon darum wird dem Täter zwar das Erwartungsgefühl der Strafe vielleicht bewußt werden, aber ohne großen Eindruck auf seine Entschlußfassung zu machen. Die Strafe ist ihm mit den Worten Thyréns „schon seit lange eine Art von Berufsgefahr geworden, die ihn wenig mehr kümmert, als sich etwa der abgehärtete Seemann darum kümmert, ob die innerhalb seines Berufs auf dem Meere Umkommenden 30 oder 50 % ausmachen" [40].

Aber auch abgesehen von solchen „habitués" — bei keinem mit Überlegung handelnden Verbrecher ist das Erwartungsgefühl der Strafe von irgendwie erheblicher Stärke. Auch das zeigt die durch kontinuierliche Erfahrung bestätigte psychologische Betrachtung. Überlegen heißt: sich deutlich das vergegenwärtigen, was man tun will. Wer ohne Überlegung handelt, steuert auf ein erstrebtes Ziel los, ohne sich klar darüber zu sein, ob und wie er es erreichen und welche Folgen es auslösen wird. Dagegen charakterisiert den psychologischen Vorgang der Überlegung Aufmerksamkeit und Wahl. Die von der Tat abhaltenden Vorstellungen werden im Bewußtsein produziert und gegen die zu ihr treibenden Gefühle abgewogen. Zu den Gegengründen, die dem Verbrecher hierbei bewußt werden, können ethische Hemmungsvorstellungen gehören — in jedem Fall aber treten Vorstellungen opportunistischer Art auf über die zweckmäßigste Überwindung der Schwierigkeiten für die Ausführung [41]. Die Entscheidung fällt dann zugunsten

---

[40]) Thyrén, Prinzipien einer Strafgesetzreform, I. Die soziale Aufgabe der Strafe. Das Strafensystem, 1910, 111. (In dem ausgezeichneten Buch werden die Gründe gegen die Todesstrafe mit klassischer Ruhe zusammengefaßt.)

[41]) Mit Recht entwickelt v. Liszt, daß der Begriff der Überlegung weder durch das Bewußtsein der kontrastierenden Motive (Wachenfeld, Frank,

derjenigen Ausführung, welche dem Täter die besten Chancen zur Erreichung seines Zieles verspricht. Er wählt denjenigen Weg, der sich in seinem Bewußtsein reflektiert als geeignet, die gefährlichen und unangenehmen Hemmnisse oder Folgen der Ausführung am sichersten zu überwinden. Zu diesen unangenehmen Folgen gehört aber namentlich die Möglichkeit, der Strafgewalt des Staates anheim zu fallen. Da nach dem Ergebnis der Überlegung die Art der Ausführung diese Möglichkeit zu verhindern bestimmt und geeignet erscheint, wird sie dem Täter in ganz verkleinertem Maße, sozusagen völlig verblaßt zum Bewußtsein kommen: der Täter erwartete eben mit Bestimmtheit der Entdeckung zu entgehen.

Wie wir gesehen haben, bestimmt sich aber die Motivationskraft nach dem Wahrscheinlichkeitsgrad, mit welchem ein Erwartungsgefühl auftritt. Daher ist jene ganz entfernte Möglichkeit ohne jede Gefühlsstärke im Bewußtsein des Täters, und es ist dafür auch vollkommen gleichgültig, ob und wie diese Strafe verschärft wird. Wer auf dem Grat eines Hochgebirges geht und völlig schwindelfrei ist, denkt nicht an die Möglichkeit des Absturzes und, wenn sie ihm selbst durch den Kopf geht, so berührt sie sein Gefühl nicht weiter, weil er sie für ausgeschlossen bei seiner Geschicklichkeit und Sicherheit hält. Bei solcher Annahme kann das Gefühl nicht dadurch stärker werden, daß der Absturz für den Betreffenden eine besonders schmerzhafte und grausame Todesart bedeuten würde. Genau so ist es bei dem überlegten Verbrecher. Wer überzeugt ist, so geschickt zu sein, daß er den Augen der Polizei mit Sicherheit entgehen wird, kann nicht dadurch in Angst geraten und eingeschüchtert werden, daß die Bestrafung in concreto als besonders großes Übel drohen würde. — Er empfindet sie eben nicht als eine „Drohung", d. h. als etwas, was er zu erleben befürchten muß. Somit sind die beiden Voraussetzungen für eine abschreckende Kraft der Strafdrohung: deutliches Bewußtsein und starke Gefühlswirkung dieser Vorstellung bei strafbaren Handlungen, mögen sie im Sturm des Affekts oder in der Stille der Überlegung entstehen, nur ganz selten vorhanden. Die allgemeine vulgäre Abschreckungspsychologie ist abzulehnen. Und für den Mord ganz gewiß in erhöhtem Maße. Das wird einem klar, sobald man sich einzelne Typen von Mördern in ihrer psychischen Eigenart zum Bewußtsein bringt. Die vorsätzliche Tötung

---

Binding), noch durch die Klarheit über Mittel und Wege der Ausführung (v. Holtzendorff) vollständig bestimmt werde, vielmehr beide Elemente in sich schließe. v. Liszt, Verbrechen und Vergehen wider das Leben in der vergleich. Darstellung usw., Besond. Teil. Band 5, 42 ff.

eines Menschen fordert — fast überwiegend — die Überwindung sehr gefühlsstarker Hemmungsvorstellungen. Selbst der ethisch Niedrigstehende wird in Kulturverhältnissen eines besonders starken Anlasses bedürfen, um sich zur überlegten Vernichtung menschlichen Lebens hinreißen zu lassen, — eines die Handlung auslösenden Unlustgefühls von solcher Intensität, daß es selbst die festest eingewurzelten Widerstände ethischer oder bloß traditioneller Herkunft zu besiegen vermag, eines von der Handlung erwarteten Lustgefühls von solcher Stärke, daß dagegen selbst die elementarsten Gewissensregungen verblassen müssen. In einem solchen Kampf, der bisweilen den Täter aufs Tiefste erschüttern kann, erscheint die Strafdrohung als gänzlich untaugliche Hemmungsvorstellung. Sie spielt im Leben des Unbescholtenen ja überhaupt keine Rolle. Wenn er dem Verbrechen fernbleibt, so bestimmen ihn anerzogene, gleichsam automatisch wirkende sittliche oder konventionelle Grundsätze. Wie sollte eine abstrakte Vorstellung, die schon im allgemeinen keinen Einfluß auf seine Lebensführung ausübt, plötzlich gerade in einem Moment zu erheblicher, gefühlsstarker Wirksamkeit kommen, der auch die stärksten Hemmungsgefühle zum Schweigen bringt?

Die hier charakterisierten psychologischen Vorgänge spielen sich bei solchen Mördern ab, die durch eine Ausnahmssituation zu ihrer Tat getrieben sind: Eltern, die durch größte Nahrungssorgen sich zu dem Entschluß allmählich festmachen, ihr Kind zu töten, Männer, die durch jahrelange Verbitterung und Lieblosigkeiten bestimmt werden, die ungeliebte und allmählich gehaßte Frau zu beseitigen, oder welche ihren Feind oder Mitwisser eines sie selbst belastenden Geheimnisses aus der Welt schaffen. Bei allen solchen Fällen pflegt die Tat der explosive Abschluß einer Seelentragödie zu sein, in deren Entwicklung ganz allmählich der Abscheu vor der Tat verdrängt und dem immer tiefer sich festwurzelnden Entschluß gewichen ist: „es geht nicht anders, du mußt so handeln".

Das andere Extrem bilden jene Täter, die durch momentane oder chronische Triebe oder Leidenschaften zum Mörder geworden sind. Einmal jene abnormen, meist auch pathologischen Unholde, die ihre Geschlechtsempfindungen durch Würgen und Stechen, durch Aufreißen der Eingeweide und Zerstückeln des Körpers befriedigen [42]) oder Taten, die aus auflodernder erotischer Leidenschaft zu erklären sind, sei dies nun Eifersucht und Wut über wirkliche oder angenommene Untreue der Frau

---

[42]) Vgl. über die 3 psychologischen Arten von Lustmördern Senff in Monatsschrift für Kriminalpsychologie, Bd. 8 (1911), 299. Ferner ebenda Bd. 6 (1910), 691 den Aufsatz von Walter, 691 ff.

oder — ein Fall, der meist auf pathologische Vorgänge zurückzuführen sein wird — Raserei über die dem Bräutigam verweigerte Hingabe [43]). Daß in diesen Fällen die Vorstellung der Strafdrohung, wenn überhaupt, nur ganz verschwindend und verblaßt zum Bewußtsein kommt, ist zu verstehen aus dem gewaltsamen Andrängen der leidenschaftlichsten, impulsiven Antriebe, — jede Berechnung, ja jede Berechnungsfähigkeit fällt hier fort [44]). Es sind das Fälle, wo der Täter nachträglich völlig verständnislos und entsetzt der eigenen Tat gegenüber steht: „Eine ganz schreckliche Tat" — so redet ein solcher Mörder von dem eigenen Verbrechen (Bericht einer Strafanstalt; vgl. unten § 6).

Eine andere Gruppe von Mördern bilden die aus politischem oder anarchistischem Fanatismus Handelnden. Die psychiatrisch wie psychologisch überaus interessante Eigenart dieser Verbrecher kann hier natürlich nicht geschildert werden [45]). Niemandem, der diese Menschen oder die Literatur über ihre Taten kennt, kann es heute auch nur im geringsten zweifelhaft sein, daß gerade bei ihnen die abschreckende Wirkung der Todesstrafe vollkommen — ausnahmslos — fehlt. Es sind ja zumeist Handlungen, bei denen der Täter mit Sicherheit damit rechnen muß und sich auch dessen bewußt ist, daß er keine Chancen des Entweichens hat. Denn das Attentat auf den König oder sonst eine hochstehende Persönlichkeit wird sich ja — unter heutigen Verhältnissen — nur in der Öffentlichkeit vor Zeugen abspielen. Der Täter weiß genau, was ihn erwartet. Ja, mehr noch, wir wissen von einer Reihe von anarchistischen Mördern, daß ihre Tat geradezu als Mittel indirekten Selbstmordes [46]) geplant war, daß der Gedanke, auf dem Schafott als Märtyrer für eine

---

[43]) Vgl. den Fall Streffau bei Sello, Die Irrtümer der Strafjustiz und ihre Ursachen, 1911, 53 ff. und Voß, Beitrag zur Psychologie des Brautmordes, in Monatsschrift f. Kriminalpsychologie, Bd. 8 (1912), 622 ff.

[44]) Thyrén a. a. O. 11 weist noch darauf hin, daß die genannten Verbrecher nicht selten pathologisch-abnorm sind, und daß schon daher die Reaktion auf Beweggründe, also auch auf die Strafdrohung „völlig unberechenbar sei". Das wird jeder Psychiater bestätigen.

[45]) Vgl. Lombroso und Laschi, Der politische Verbrecher und die Revolutionen in anthropologischer, juristischer und staatswissenschaftlicher Beziehung, 1891, I u. II; Lombroso, Die Anarchisten, 1895, beide übersetzt von Kurella, Sernicoli, l'Anarchia e gli Anarchici, 1894, 2 Bde.; Guizot, La peine de mort en matière politique, 2. Aufl. 1822; Viand, La peine de mort en matière politique 1902.

[46]) Lombroso und Laschi, Der politische Verbrecher, II, 50 ff. und Lombroso, Die Anarchisten, 55 ff.

„Idee" zu enden, auf das Hirn dieser Desiquilibrierten nicht abschreckend, sondern geradezu anreizend, anstachelnd wirkt! Nicht Königsmörder im technischen Sinne, aber doch auch hier zu erwähnen ist Hadfield, der 1800 im Theater auf den König von England schoß, weil er, infolge einer im Kriege erworbenen Kopfverletzung seines Lebens überdrüssig war und mit dem Tode bestraft werden wollte, „ohne die Sünde des Selbstmordes auf sich zu laden". Dagegen gehört hierher der 18jährige Staps, der 1809 ein Attentat auf Napoleon I. versuchte und auf seine Frage: „würden Sie mir nicht danken, wenn ich Sie begnadigte?" ruhig erwiderte: „ich würde aufs neue versuchen, Sie zu töten." Kurz vor der Tat schreibt er seinem Vater, ihm habe Gott in einer Erscheinung gesagt: „Dein Unternehmen wird glücken, du aber wirst sterben" [48]). Aber auch Sand, der Mörder Kotzebues, die amerikanischen Präsidentenmörder Guiteau und Czolgolz [49]), Lucheni, der Mörder der Kaiserin von Österreich [50]), Bresci, der Mörder des Königs von Italien Caserio, der Mörder Carnots [51]) und viele andere Fanatiker alter und neuester Zeit sind hierher zu rechnen. Es ist festgestellt worden, daß weder Lucheni noch Bresci wußten, daß in den Staaten des Begehungsortes (Genf, Italien) die Todesstrafe nicht mehr existierte [52]). Überall finden wir hier das gleiche Bild. Sie empfinden lebhafte Befriedigung über ihre Tat, machen nicht den geringsten Versuch, sie zu entschuldigen oder zu beschönigen, nehmen die volle und alleinige Verantwortung für sie auf sich, lehnen jede Befragung nach etwaigen Komplizen und jeden Versuch, ihre Zurechnungsfähigkeit etwa in Zweifel zu stellen, mit Entrüstung ab! Und oft sind auch ihre letzten Tage bis zum Schafott nur erfüllt von dem Gefühl der Befriedigung und Ruhe, der Stimmung des überzeugten, als Sieger sich fühlenden Märtyrers. Sehr charakteristisch

---

[47]) Pelman, Psychische Grenzzustände, 76 f. Der Fall zeigt, daß Königsmorde keineswegs immer aus politischen Gründen erfolgen, worauf sowohl Pelman wie Régis hinweisen. Andere Mordfälle gegen Privatpersonen, um hingerichtet zu werden, nennt Aubry, La contagion du meurtre, 71 ff. Es handelt sich dabei gewöhnlich um Paranoiker.

[48]) Lohsing, Das Geständnis in Strafsachen, 1905, 111, Pelman, 78.

[49]) Über sie beide Sello, 318 ff., mit weiteren Literaturangaben.

[50]) Über ihn Ladame und Régis, Archives d'antropologie criminelle, 22, (1902), 07 ff., und Forel, Verbrechen und konstitutionelle Seelenabnormitäten, 21 ff.

[51]) Lombroso, Anarchisten, 66 ff.

[52]) Vgl. H. Groß in seinem Archiv, Bd. 7 (1901), 330.

ist dafür das Verhalten des Anarchisten Henry[53]). Er protestierte lebhaft gegen die Versuche seiner Mutter und seines Verteidigers, den Beweis der Geisteskrankheit seines Vaters zum Nachweis seiner eigenen Unzurechnungsfähigkeit zu führen: „es ist das Geschäft der Advokaten, zu verteidigen, was mich betrifft, so will ich sterben!" [54]) Diese Haltung hat er bewahrt. Er hat es abgelehnt, ein Rechtsmittel gegen seine Verurteilung zum Tode einzulegen. Und sein Verhalten bis zur Hinrichtung war so erstaunlich gleichmütig und freundlich, daß wiederholt das Wärterpersonal gewechselt wurde, — man wollte den — imponierenden Eindruck, den er auf jeden von diesen machte, nicht befestigen[55]).

So hat denn selbst Lombroso, obwohl er ein Anhänger der Todesstrafe war, erklärt: „Wenn es ein schweres Verbrechen gibt, gegen welches die Todesstrafe nicht angewendet werden sollte, so ist es das der Anarchisten. Man möge bedenken, daß ‚mit den Köpfen nicht zugleich die darin beherbergten Gedanken fallen', daß diese vielmehr ‚durch den Anschein des Märtyrertums ihrer Anhänger gewinnen'[56]). Die Märtyrerglorie — heißt es sehr fein bei Thyrén — wird weit eher Gleichgesinnte fanatisieren, Nachfolger erziehen, als die Freiheitsstrafe. Während diese hauptsächlich eine dämpfende Wirkung ausübe, stachle die Todesstrafe die starken Willen an und mache leicht aus halben Fanatikern ganze. Der zum Tode Verurteilte wird als einer dastehen, „welcher seine Ansichten mit seinem Blute besiegelt hat, und gewiß ist es die größere Klugheit, dieses Siegel nicht anlegen

---

[53]) Henry, der den 12. Februar 1894 das Café Terminus in Paris in die Luft sprengte, wurde übrigens von dem Arzt, der zugleich seine Familie kannte, als „complètement irresponsible des actes qu'il a commis" bezeichnet. Dieser bezeichnet seine Tat sehr gut als „la folie de la grandeur posthume, qui veut se donner le luxe d'un suicide d'une grande allure effectué par la glaive de la Justice. Henri Massonneau, Devant l'Echafaud (ohne Jahreszahl) 196.

[54]) Lombroso, Die Anarchisten, 59.

[55]) Massonneau, 198. Dazu kam sogar die Furcht, daß die Art, wie er fortgesetzt für seine anarchistischen Theorien Propaganda machte, Erfolg haben könne. Vgl. auch die Schilderung des amerikanischen Anarchisten, der unmittelbar vor dem Galgen ausrief: „Dieses ist der glücklichste Tag meines Lebens — hoch die Anarchie!" Schaack, Anarchy and Anarchists, Chicago, 1889, 647. Die gleichen Beobachtungen finden sich bei Sernicoli, L'Anarchia e gli anarchici, 2 Bde., (1894), insbesondere Bd. II: il delinquento politico 1 ff. und ebenda 199 ff. (rimedi legislative).

[56]) Lombroso, Die Anarchisten, 114/115.

zu lassen" [57]). Man braucht nur die Liste der Anarchistendelikte aus den Jahren 1878—1894, wie sie Aubry gibt [58]), durchzusehen, um zu erkennen, daß diese Ansicht richtig ist: es handelt sich hier um eine Art Epidemie, gegen die die Todesstrafe vollkommen machtlos ist. Die Vernichtung eines Anarchisten schafft durch eine andere Art „Propaganda der Tat" nur neuen Ansteckungsstoff und neue Keime! —

Noch eine letzte Gruppe von Mördern sei genannt, bei welchen ebenfalls die abschreckende Kraft der Strafdrohung völlig versagt. Es sind dies die Fälle, wo der Täter das geschändete Kind, die genotzüchtete Frau tötet, um den Folgen einer Anzeige und damit einer Bestrafung zu entgehen. Aber auch der größte Teil der Raubmörder ist hierher zu rechnen. Die Tötung ist hier in den seltensten Fällen notwendig, um sich in den Besitz der Güter des Opfers zu setzen. Die bloße Überwältigung durch Fessel und Knebelung, ja die bloße ernstliche Drohung der Tötung würde hierzu völlig ausreichen. Vielmehr geschieht sie, um den einzigen Zeugen der Tat und damit das Hauptüberführungsmittel zu vernichten. Man mache sich klar, was das zu bedeuten hat. Die Vorstellung der Strafdrohung kommt hier dem Träger zum Bewußtsein, sie übt auch eine gefühlstarke Wirkung aus. Aber sie schreckt nicht ab, im Gegenteil, sie hat gerade die Kraft, den Mord auszulösen! — —

So steht es also. Die Meinung von der abschreckenden Funktion der Strafdrohung ist ein laienhafter Irrtum, der durch die Kenntnis der wirklichen psychologischen Vorgänge aufgedeckt wird. Es sind durchweg andre Motive, welche die Begehung eines Verbrechens zu unterdrücken die Kraft haben — die Vorstellung der Strafdrohung hat auf den Verbrecher selbst und seine Bewußtseinslage vor der Tat überhaupt keinen oder höchstens einen ganz untergeordneten Einfluß. Sie kann die Vorstellungs- und Gefühlsreihen in seinem Bewußtsein vielleicht episodisch durchkreuzen, niemals aber ist sie von solcher Gefühlsstärke, daß sie als motivierender Faktor das Verbrechen unterdrückt [59]). Für den Mord aber insbesondere hat diese Vorstellung am allerwenigsten Bedeutung —

---

[57]) Thyrén, Prinzipien einer Strafgesetzreform, I, 111/12.

[58]) Aubry, La contagion du meurtre, 257 ff.

[59]) „Das Gesetz, das im ausgesprochenen Todesurteile vernichtend in die Ohren gellt, macht sich im Augenblicke des Entschlusses und der Tat kaum als schwaches, unhörbares Geräusch geltend." Heinze in seinem Votum für Aufhebung der Todesstrafe in der 1. sächsischen Kammer, Holtzendorffs Strafrechtszeitung, Bd. 8 (1868), 35/36.

sie kann hier sogar umgekehrt eine direkt anreizende, zur Tat treibende Intensität haben, ganz gewiß aber niemals wirklich abschrecken. Die weitverbreitete entgegengesetzte Ansicht erklärt sich daraus, daß der „anständige Mensch", der ohne wirkliche Antriebe zum Verbrechen über diese Dinge rein abstrakt reflektiert, seine eigenen Vorstellungen den ganz anders gearteten psychischen Vorgängen des zum Verbrechen in concreto motivierten Menschen unterlegt.

II. Wer diesen psychologisch fundierten Sätzen keinen Glauben schenkt — und sehr viele halten in dieser Frage immer noch ihr eigenes Gefühl für das „Maß aller Dinge", der möge sich von der Geschichte des Strafrechts belehren lassen. Das Material strömt hier mit solcher Fülle, daß man nicht weiß, wo man anfangen, wo aufhören soll! Es gibt ja gar kein Gebiet, wo wir über eine so überwältigende Fülle von Erfahrungen verfügen, wie gerade bei der Todesstrafe. Heute ist sie eine Strafe, die im Grunde nur noch bei Mord, gemeinem und politischem, angedroht und auch da, im Verhältnis zu den wirklichen Fällen nur verschwindend selten verwirklicht wird. Durch Jahrtausende aber war dieses „ultimum remedium" ein alltägliches Hausmittel im Dienste des Staates, das für große wie kleinste Schäden, für wirkliche wie eingebildete Verbrechen, verwendet wurde und kaum eine Woche, ganz gewiß aber keinen Monat aus dem Gedächtnis des Volkes schwinden konnte. Der neuen Generation müssen immer wieder aufs neue die Zahlen aus der „alten guten Zeit" ins Gedächtnis gerufen werden. Einige Beispiele bieten der Scharfrichter von Nürnberg, der am Anfang des 16. Jahrhunderts in 24 Jahren in einer einzigen Stadt allein 1159 Hinrichtungen vollzog, Carpzow der in der Zeit von 1620—60 20000 Todesurteile fällte [60]). Bis in die Mitte des 18. Jahrhunderts hinein finden wir noch das lebendige Verbrennen der Brandstifter. Bis in das Ende des 17. Jahrhunderts, in Frankreich sogar bis zur Mitte des 18. Jahrhunderts finden wir das Vierteilen der Landesverräter. Erst 1661 ist in Kursachsen die Strafe des Zungenausreißens für Gotteslästerer beseitigt worden, während sie noch 1707 in der peinlichen Gerichtsordnung für Böhmen, Mähren und Schlesien, verbunden und verschärft durch nachfolgende „Lebendigverbrennung", vorkommt, in einer französischen Ordonnanz wird sie sogar noch 1727 für Soldaten eingeschärft. Ein Fall des Pfählens bei Kinds-

---

[60]) Günther, Die Idee der Wiedervergeltung in der Geschichte der Philosophie und des Strafrechts, I, 2. Abt., (1892) 11 und 97.

mörderinnen ist noch 1709 aus Schlesien überliefert worden [61]). Friedrich Wilhelm I. der noch ausdrücklich 1736 ein besonderes Edikt gegen Hausdiebe erließ: die auch, wenn sie alles restituierten, unweigerlich gehängt werden sollten [62]) Frankreich, das noch bis 1810 mehr als 115 Fälle todeswürdiger Delikte kannte [63]). Schließlich England. Es war schon ein gewaltiger Fortschritt, als im Anfang des 19. Jahrhunderts die Todesstrafe nur noch für 160 Fälle galt [64]). Aber noch bis 1832 war der Pferdediebstahl, der Diebstahl von 5 Schilling aus einem Laden, sowie von 39 Schilling aus bewohnten Gebäuden, das Stehlen von Leinenzeug auf einer Bleiche, die Fälschung von Banknoten ein todeswürdiges Delikt. Die Entwendung von Briefen auf der Post galt noch bis 1835, die Notzucht sogar noch bis 1837 als Kapitalverbrechen. Und diese Bestimmungen standen keineswegs auf dem Papier. Wegen Ladendiebstahls wurden in 22 Jahren 109 Menschen, wegen Banknotenfälschung 1803 nicht weniger als 13 Menschen gehenkt, in einem einzigen Jahre (1837) wurden 438 Todesurteile gefällt, und während der Rundreise eines Richters in Irland wurden 98 Personen zum Tode verurteilt und davon 97 gehenkt. Die letzte Hinrichtung wegen Fälschung fand 1829, wegen Schafdiebstahls 1831, wegen Notzucht 1834 statt [65])! Und man wolle beachten, daß bei allen diesen Zahlen der Mord einen ganz geringen Prozentsatz der Todesurteile bildete [66]). Luke Owen Pike berichtet an der Hand sehr zuver-

---

[61]) Vgl. Günther, I, 2. Abt. 42, 63, 65, 70, Anm. 237 und Hertz, Voltaire und die französische Strafrechtspflege im 18. Jahrhundert. 1887, S. 7 ff.

[62]) Mit der angenehmen Schärfung — für den Bestohlenen, daß sie 8 Tage vor seiner Tür hängen sollten! Kade, Umschwung in Strafe und Strafvollzug im 18. Jahrhundert, 1908, 11 ff.

[63]) Vidal, Cours du droit criminel, 4 éd. 1912, Nr. 458.

[64]) Vergleiche die Darstellung bei Hetzel, Die Todesstrafe in ihrer kulturgeschichtlichen Bedeutung, 1870, 172 ff.; v. Holtzendorff 135 ff., Olivecrona, De la peine de mort; 2. Aufl., übersetzt von Beauchet, 1893. 17 ff., James F. Stephen, A History of the Criminal Law in England, 1883, Vol. I, 458 ff. Luke Owen Pike, A History of Crime in England, 1873, 2 Bde., besonders I, 254 ff., II, 452 ff., Francis W. Rowsell, Capital Punishment in England, Contemporary Review, 11 (1876), 628 ff, Josiah Oldfield, The Penalty of Death, 1901, 60 ff.

[65]) Bradlaugh Bonner, The death Penalty (Publikationen der „Humanitarian League") London 1908, 2 ff.

[66]) Diese Tatsache ist von Wichtigkeit zur Widerlegung des Satzes, daß die Todesstrafe gerechtfertigt sei, weil Blut Blut fordere. Man sieht, daß die Todesstrafe durch Jahrhunderte hindurch eben — die Strafe schlechthin war.

lässiger Quellen: Wegen Mordes wurden hingerichtet in England im Jahre

1805	von 350	zum Tode Verurteilten	10
1815	„ 553	„	15
1825	„ 1036	„	10
1831	„ 1601	„	12 [67])

Und in allen diesen Zeiten ist die Klage über die absolute Unsicherheit von Eigentum und Leben so groß und allgemein, daß schon daraus allein die Unwirksamkeit des Galgens, die Unfähigkeit, hierdurch abzuschrecken, mit Sicherheit zu entnehmen ist. Vor allem aber: wenn nun wirklich der Todesstrafe eine abschreckende Drohung zuzusprechen wäre, so hätte sich doch zum mindesten in einem einzigen Lande eine Steigerung derjenigen Delikte herausstellen müssen, die oft ganz plötzlich unter dem Druck der öffentlichen Meinung mit Freiheitsstatt Todesstrafe belegt wurden. Nichts derartiges ist geschehen. Obwohl die Antriebe zu Verbrechen infolge der Steigerung der Anlässe und der Verführung zweifellos heute viel größer sind, als etwa im 18. Jahrhundert, hat sich nirgends eine Zunahme der Diebstähle, Fälschungen, Kindsmorde herausgestellt, weder in England, noch in Frankreich oder Deutschland [68]). Und dabei muß man bedenken, daß heute infolge der wesentlichen Verbesserung polizeilicher Einrichtungen und der Strafrechtspflege viel mehr Verbrechen zur Kenntnis und Aburteilung der Gerichte kommen, als etwa noch vor 50 Jahren.

Die Geschichte der Verbrechensbekämpfung spricht also mit unverkennbarer Deutlichkeit gegen die abschreckende Kraft der Todesstrafe. Und sie zeigt auch, daß der Glaube an die Abschreckung und die Angst vor einer Verminderung ihrer Wirksamkeit sich stets geltend gemacht hat, sobald die Strafjustiz von traditionell gewordenen Barbareien gereinigt werden sollte. Als Friedrich der Große die Folter durch Kabinettsorder von 1740 [69]) abschaffte, sollte dies, „um die Furcht vor der Tortur

---

[67]) Luke Owen Pike a. a. O. Bd. 2, 452/53.

[68]) Vgl. den Nachweis für England bei Luke Owen Pike a. a. O. Bd. 1, 254 ff., und Tallack in dem „Howard Association Report", 1894, 17.

[69]) In dieser Order wurde freilich noch ihre Anwendung ausnahmsweise gestattet, „bei dem crimen laesae Majestatis und Landesverräterei, auch bei dergleichen großen Mordtaten, wo verschiedene Menschen umgebracht sind oder wider die Mitinquisiten anders nicht inquiriert werden kann". Diese Beschränkung fiel dann durch die Orders von 1754 und 1756. Hälschner, Preuß. Strafrecht I, 174.

fortbestehen zu lassen" dem Publikum, ja sogar den Untergerichten nicht bekannt gegeben werden[70]). Der gleiche Vorgang wird von Österreich berichtet. Joseph II. wollte die Todesstrafe abschaffen, indem er durch Verordnung von 1781 und 1783 verbot, die erkannten Todesurteile zu verkünden. Sie sollten vielmehr jedesmal an den Kaiser gesandt werden, der sie dann nicht bestätigte. Diese Verordnung wurde ebenfalls geheimgehalten, „um nicht bei den zu schweren Verbrechen Geneigten der nötigen Abschreckung durch die gesetzliche Drohung der Todesstrafe entgegenzuwirken" [71]). Als in Sachsen durch Instruktion von 1770 und 1783 die Todesstrafe bei Sittlichkeitsdelikten und qualifizierten Diebstählen abgeschafft wurde, erging gleichzeitig der Befehl, diese Instruktion „sorgfältigst zu sekretieren", weil sonst eine „Schwächung des abschreckenden Einflusses der Strafgesetze zu besorgen sei" [72]).

Diesen Auffassungen der Gesetzgeber sind die Meinungen der Juristen zur Seite zu stellen. Als die Strafe des Hängens bei dem Ladendiebstahl im Wert von 5 Schilling 1810 beseitigt werden sollte, sprach sich der Oberrichter Lord Ellenborough „mit tiefem Schmerz" dagegen aus: „wenn wir diese Bill durchgehen lassen — so lauteten seine denkwürdigen Worte — so werden wir nicht mehr wissen, ob wir auf unsern Köpfen oder auf unsern Füßen stehen" [73]). Das Eigentum jedes Hausbesitzers werde völlig ohne Schutz und die Ordnung der Gesellschaft aufs äußerste gefährdet sein. Und er stand mit dieser Ansicht nicht allein: alle seine Kollegen vom Oberhaus ebenso wie der Lordkanzler selbst sekundierten ihm [73a]). Auch war dies kein vereinzelter Vorgang. Noch 1864 hat John Bright im englischen Parlament das Wort eines irischen Richters bei seinen Kämpfen um die Abolition der Todesstrafe erwähnt: „Hütet Euch vor den Richtern! Wäre das Parlament ihrer Meinung gefolgt, so würden wir noch heute die Todesstrafe bei Falschmünzerei und Pferdediebstahl haben — denn jede Verbesserung der englischen Gesetzgebung ist durchgeführt worden gegen die Majorität der Richter des Landes" [74]). Dieselben Er-

---

[70]) Hälschner a. a. O. 174, Anm. 2.

[71]) v. Hye-Glunek, Das österreichische Strafgesetz, 34 und C. J. Mittermaier, Die Todesstrafe nach den Ergebnissen der wissenschaftlichen Forschungen, der Fortschritte der Gesetzgebung und der Erfahrung. 1862, 19 ff.

[72]) Wächter, Das Sächsisch-Thüringische Strafrecht, 1857, 84, Anm. 8.

[73]) Hetzel, 173.

[73a]) Olivecrona, 89.

[74]) Olivecrona, 89. Vgl. auch die Briefe in Tallack, Howard Letters and Memories, 1905, 150 ff.

fahrungen lassen sich aus Deutschland berichten. Auch hier hat gerade bei Juristen die „Angst" vor einer Gefährdung der Gesellschaft eine Hauptrolle auch bei solchen Vorschlägen um Milderung der Strafgesetze eine Rolle gespielt, die uns heute ganz selbstverständlich erscheinen. Noch 1827 hat ein Berliner Professor, Jarcke die Beseitigung der qualifizierten Todesstrafen bekämpft, weil die „Erschlaffung der sittlichen Gesinnung und das Verschwinden des Abscheus vor dem Verbrechen nicht noch durch die Gesetzgebung begünstigt" werden dürfe, und vor der Einführung der „ganz schmerzlosen" Todesstrafe gewarnt, die bei den Verbrechern leicht als ein „sehr böses Beispiel" „trotzige Todesverachtung" schaffen könne. Und er beruft sich — vermutlich, um dem Vorwurf der Weltfremdheit zu entgehen — noch ausdrücklich auf die Ausführungen eines anonymen „praktischen Rechtsgelehrten", der für den hannöverschen Strafgesetzentwurf noch 1827 die Beibehaltung des Rades fordert und — ganz modern in seiner Beweisführung — fürchtet, daß man in unseren „empfindsamen Zeiten" — „in denen das Prunken mit Empfindsamkeit an der Tagesordnung sei", „Ach und Weh über einen solchen Vorschlag schreien" werde [75]).

Diese Beispiele sind nur eine kleine Stichprobe aus der Grundstimmung, die sich jeher dem Läuterungsprozeß der Strafjustiz entgegengestellt hat. Sie sollten für Anhänger wie Gegner eine nachhaltige Lehre geben. Für die modernen Anhänger der Todesstrafe ein „Memento". Heute bildet die Todesstrafe in Gesetz und noch mehr in der Praxis nur noch einen verschwindenden Rest ihrer einstigen Blüte. Wenn die Gesellschaft alle übrigen Fälle ihrer Abschaffung ungefährdet ertragen konnte, so liegt der Schluß nahe, daß auch der übrig bleibende Rest für ihre Anwendung nur noch einem Phantom der Abschreckung seine Existenzberechtigung verdankt. Der Diebstahl, ebenso wie andere Eigentumsdelikte, zu denen die Motive viel reichlicher und leichter fließen, als zum Mord, kommt heute unbestritten nicht häufiger, sondern unvergleichlich seltener vor als im 18. Jahrhundert, obwohl er schon lange nicht mehr die Kapitalstrafe nach sich zieht, — wie kann man glauben, daß nur beim Mord die abschreckende Kraft von Schafott und Galgen keine Illusion sei?

Der Gegner der Todesstrafe aber gewinnt aus dieser geschichtlichen Betrachtung nicht bloß eine empirische Bestätigung seiner Ansicht, sondern vor allem auch ein unerschütterliches Gefühl der Beruhi-

[75]) Jarcke, Handbuch des gemeinen deutschen Strafrechts, Bd. 1 (1827), 261/62 und Anm. 9.

gung. Er weiß, daß die Nachwelt die heutigen Apostel der Todesstrafe — vielleicht schon in einem Jahrzehnt — ebenso beurteilen wird, wie wir heute die einstigen Verfechter von Rad- und Verstümmelungsstrafen beurteilen. Weiß, daß schon heute die Erfahrung den Unwert der Todesstrafe für Kulturstaaten mit der gleichen apodiktischen Sicherheit und Eindringlichkeit predigt, wie bei jenen andern Resten der mittelalterlichen Strafjustiz. Ererbte Instinkte, nichts anderes, können den Blick dagegen verschließen, — die Tatsachen lehren hundert- und tausendfältig, daß die Todesstrafe keine abschreckende Kraft besitzt. —

Die tatsächlichen Verhältnisse erfordern es — heißt es im Gegensatz dazu in den Erläuternden Bemerkungen zu dem österreichischen Vorentwurf [76]) — „auf das äußerste Strafmittel nicht zu verzichten, das wie kein anderes geeignet ist, die Phantasie der Menschen aufs tiefste zu ergreifen."

Auch diese Behauptung ist längst auf ihren Wert geprüft worden. Gewiß kann die Todesstrafe einen starken Eindruck auf die menschliche Phantasie machen. Aber es ist klar. Nicht darauf kommt es an, ob die Romantik des Hochgerichts eine ergreifende Resonanz in Darstellungen der Dichter findet, oder in dem biederen Zeitungsleser ein Gemisch aus Schauder und Befriedigung weckt, auch nicht, ob der Anblick der Hinrichtung als ein die Gefühle der Menschen „widerlich affizierendes Schauspiel" [77]) empfunden wird oder mit Kahl als „das höchste Walten der Gerechtigkeit" [78]). Maßgebend kann vielmehr nur sein, wie die Todesstrafe auf die wirkt, deren verbrecherische Neigungen und Instinkte durch sie bekämpft werden sollen?

Hier steht zunächst eines fest. Unbestritten haben die öffentlichen Hinrichtungen einen solchen Einfluß nicht gehabt. Es ist ja noch nicht lange her, daß Hinrichtungen ein öffentliches Schauspiel in Deutschland wie anderwärts für groß und klein waren, für den Pöbel in allen Ständen

---

[76]) Erläuternde Bemerkungen zum Vorentwurf eines österreichischen Strafgesetzbuches vom September 1909. Wien, 1910, 48.

[77]) So Zachariä im Neuen Archiv des Kriminalrechts, 1845, 280.

[78]) Kahl in den Verhandlungen des Deutschen Juristentages, 30 (1911), 2. Bd. 453. Ob Kahl diesen Eindruck auch haben würde bei solchen Szenen, wie sie noch unlängst aus Deutschland berichtet wurden, wo der Delinquent seine Todesangst in tierischem Brüllen äußerte und nur nach wiederholten übermäßigen Kraftanstrengungen der Gehilfen des Scharfrichters gebändigt werden konnte?

der Gesellschaft. Die preußische Kriminalordnung von 1805 hat noch ausdrückliche Vorschriften darüber, was bei Exekutionen zu geschehen habe, „damit die entfernteren Zuschauer die Hinrichtung sehen könnten“ [79]). Es war ein schulfreier Tag, und der Lehrer hatte in Deutschland die Verpflichtung, seine Schulkinder zu dem Gerichtsakt zu führen. Man glaubte damit eine heilsame Pädagogik auszuüben. Die Leiden des „armen Sünders“ sollten allen „zum abscheulichen Exempel“ vorgeführt werden, auf daß der Anblick sich ihnen unauslöschlich einpräge und sie für alle Zeit vor einem Verbrechen gleicher Art bewahre. Wir wissen heute, daß die Rechnung falsch war. Allerdings wirkte der Anblick auf die Sinne [80]), aber gewiß nie zur Hebung des Rechtsansehens. Bei den feiner Gearteten weckte er ein menschlich-begreifliches Mitleiden mit dem „Missetäter“ und Ekel vor diesem Akt der Staatsgewalt, diesem kaltberechneten „tuer avec cérémonies“ (Montaigne). Bei der Masse aber gelegentlich Bewunderung für den Helden des traurigen Schauspiels und löste im übrigen die gemeinsten Instinkte des Mob aus: Blutdurst und Sinnlichkeit feierten hier die ausschweifendsten Orgien [81]). Noch heute hören wir in Frankreich von solchen „widerlichen und demoralisierenden“ Szenen [82]). Sie alle zeigen, daß solche Vorgänge nur die Bestie im

---

[79]) Zitiert in der Anlage 2 zu den Motiven des Norddeutschen Strafgesetzentwurfes: „Über die Todesstrafe“ 36.

[80]) „Wieviel Tausende werden unwiderstehlich nach einer Exekution, die sie verabscheuen, hingerissen, wie ängstet sich die Brust der Menge für den Übeltäter, und wieviele würden unbefriedigt nach Hause gehen, wenn er begnadigt würde und ihm der Kopf sitzen bliebe? Das sprudelnde Blut, das den bleichen Nacken des Schuldigen färbt, besprengt die Einbildungskraft der Zuschauer mit unauslöschlichen Flecken; schaudernd lüstern blickt die Seele wieder nach Jahren zu dem Gerüste hinauf, läßt alle fürchterlichen Umstände wieder vor sich erscheinen, und scheut es sich selbst, zu gestehen, daß sie sich an dem gräßlichen Schauspiele weidet.“ So schreibt — Goethe in „Wilhelm Meisters theatralischer Sendung“, S. 109/110 (Volksausgabe).

[81]) Man vergleiche die Schilderungen bei Holtzendorff, 103 ff. oder die bekannten Briefe Dickens (übersetzt von Mettgenberg in der Ztschr. f. Strafrechtswissenschaft, 30 [1910], 532 ff.).

[82]) 1905 bat der Mann einer ermordeten Frau, die Hinrichtung selbst vollziehen zu dürfen und offerierte für diesen Fall 10 000 Fr. dem — bureau de bienfaisance“ an. Dies wurde zwar abgelehnt, aber das Gericht wies ihm einen Vorzugsplatz an — „à titre de demi-satisfaction“! (Rev. pénale 1905, 1116/17.) Vgl. ferner die Darstellungen bei Masonneau, Devant l' Echefaud und bei Reinach in derselben Revue 31 (1907), 300. Bei der vierfachen Hinrichtung, welche 1909 in Béthune stattfand, hörte die blutdürstige Menge nicht auf mit tierischen Schreien „à mort,“ so daß die gesamte französische Presse voll

Menschen wachrufen, nicht abschrecken. Es ist kein Zufall, daß in England von 167 Hingerichteten, die der Gefängnisgeistliche Roberts in Bristol auf ihrem letzten Wege begleitete, nur 6 keine Hinrichtungen mitangesehen hatten[83]). Besonders charakteristisch ist ferner der Fall Mira in Frankreich. 1894 bei der Hinrichtung des 19 jährigen Scherer in Melun klettert ein „gamin" auf einen Baum unmittelbar gegenüber der Guillotine. Die Gendarmen wollen ihn herunterholen, müssen aber, da er höher klettert und der Beginn der Exekution bevorsteht, die Jagd auf ihn aufgeben. Ein Jahr später wird dieser interessierte Zuschauer, Mira, auf demselben Platz wegen eines gleichartigen Verbrechens hingerichtet[84])! Schließlich sind noch die Fälle hierher zu rechnen, in denen der bloße Wunsch, auf dem Schafott zu enden, das Hirn von Desequilibrierten zum Mord getrieben hat[85]).

So ist man nach dem Vorbild der Vereinigten Staaten im 19. Jahrhundert[86]) fast überall dazu geschritten, den gefährlichen Unfug der öffentlichen Hinrichtungen abzuschaffen und die Intramuran-Hinrichtungen einzuführen. Sachsen-Altenburg war der erste deutsche Staat, der 1841 die sehr bestrittene und bekämpfte Neuerung einführte, Preußen folgte mit seinem preußischen Strafgesetzbuch 1851 und die übrigen deutschen Staaten schlossen sich dem an, manche wie Bayern und Lübeck erst in den 60 er Jahren. England hat die öffentliche Hinrichtung 1868, Ungarn 1878, Rußland 1881, Spanien 1900, der Kanton Schwyz sogar erst 1895 abgeschafft[87]). Heute besteht die öffentliche Hinrichtung abgesehen von Dänemark noch in Frankreich: die wiederholten Kämpfe um Beseitigung der Öffentlichkeit sind bisher vergeblich gewesen[88]).

Ekels die Abschaffung der öffentlichen Hinrichtung forderte. Ladame, Peine de mort et criminalité in Schweiz. Zeitschr. f. Strafrecht 22 (1909), 3 Anm.

[83]) C. J. Mittermaier, Die Todesstrafe, 109, Oldfield, The Penalty of Death, 1901, 86.

[84]) Vgl. den Bericht Cruppis hierüber in der Rev. pénit. 1908, 652 und Masonneau, 185 ff. Masonneau berichtet, daß mindestens 2000 Personen bei der Hinrichtung Scherers zugegen waren.

[85]) Solche Fälle haben wir oben bei den politischen Mördern erwähnt. Vgl. weitere Beispiele sehr instruktiver Art bei Aubry, La contagion du meurtre, 71 ff.

[86]) Nach Berner Abschaffung der Todesstrafe, 1861, S. 13 ist die Intramuranhinrichtung zuerst 1835 in New-York eingeführt worden.

[87]) Noch 1894 fand in Schwyz eine öffentliche Hinrichtung statt, W. Mittermaier a. a. O., 1045.

[88]) Vgl. hierzu die Übersicht bei Günther, III, 1, 366 ff. und über Frankreich: die Verhandlungen in der société générale des prisons am 27. Februar 1907, Revue pénitentiaire 1907, 298 ff. (Joseph Reinach.)

Der Gegner der Todesstrafe wird in der Beseitigung der öffentlichen Hinrichtung einen erheblichen Kulturfortschritt zu erblicken haben. Aber freilich die abschreckende Kraft der Todesstrafe, und namentlich jene angeblich nützliche Wirkung auf die Phantasie wird damit so deutlich wie nur möglich in Abrede gestellt; „da die Todesstrafe eben nur auf die Masse, und zwar durch Abschreckung wirken soll, so wird ihr bei einer heimlichen Vollziehung gerade die einzige Grundlage entzogen, auf welche man sich zu ihrer Rechtfertigung zu stützen versucht."[89]) — Denn zweifellos kann von einer abschreckenden Wirkung, die einen Einfluß auf die Handlungen der Menschen ausübt, nur dann gesprochen werden, wenn sie, wie bei den allgemeinen psychologischen Bemerkungen gezeigt ist, als gefühlsstarkes Gegengewicht gegen verbrecherische Antriebe sich geltend macht. Kann dieser starke Gefühlseindruck durch den unmittelbaren sinnlichen Eindruck der Hinrichtung nicht erweckt werden, so ist im höchsten Maße unwahrscheinlich, daß die bloße Zeitungslektüre oder die offizielle Mitteilung von der Hinrichtung sonst (etwa durch die geschmackvollen blutroten Anschläge an Litfaßsäulen) eine gefühlswertige Hemmungsvorstellung erzeugen wird. Und so ist es denn auch. Wir wissen auch bei der heimlich vollzogenen Hinrichtung von Fällen zu berichten, in denen Mörder gar kein Hehl machen, daß ihnen „vor der kleinen Operation gar nicht graut", sondern daß sie „lieber viele tausende Tode annehmen", als dreißig Jahre im Zuchthaus zu sitzen[90]). Wie ist es mit der abschreckenden Wirkung zusammenzureimen, wenn in Pennsylvanien 1877 10 Menschen wegen Mordes hingerichtet werden und schon den nächsten Tag zwei von den Zeugen und in wenigen Wochen 5 von den „prosecutors" in diesem Prozeß ermordet werden[91])? Wie wenn unmittelbar an der belgischen Grenze in Frankreich 1907 2 belgische Vagabunden einen Raubmord an Personen, die sie gar nicht kannten, begingen, obwohl sie wenig Kilometer davon in Belgien die gleiche Tat hätten begehen können und vor dem

---

[89]) Neumann, Über die Notwendigkeit der Abschaffung der Todesstrafe, 1848, 16.

[90]) Worte des schwedischen vielfachen Mörders, über den Svenson in seiner wertvollen Arbeit in H. Groß' Archiv 1911 berichtet, 225 ff. Er schreibt an seine Eltern: „Freut Euch mehr, als daß Ihr traurig seid. Bald, bald ist es zu Ende und denkt, wie schön wird es sein, sich von der Mühsal des Lebens ausruhen zu können." In derselben gleichmütigen, fast frohen Stimmung ist er zum Schafott gegangen.

[91]) Oldfield, 66.

Schafott sicher gewesen wären [92])? Wie kommt es, daß in der Schweiz Morde, ohne jede individuelle Beziehung des Täters zu den Opfern, in Kantonen mit Todesstrafe, aber nur wenige Schritte entfernt von Kantonen ohne Todesstrafe ausgeführt sind [93])? So ist kein einziger Fall überliefert, der uns zuverlässig verbürgte, daß Mörder den Schauplatz ihrer Taten absichtlich in Orte verlegt haben, wo sie der Todesstrafe entgehen konnten, kein Fall, wo eine Mordtat unterlassen wurde, weil den Täter die Angst vor dem Schafott zurückhielt [94]).

Wir brauchen aber nicht nach einzelnen Fällen zu suchen, die uns die Fabel von der abschreckenden Kraft der Todesstrafe widerlegen können. Wir haben ja Massenbeobachtungen auf diesem Gebiet. Wenn sich zeigen läßt, daß in Staaten, in denen die Todesstrafe abgeschafft worden ist oder seit Jahrzehnten nicht mehr zur Anwendung kommt, keinerlei Anschwellen der Mordziffern zu konstatieren ist, wenn Staaten, in denen die Todesstrafe in Übung ist, keineswegs eine erheblich günstigere Kriminalitätsziffer aufzuweisen haben, wenn ein Vergleich innerhalb desselben Staates vor und nach Abschaffung der Todesstrafe ebenfalls keinerlei Lehren über die abschreckende Kraft der Todesstrafe zu geben vermag — so können alle diese Tatsachen nicht bloßer Zufall sein. Vielmehr können sie nur eine ziffernmäßige Bestätigung der aus psychologischen und historischen Argumenten gezogenen Schlüsse geben.

Dieser Nachweis soll nunmehr gegeben werden.

---

[92]) Carl Heath in Westminster Review, 1908 bei Fanning, Selected Articles on Capital Punishment, 152/53.

[93]) Rapport de Grand Conseil sur la peine de mort. Canton de Vaud, 1868, 64 u. 192.

[94]) Garofalo freilich berichtet von einem italienischen Fall, den er „beinahe" (!) als Zeuge erlebt hätte. In einer mittelitalienischen Stadt seien kurz hintereinander drei Verurteilungen zum Tode ausgesprochen worden. Wenige Tage danach sieht ein Mensch seinen Feind vor dem Hause stehen, greift in Wut nach seinem Revolver, zielt, setzt dann aber die Waffe plötzlich ab mit dem Ruf: „Bedanke dich bei dem Gericht, das die Todesstrafe wieder eingeführt hat!" (Garofalo, Contro la corrente, Napoli, 1888, 168 und Criminologie, 2. Aufl. 1890, 232.) Ist der Fall wirklich verbürgt? Er klingt nicht einmal „ben trovato": ein Wutanfall, der so plötzlich durch die Erinnerung an Todes urteile unterdrückt wirkt? „Ich gestehe, heißt es bei Heath, daß ich von dieser Geschichte mehr belustigt, als gepackt worden bin!" (Selected Articles 170.)

Italien[95].

Von 1867—76[96]) wurden in Italien im ganzen 392 Todesurteile rechtskräftig ausgesprochen, d. h. im Jahresdurchschnitt ungefähr 39. Die Hinrichtungen betrugen

1867	von	37	Verurteilten	7
1868	„	41	„	7
1869	„	37	„	1
1870	„	36	„	2
1871	„	91	„	6
1872	„	25	„	1
1873	„	30	„	4
1874	„	36	„	6

Von 1875—78 waren bei der Thronbesteigung von König Humbert 72 Todesurteile rechtskräftig geworden — durch Amnestieerlaß wurden sie in lebenslängliche Zwangsarbeit umgewandelt. Wer ein mit Todesstrafe belegtes Delikt damals beging, konnte, wie Mancini in der „Einleitung" zu der statistischen Zusammenstellung ausführt, — selbst wenn er verurteilt wurde — in **10** von **11** Fällen auf eine Umwandlung seiner Strafe durch die Gnadeninstanz rechnen, — so sehe das Mittel aus, das einige für eine „wesentliche Garantie und notwendige Verteidigung der sozialen Ordnung" ansehen! (9.)

Das neue italienische Strafgesetzbuch, das die Todesstrafe abschaffte, trat in Kraft am 1. Januar 1890[97]). 1874 haben aber bereits die letzten

---

[95]) Über die günstigen Erfahrungen in Toscana, wo seit 1765 die Todesstrafe abgeschafft, seitdem aber wiederholt infolge politischer Wechselfälle wieder eingeführt und wieder abgeschafft wurde, vgl. die Zahlen von Carmigniani in der Krit. Zeitschrift für Rechtswissenschaft und Gesetzgebung des Auslandes II (1830), 385 ff. und XII (1840), 223 ff., aus denen hervorgeht, daß weder Abschaffung noch Einführung der Todesstrafe einen konstatierbaren Einfluß auf die Mordkriminalität gehabt haben.

[96]) Notizie Statistiche sulle condanne alla pena di Morte in Italia nel Decennio 1867—76 pubblicate per cura del Ministro di Grazia e Giustizia. Roma. 1878, 7 ff. Die Einleitung zu diesem Bericht ist von dem Minister Mancini selbst.

[97]) Vgl. zur Entstehungsgeschichte Florian, Tratato di Diritto penale. 2. ediz. 1910, 134 ff. Der erste Beschluß, die Todesstrafe zu beseitigen, erfolgte durch die Deputiertenkammer, 1865, der Senat stellte sich zunächst auf den entgegengesetzten Standpunkt. 1872 sprach sich der italienische Juristentag

Hinrichtungen stattgefunden. Nun höre man die Zahlen der amtlichen Statistik[98]). Es ergingen Verurteilungen wegen „omicidii volontari e l'oltre l'intenzione", d. h. wegen Mordes, Totschlages, Körperverletzung mit tödlichem Ausgang und Kindsmord[99]) in den Jahren

von	im Jahresdurchschnitt:	auf 100 000 Einwohner:
1880—1886	2776	9,68
1887—1889	2601	8,75
1890—1892	2103	6,93
1893—1895	2370	7,65
1896—1898	2101	6,65
1899—1901	1922	5,96
1902—1904	1757	5,35
Effektive Zahlen:		
1905	1793	5,39
1906	1624	4,86
1907	1163	

Das Ergebnis dieser Statistik ist, obwohl die Zahlen ganz verschiedenartige Tötungsdelikte umfassen, doch durchaus überzeugend. Denn es ist sicher, daß im Lande der leidenschaftlichen Italiener die Tötungen im Affekt, die Totschläge und die ebenfalls auf Affekte zurückzuführenden Körperverletzungen mit tödlichem Ausgang nicht wesentlich geringer geworden sind. Es steht also fest, daß trotz Abschaffung der Todesstrafe die Verurteilungen wegen eines Tötungsdelikts im Laufe von über

„einstimmig" für Abschaffung der Todesstrafe aus. Vgl. die Verhandlungen der Senats- und Deputiertenkammer in Rivista Penale, 1888, 3. Supplement-Band.

[98]) Statistica Giudiziaria penale per gli anni 1905/06 herausgegeben von der Direzione generale 1909, XVIII/XIX und für das Jahr 1907 (der letzte bisher erschienene Band): Statistica della Criminalita herausgegeben vom Ministero di Grazia e Giustizia etc. 1911, X.

[99]) Die Statistik für 1905/06 sagt XXXVIII: sowohl vollendete wie versuchte, einfache, erschwerte, qualifizierte, Tötungen über die Absicht hinaus (= Körperverletzung mit tödlichem Ausgang) und Kindsmord (scusabili per causa d'onore). Über den Begriff des omicidio volontario, von dem nur der Kindsmord als privilegierter Fall ausgeschieden wird, vgl. Impallomeni, L'omicidio nel Diritto Penale, 2. ediz. 1900, 64 ff. und v. Liszt, Verbrechen und Vergehen wider das Leben, in Vgl. Darstellung des deutschen und ausländischen Strafrechts, Besond. Teil Bd. V, 48 ff.

30 Jahren von **9,68** bis auf **4,86** auf 100 000 Einwohnern zurückgegangen sind. Das ist ein geradezu klassischer Beweis dafür, daß Androhung und Vollstreckung der Todesstrafe keinen Einfluß auf die Entwicklung der Tötungsdelikte ausüben.

Auch ist die oft gehörte, niemals freilich begründete Behauptung, daß die Gefährlichkeit der Abschaffung der Todesstrafe gerade aus Italiens „gewaltigen Mordziffern" sich ergebe [100]), nur auf Unklarheit des Denkens oder Mangel an Erfahrung zurückzuführen. Einmal nämlich handelt er sich gar nicht um Morde, sondern zum Teil um Delikte, die stets bei romanischen Völkern eine große Rolle spielen werden: Körperverletzungen. Wie groß der Prozentsatz der letzteren ist und wie hoch sich die Zahl der unserem Mord entsprechenden omicidii qualificati (einschließlich des Versuchs) in Italien beläuft, zeigt die folgende Statistik für **1907**: Von den für dieses Jahr angegebenen 1163 Verurteilungen wegen omicidio volontario sind **384** Fälle von omicidio oltre l'intenzione, also Körperverletzungen mit tödlichem Ausgang! (S. 50, Tavola V A.) Ein Drittel dieser alarmierenden Zahlen fällt also unter ein Delikt, bei dem es sich ganz gewiß niemals um eine Todesstrafe verdienende Tat handelt. Ja vielfach wird die Todesfolge nur ein unglücklicher, dem Handelnden gar nicht zuzurechnender Zufall genannt werden müssen. Das zeigen die verhängten Strafen: 2 Fälle sind von 1—2 Monaten, 43 von 6 Monaten bis 3 Jahren, 81 von 3—5 Jahren „detenzione" bestraft [100a]), d. h. einer Straftat, die z. B. für Fahrlässigkeitsdelikte und Zweikampf angedroht wird, also zwischen unserer Gefängnis- und Haftstrafe, aber mehr der letzteren entsprechend einzureihen ist! **10** von diesen Fällen sind von Kindern zwischen 9 und 14 Jahren, **74** von Jugendlichen von 14—18 Jahren bestraft worden [100b]), ferner sind **463** Fälle vollendete oder versuchte omicidii semplici, d. h. Delikte, die im allgemeinen etwa unserm Totschlag zu vergleichen sind. (S. 50, Tav. V A.). Qualifizierte oder erschwerte Morde (z. B. gegen Aszendenten, Deszendenten, Geschwister, Gatten, öffentliche

---

[100]) So Laccassagne, Peine de mort et criminalité, 1908, 148 ff. Zahlen gibt er vorsichtigerweise nicht an, und Garofalo, Contro la corrente, 1888, 172 ff.

[100a]) Introduzione, XXX/XXXI. Die Zahlen von Ingram (Westminster Review, Selected Art. 160, c 1908) über Italien sind falsch. Er behauptet einen jährlichen Durchschnitt von 4000 Mordfällen seit Abschaffung der Todesstrafe!

[100b]) Statistica, XI, I.

Beamte, in Verbindung mit Brandstiftung, durch Gift usw.) sind **268** Fälle, das ist nicht viel mehr als der vierte Teil jener „Mordziffern". Gewiß ist nun auch das eine hohe Zahl. Aber es ist erstens zu bedenken, daß noch zwischen 1880—86 wesentlich höhere Ziffern vorkommen[101]). so daß hier also trotz Abschaffung der Todesstrafe eine ganz erhebliche Besserung stattgefunden hat. Ferner daß von diesen 268 Fällen lediglich 158 (vollendete oder versuchte) Tötungen con premeditazione waren (S. 52, Tav. V A.), daß nur bei 59 Fällen die — an die Stelle der Todesstrafe getretene — Strafe des Ergastolo verhängt wurde, bei 109 Fällen reclusione über 15 Jahren (XXX). Mit andern Worten: daß auch bei diesen der Bezeichnung nach schwersten Kriminalfällen Milderungsgründe nicht unerheblicher Art und Zahl vorgekommen sein müssen. Vor allem aber hat man die völlig verschiedenen wirtschaftlichen und kulturellen Verhältnisse in den einzelnen Provinzen Italiens zu berücksichtigen. Nicht bloß die größere Leidenschaftlichkeit des Süditalieners, sondern die völlige Unbildung und Not, die Abwesenheit von Armenpflege und Polizei in einzelnen Teilen Italiens belasten die Gesamtkriminalität und können so leicht zu einem völlig falschen und ungerechten Urteil führen. Vergleicht man nämlich die Verurteilung in den einzelnen Distrikten für 1907, so sind Verurteilte wegen omicidio qualificato o aggravato, consumato, o tentato zu zählen in Parma: 1, in Florenz und Bologna je 4, in Breszia 5, in Venezia 7, in Rom 16, Catania 19, Palermo 29, Neapel 48 usw. (XXVI). Oder von omicidii (in ogni forma e grado) kommen auf jedes Hundert der wegen derselben Delikte Verurteilten in Neapel 23,04 %, in Palermo 10,75 %, in Cagliari 3,61 %, in Catanzaro 7,91 %, in Catania 6,11 %, (XVIII). Die Zahl der Tötungen sinkt also für Gesamtitalien um die Hälfte, wenn man von diesen Hauptverbrechensherden abstrahiert. Daß aber in diesen Bezirken nicht die Furcht vor der Todesstrafe helfen könnte, zeigen die noch viel höheren 3,4 und mehrfach so hohen Zahlen aus der Zeit, wo die Todesstrafe noch in Italien herrschte. Auch sollte selbst der Anhänger der Todesstrafe zugeben, daß gerade in diesen Provinzen die mannigfaltigen, zu Tötungsdelikten führenden persönlichen und sozialen Gründe auf der Hand liegen und durch andere Kräfte als Strafandrohungen allein zu paraly-

---

[101]) In dem Senatsbericht Zanardellis (Relazione della Commissione speziale composta dei senatori, 1888) werden als Verurteilungen wegen omicidii qualificati: 1888: 943 Fälle!, 1886 noch 796! angegeben, S. 22 ff.

sieren sind[102]). Im ganzen zeigt sich für Italien jedenfalls ein wesentlicher Rückgang der Kapitalverbrechen seit dem neuen Gesetzbuch. Nichts von abschreckender Wirkung der Todesstrafe bei einem so suggestiblen Volk, wie es die Italiener sind! —

Rumänien.

In Rumänien — ein Land, welches im Jahre 1910 etwa 7 Mill. Einwohner hatte — ist die Todesstrafe seit 1865 formell abgeschafft. Nach der offiziellen Statistik, die ich der Güte des Rumänischen Justizministeriums verdanke, werden die von Jugendlichen und außerdem die aus Fahrlässigkeit begangenen Tötungsdelikte besonders geführt, weil sie von den tribunaux correctionels abgeurteilt werden. Von den übrig bleibenden Kapitaldelikten: parricide, assassinat, empoisonnement et meurtre wurden verurteilt:

im Jahre	1864	204	Personen	im Jahre	1892	255	Personen
=	1876[103])	249	=	=	1893	214	=
=	1877	186	=	=	1894	191	=
=	1878	131	=	=	1895	179	=
=	1879	180	=	=	1896	147	=
=	1880	207	=	=	1897	191	=
=	1881	210	=	=	1898	145	=
=	1882	161	=	=	1899	150	=
=	1883	189	=	=	1911	178	=
=	1884	203	=	=	1901	163	=
=	1885	131	=	=	1902	160	=
=	1886	137	=	=	1903	225	=
=	1887	186	=	=	1904	185	=
=	1888	233	=	=	1905	214	=
=	1889	218	=	=	1906	193	=
=	1890	165	=	=	1907	168	=
=	1891	190	=				

---

[102]) 128 wegen qualifizierten Mordes Verurteilte, 468 wegen Totschlags oder Körperverletzung mit tödlichem Ausgang Verurteilte waren Analphabeten! (LXIV.)

[103]) Für die Zwischenzeit fehlen die amtlichen Nachweise, nach Angabe von Olivecrona 259, weil sie bei einem Brand des Justizministeriums zerstört worden sind.

Auch diese Ziffern sprechen deutlicher als jedes Argument. Die Zahlen sind seit 1876, abgesehen von dem minimalen Wachstum des einen Jahres 1892, zunehmend heruntergegangen. Um 81! Und die Zahlen erscheinen noch viel günstiger, wenn sie im Verhältnis zur Bevölkerungszahl berechnet werden. 1876 hatte Rumänien 4 446 165, 1907: 6 684 265 Einwohner. Das macht auf 100 000 Einwohner im Jahre 1876: **5,6**, im Jahre 1907: **2,5** Kapitalverbrechen. Schon 1867 schrieb der rumänische Justizminister an Olivecrona [104]), daß in diesem Lande kein Wunsch nach Wiederherstellung der Todesstrafe geäußert sei, und daß die formelle Abolition dieser Strafe keinerlei bedenkliche Folgen nach sich gezogen habe. Heute schreibt mir mein Fachgenosse Professor Tanaviceano: die gebildeten Klassen der Nation sind fast einstimmig gegen die Todesstrafe.

Portugal.

Die Todesstrafe ist hier seit 1867 abgeschafft. In einem Bericht des Justizministers von 1880, den Olivecrona abdruckt, heißt es: „Die Tatsachen bezeugen eine immer bestimmtere Abnahme der schwersten, vor dem Gesetz von 1867 mit dem Tode bestraften Verbrechen. Wäre das alte Gesetz noch in Kraft, so hätten 1878: 21, 1879: 20 und 1880: 15 Verbrecher, welche in Wirklichkeit ihr Verbrechen im Gefängnis abbüßen, hingerichtet werden müssen [105]). Es ist mir leider trotz mehrfacher Bemühungen nicht gelungen, amtliches Material aus der jüngsten Zeit über Portugal zu erhalten.

Holland.

Seit 1870 ist hier die Todesstrafe abgeschafft [106]). Wegen Mordes wurden von 1849—1870 in 2 Jahren (1856 und 1870) niemand, in einem Jahr 1, in 6 Jahren je 2, in 5 Jahren je 3, in 3 Jahren je 4, in 2 Jahren je 5, in 3 Jahren je 6 verurteilt. Seitdem sind verurteilt in den Jahren [107]):

---

[104]) Olivecrona, a. a. O. 260.

[105]) Olivecrona, 261.

[106]) Vgl. die Rechtfertigung: „Abolition de la peine de mort dans le royaume des Pays-Bas. Projet de loi suivi de l'exposé des Motifs. La Haye. 1870.

[107]) Ich verdanke die Mitteilungen dem Holländischen Justizdepartement.

1871	5	1891	4
1872	5	1892	12
1873	1	1893	6
1874	0	1894	12
1875	1	1895	7
1876	2	1896	6
1877	2	1897	5
1878	3	1898	6
1879	5	1899	6
1880	5	1900	4
1881	5	1901	6
1882	4	1902	2
1883	4	1903	6
1884	4	1904	10
1885	2	1905	5
1886	6	1906	9
1887	4	1907	7
1888	5	1908	11
1889	6	1909	9
1890	9		

Die Bevölkerungszahl betrug:

1849	3 056 000
1870	3 601 000
1909	5 824 000

Von einer Steigerung kann nicht die Rede sein: 0,19 im Jahre 1849, 0,15 im Jahre 1909.

Norwegen[108]).

Das neue Strafgesetzbuch, das die Todesstrafe abschaffte[109]), ist in Kraft seit dem 1. Januar 1905. Es kennt nur die vorsätzliche Tötung, den Totschlag; daß die Tat mit Überlegung ausgeführt ist, bildet lediglich

[108]) Ich verdanke die Zahlen dem Norwegischen Justis- og Politi-Departement.

[109]) Vgl. die gute Rechtfertigung in den Motiven zum Entwurf eines Allgemeinen Bürgerlichen Strafgesetzbuches für das Königreich Norwegen; deutsch von Bittl, 1907, 35 ff. Gegen die Abschaffung daselbst Scheel, 45 ff. und Thoresen, 49 ff.

ein Qualifikationsmoment. Von 1893 sind verurteilt wegen Totschlages (inklusive Mordes und Versuchs)

im Jahre 1893	3	Personen
" " 1894	7	"
" " 1895	2	"
" " 1896	1	"
" " 1897	7	"
" " 1898	4	"
" " 1899	5	"
" " 1900	2	"
" " 1901	7	"
" " 1902	6	"
" " 1903	0	"
" " 1904	5	"
" " 1905	2	"
" " 1906	3	"
" " 1907	5	"
" " 1908	2	"

Nirgends also ein Wachstum und im allgemeinen sogar ein Rückgang der Kapitalverbrechen. Stimmen zur Wiedereinführung sind nach Auskunft des Justizministeriums nicht aufgetreten.

Belgien[110]).

Ich gebe zunächst nach Haus[111]) Zahlen aus der Zeit, in der gelegentlich noch Hinrichtungen stattfanden. Hätte die Todesstrafe eine abschreckende Wirkung, so müßte sie sich gerade in dem verhältnismäßig kleinen Lande so zeigen, daß zum mindesten im nächsten Jahre eine Abnahme der Kapitalverbrechen zu konstatieren ist, und umgekehrt müßte auf die Jahre ohne Vollstreckung der Todesstrafe ein Anschwellen der Mordziffern zu erkennen gewesen sein.

---

110) Ich verdanke die Zahlen von 1898 an der Auskunft von Dr. Gillard, Chef des Statistischen Bureaus im Justizministerium; von 1860—1890 sind sie den ebenfalls in dem statistischen Bureau angefertigten Aufzählungen von Olivecrona entnommen, 280/81.

111) J. J. Haus, La peine de mort, son passé, son présent, son avenir, 1867, 138.

Man sehe:

1836	16	Todesurteile,	keines vollstreckt.
1837	14	„	„ „
1838	8	„	davon 1 vollstreckt.
1839	**20**	„	(d. h. also zwölf mehr als im Jahr zuvor!)
1858	29	„	keines vollstreckt.
1859	19	„	„ „
1860	18	„	2 Todesurteile vollstreckt.
1861	**32** (!)	„	
1864	20	„	keines vollstreckt.
1865	**11** (!)	„	

Man vergleiche hiermit noch den Nachweis von Briand im französischen Parlament 1908 (Déb. parlem. 1333 ff.): In Brüssel fanden von 1835—1860 25 Hinrichtungen statt — die Kapitalverbrechen steigen in dieser Zeit im Verhältnis zur Bevölkerung um 22 %, in Gent finden 22 Hinrichtungen statt, die Steigerung beträgt 13 %, in Liège findet 1 Hinrichtung in dieser Zeit statt und trotz dieser Sparsamkeit gehen die Kapitalverbrechen um 55 % zurück!!

Ganz gewiß ist daraus nicht zu schließen, daß die Beseitigung der Todesstrafe die Kapitalverbrechen vermindern würde, wohl aber, daß ihre Beibehaltung ohne Einfluß auf die Zahl ist. Und das zeigt sich nun in der Zeit, in der Hinrichtungen überhaupt nicht mehr stattfinden: seit 1863. In dem unruhigen, durch soziale und wirtschaftliche Nöte gelegentlich schwer aufgeregten Lande sind bis zur Gegenwart wesentliche Schwankungen zu konstatieren, aber Eines steht fest: im Laufe der Jahre haben trotz Wachstum der Bevölkerung die Kapitaldelikte keine Zunahme gefunden, obwohl die Todesstrafe de facto seit 1861 abgeschafft ist.

Jahr	Zum Tode verurteilt	Jahr	Zum Tode verurteilt
1861	32	1877	7
1862	19	1878	12
1863	13	1879	5
1864	20	1880	8
1865	11	1881	9
1866	20	1882	18

Jahr	Zum Tode verurteilt	Jahr	Zum Tode verurteilt
1868	6	1883	4
1869	7	1884	11
1870	11	1885	6
1871	5	1886	6
1872	5	1887	10
1873	7	1888	5
1874	9	1889	12
1875	10	1890	3
1876	9		

Jahr	Wegen Mordes (assassinat) verurteilt	Jahr	Wegen Mordes verurteilt
1898	15	1905	19
1899	20	1906	21
1900	11	1907	19
1901	9	1908	12
1902	15	1909	21
1903	12	1910	18
1904	30		

Vergleicht man nun noch die Bevölkerungszahlen, so ergibt sich 1861 bei 4 782 255 Einwohnern auf 100 000 Einwohner **0,6** Morde, 1910 bei 7 423 784 Einwohnern auf 100 000 Einwohnern **0,2** Morde!

Nach den Mitteilungen aus dem Justizministerium fordert niemand die Anwendung der Todesstrafe in Belgien. Höchstens vereinzelt haben sich Persönlichkeiten als Anhänger der Todesstrafe ausgesprochen. Aber das sei ein rein platonischer Wunsch, dem niemals auch nur die geringste Folge gegeben würde!

Finnland.

In Finnland hat seit 1826 keine Hinrichtung mehr stattgefunden und seit dem neuen Strafgesetzbuch von 1894 wird keine Todesstrafe mehr in der höheren Instanz bestätigt [112]). Nach den Zahlen, die Olivecrona (274 ff.) dem Bericht des Generalprokurators entnommen hat, sind Verurteilungen wegen Mordes (oder Totschlages) [113]) erfolgt in den Jahren

[112]) Nach Auskunft des Justizministeriums in Finnland (Justitieexpeditionen).

[113]) In Finnland unterscheidet die Statistik zwischen den beiden Deliktsgruppen nicht, wie mir mein Kollege Serlachius in Helsingfors mitgeteilt hat.

1826	16	1861	35
1827	18	1862	44
1828	20	1863	34
1829	33	1864	16
1830	24	1865	42
1831	22	1866	31
1832	34	1867	28
1833	22	1868	21
1834	39	1869	31
1835	16	1870	11
1836	31	1871	7
1837	26	1872	11
1838	16	1873	14
1839	27	1874	10
1840	29	1875	12
1841	20	1876	9
1842	31	1877	6
1843	21	1878	7
1844	22	1879	9
1845	25	1880	13
1846	26	—	—
1847	29	1891 [114])	23
1848	44	1892	14
1849	30	1893	17
1850	35	1894	20
1851	36	1895	14
1852	49	1896	23
1853	28	1897	18
1854	38	1898	15
1855	30	1899	14
1856	20	1900	20
1857	22	1901	35
1858	27	1902	33
1859	37	1903	20
1860	29	1904	17

In diesen schwankenden Zahlen spiegeln sich die politischen Unruhen des schwerbedrängten Landes. Es ist kein Wunder, daß in den letzten

[114]) Nach offizieller Auskunft durch das Justizdepartement, welche mir durch Gerlachius noch spezialisiert wurde.

Jahren die Tötungsdelikte zunehmen, — ich weiß von sachkundiger Seite, daß ein nicht geringer Teil dieser Delikte die Folge der durch die fortgesetzte Unterdrückung immer wieder neu erregten politischen Leidenschaften ist. Jedenfalls aber zeigt die Statistik, daß von irgend einem erheblichen Anschwellen der Delikte gegen das Leben nicht zu reden ist.

Vereinigte Staaten von Nordamerika.

Die Entwicklung der Todesstrafe in den Nordamerikanischen Staaten zu schildern, wäre ein ganz besonders interessantes und instruktives Unternehmen. Denn die gewaltigen Gegensätze des modernen Märchenlandes von tiefster Barbarei zu höchst entwickelter Kultur, die Unterschiede der Rassen und Sitten treten auch in unserer Frage zutage. Dazu kommt, daß die Vereinigten Staaten ungewöhnlich viel Erfahrungen über die Wirkungen der Todesstrafe und ihrer Abschaffung aufzuweisen haben. So ist Amerika auch hierin ein geradezu klassischer Boden, um die Ergebnisse von Experimenten auf sozialem Gebiet festzustellen und Schlüsse zu gewinnen, die eine internationale Bedeutung beanspruchen dürfen. Leider ist die Frage aber zwar sehr oft, aber sehr wenig gründlich und zielbewußt behandelt worden. Wir finden sehr viel Aufsätze in Zeitschriften — oft in solchen, die mir trotz größter Bemühungen unerreichbar waren — wir finden alle Tonarten in der Behandlung des Problems von theologisch-süßlichen Gemeinplätzen bis zu darwinistischen Plumpheiten, nur keine geordnete und sachliche, empirisch-psychologische Untersuchung. So kann meine Darstellung nur ein erster Versuch sein, und ich muß besonders betonen, daß ich — trotz freundlichster Unterstützung durch Behörden und Privatpersonen — nicht sicher bin, ob mir nicht wertvolle literarische Ausführungen entgangen sind.

Über die Ausdehnung der „Morde" geben uns lediglich die durch George P. Upton in der „Chicago Tribune" ohne offizielle Hilfe gesammelten Ziffern Auskunft; sie werden von sachkundigen Amerikanern als zuverlässig bezeichnet [115]), ich bin aber doch zweifelhaft, ob sie diese Bezeichnung wirklich verdienen [116]).

---

[115]) Vgl. z. B. die Rede von General Newton Curtis im House of Representatives, Washington, 1892, 13 (als Sonderabdruck mir zugänglich gewesen), ebenso Charles Burleigh Galbreath in Select. Articles, 71.

[116]) Dies ist mir nachträglich durch den Direktor der „American Prison Association", Eugene Smith, eine Autorität für statistische Untersuchungen, bestätigt worden. Er weist darauf hin, daß die Zahlen vermutlich stark übertrieben wären: die Zeitungen, durch deren Enqueten die Statistik allein zustande kommt, buchen unter Umständen denselben Fall mehrmals!

Hiernach sind „murders and homicides“ vorgekommen:

Jahr	Absolute Zahlen	Auf 1 Million der Bevölkerung	Hinrichtungen
1885	1 808	32,2	108
1886	1 499	26,1	83
1887	2 335	39,8	79
1888	2 184	36,4	87
1889	3 567	58,2	98
1890	4 290	68,5	102
1891	5 906	92,4	123
1892	6 791	104,2	107
1893	6 615	99,5	126
1894	9 800	144,7	132
1895	10 500	152,2	132
1896	10 652	151,3	122
1897	9 520	132,8	128
1898	7 840	107,2	109
1899	6 225	83,6	131
1900	8 275	108,4	117
1901	7 852	100,9	118
1902	8 834	111,7	144
1903	8 976	112	124
1904	8 482	104,4	116

James W. Garner[117]), dem wir diese Zahlen entnehmen, stellt fest, daß demzufolge die Tötungen in einem Zeitraum von etwa 20 Jahren um etwa 400 % zugenommen hätten und erinnert an die Klage von Andrew D. White: Amerika stehe hinsichtlich der Zahl der Morde und insbesondere der unbestraften Mörder „in der Welt voran“. Die Klage über den Mangel an Präzision in der Strafverfolgung kehrt überall in der amerikanischen Literatur wieder. Ein erfahrener Lawyer von New-York behauptet, um nur ein Beispiel zu geben, daß von etwa 600 Fällen of murder, denen er als Verteidiger zur Seite stand, kaum 20 verurteilt seien[118]). Die Zuverlässigkeit dieser und ähnlicher Behauptungen kann

---

[117]) „Crime and Judicial Inefficiency“ in Annals of the American Academy, Bd. 29 (1907), 601 ff., zitiert aus Fanning, Selected Articles on Capital Punishment, 1909, 10.

[118]) George Shrady, Death Penalty in der „Arena“, 2, 513 ff. (1890), Select. Articles, 32.

ich nicht nachprüfen. Nur darauf ist hinzuweisen, daß Whites Klage nach mehreren Richtungen jedenfalls übertrieben ist. Denn erstens geben uns die angeführten Zahlen nur die berichteten Fälle an — niemand weiß, wieviel davon in Wahrheit auf Unglücksfälle oder Selbstmord zurückzuführen ist, während sie die Fama der „Chicago Tribune" als homicides zuträgt. Dann aber umfaßt der Begriff „homicide" nach englisch-amerikanischem Recht ja nicht bloß den „Mord" in unserem Sinn, sondern Totschläge, Körperverletzung mit tödlichem Ausgang, ja auch fahrlässige Tötungen. Und der Kindsmord wird ebenfalls nicht aus dieser Gruppe ausgeschieden[119]). Es liegen hier also die Dinge genau so wie in Italien. Das zeigen die mit großer Gründlichkeit aufgenommenen Zahlen der „Prisoners and Iuvenile Delinquents in Institutions 1904" [120]). Hier werden zunächst sämtliche im Juni 1904 in amerikanischen Strafanstalten vorgefundenen Gefangenen [121]) gezählt, ohne Rücksicht darauf, wann die Einsperrung begonnen hat (also ohne Rücksicht auch auf die Zeit der Deliktsbegehung). Dies waren im ganzen **10 774** bis dahin wegen „homicide" Verurteilte (22). Von diesen waren 133 zum Tode verurteilt, 4443 zu lebenslänglicher Freiheitsstrafe, 31 zu Gefängnis von unter einem Monat (2), bis zu 11 Monaten (3), 50 zu 1 Jahr Gefängnis, 570 zu 5 Jahren usw. (108/109). Man sieht also, daß es sich bei diesen Ziffern nur zum Teil um Kapitaldelikte gehandelt haben kann! Im Jahre 1904 sind nun wegen „homicide" verurteilt 2444 Personen, d. h. auf 100 000 Personen der Bevölkerung **3,0** (32). Hiervon sind **99** Personen zum Tode, 586 lebenslänglich verurteilt, 60 zu einer Gefängnisstrafe von Monaten [122]), 1496 zu einer Gefängnisstrafe von 1 bis zu 21

---

[119]) Vgl. die Darstellung des amerikanischen Rechts bei v. Liszt, Vergleichende Darstellung des deutschen und ausländischen Strafrechts, Besonderer Teil Bd. 5, 30 ff. — May, Bigelow, The Law of Crimes, 1905, 196 ff. und Wharton, A Treatise on the Law of Homicide in the United States, 3. Aufl., 1891.

[120]) Prisoners and Juvenile Delinquents in Institutions, 1904, herausgegeben vom Department of Commerce and Labour Bureau of the Census. Washington, Government Printing Office, 1907.

[121]) Nicht gezählt sind die in Untersuchungshaft befindlichen, die aus dem Strafvollzug herausgenommenen Geisteskranken, die Kinder unter 10 Jahren und solche, die Gefängnis nur wegen Nichtbezahlung einer Geldstrafe absitzen (11, 12).

[122]) 8 Personen unter einem Monat, 5 zu einem Monat, 4 zu 2 Monaten, 11 zu 3 Monaten, 2 zu 4 Monaten, 3 zu 5 Monaten, 15 zu 6 Monaten usw.

und mehr Jahren[123]) verurteilt worden (144, Table 14). Will man nun ausrechnen, wieviel „Morde" in unserm Sinn während dieser Zeit begangen sind, so wird man außer den 99 zum Tode und den 586 lebenslänglich Verurteilten noch die 262 zu 20 Jahren und länger Verurteilten mitzurechnen haben: dann käme eine Zahl von 947 heraus oder bei der Einwohnerzahl von 81 301 848 (für 1904) (22) **0,1** auf 100 000 Einwohner. Man sieht, daß damit die Zahlen wesentlich an alarmierender Bedeutung verlieren.

Es fragt sich nun, in welcher Weise diejenigen Staaten, welche die Todesstrafe abgeschafft haben, an der Mordkriminalität beteiligt sind. Es sind dies: Michigan seit 1846!, Wisconsin seit 1853, Rhode Island seit 1852, Maine seit 1887 und Kansas seit 1907. Jene Statistik für 1904 gibt hier kein klares Bild, weil einmal wieder der — unzuverlässige — Scheingattungsbegriff „homicide" die Grundlage bildet, und zweitens weil die Zahlen nach der Strafanstalt bestimmt werden, in die der Gefangene aufgenommen wird. Wenn daher von den 2444 Verurteilten 107 oder 7,2 in Kansas (auf 100 000 Einwohner) genannt werden, so hat das keine Bedeutung, weil, wie die Statistik selbst hervorhebt, in Kansas ein „United States prison" sich befindet (33). Abgesehen von diesem Staat kommen aber die Abolitionisten-Staaten in dieser Statistik sehr gut weg:

Maine	hat	**2**	murders	oder —	auf	100 000	**0,3**
Rhode Island	"	6	"	"	"	"	1,3
Michigan	"	29	"	"	"	"	1,1
Wisconsin	"	16	"	"	"	"	0,7
Dagegen haben:							
New-York		91	"	"	"	"	1,2
Pennsylvanien		126	"	"	"	"	1,9
Georgia		146	"	"	"	"	6,2
Mississippi		138	"	"	"	"	8,3
Lousiana		154	"	"	"	"	10,3
Washington		17	"	"	"	"	2,9
Kalifornien		75	"	"	"	"	4,7
Arizona		25	"	"	"	"	18,2

(32 ff. u. 126.)

[123]) 65 zu 1 Jahr, 16 zu $1^1/_2$ Jahren, 191 zu 2 Jahren, 13 zu $2^1/_2$, 105 zu 3 Jahren usw. — 306 zu 10—14 Jahren, 156 zu 15—19 Jahren, 101 zu 20 Jahren, 161 zu 21 und mehr Jahren.

Eine wesentlich größere Bedeutung für die Entscheidung unserer Frage hat die Entwicklung der Morddelikte in den Abolitionsstaaten selbst:

Michigan hat Verurteilungen wegen murder im ersten (schwersten) Grad[124]):

1882	9	1895/96	14
1883	3	1897/98	13
1884	7	1899/1900	11
1885	4	1901	4
1886	11	1902	5
1887/88	12	1903	6
1889/90	10	1904	7
1891/92	10	1905	6
1893/94	15		

Rechnet man nun noch die Bevölkerungszahl, so ergibt sich 1882 bei einer Bevölkerung von 1 636 937 die Zahl von **0,54**, 1905 bei einer Bevölkerung von 2 420 982: **0,24**. Wer diesen Zahlen noch mißtrauen sollte, der höre zwei Urteile von Sachkennern. Der Governor Austin Blair hat einem Parlamentsmitglied auf dessen Frage geantwortet: „Vor der Abschaffung der Todesstrafe waren Morde nicht selten, aber Verurteilungen konnten selten oder nie erzielt werden. Verurteilung und Strafe ist jetzt viel sicherer als vor dem Wechsel. Die Reform ist erfolgreich versucht und nicht mehr bloß ein Experiment[125])!

Ebenso urteilt Cooley, der Professor an der Universität von Michigan und seit länger als 14 Jahren Oberrichter am Supreme Court war: „Menschenleben ist im Jurisduktionskreis dieses Staates mindestens eben so sicher als in den anliegenden Staaten, wo die Todesstrafe noch besteht" [126]).

Wisconsin: Ich verdanke die Zahlen einer im Auftrag des Governors veranstalteten Zusammenstellung:

---

[124]) Nach den State Reports bei Ohio State Library Bulletin, Vol. I (1906) Nr. 10 S. 10. In den Jahren 1887—1900 sind die Delikte nur alle zwei Jahre gezählt worden.

[125]) Maynard Shipley, Does capital punishment prevent convictions? American Law Review, Bd. 43 (1909), 323.

[126]) American Law Review Bd. 43 (1909), Maynard Shipley, Does capital punishment prevent convictions?, 323. Ebenso berichtet Mc. Donnell, 1912, daß der gegenwärtige Zustand „allgemein befriedige", The Review, 1912, 5.

Jahr	Murder	Manslaughter	Bevölkerung	1 Verurteilung im Verhältnis zur Bevölkerung jedes Jahr
1890	18	7	1 680 880	67 000
1891	11	4	—	112 000
1892	4	9	—	129 000
1893	11	8	—	88 000
1894	17	4	—	80 000
1895	8	2	1 937 915	194 000
1896	9	6	—	129 000
1897	7	11	—	108 000
1898	18	3	—	92 000
1899	12	2	—	138 000
1900	9	1	2 069 612	207 000
1901	9	1	—	207 000
1902	6	6	—	172 000
1903	11	6	—	122 000
1904	8	7	—	138 000
1905	11	4	2 228 948	148 596
1906	11	5	—	139 309
1907	5	10	—	148 596
1908	13	11	—	92 870
1909	14	2	—	123 830
1910	16	6	2 333 860	106 084

Man sieht Schwankungen im einzelnen, die Entwicklung im ganzen aber zeigt kein Wachstum der Kapitaldelikte, sondern ein — nur in einzelnen Jahren durchbrochenes — langsames Zurückgehen.

Über Wisconsin schrieb der Governor Washburne 1873: „Kein Staat kann eine größere Freiheit von Morddelikten haben. Mit einer Bevölkerung, welche fast jede Nationalität vertritt, zeigt die Statistik, daß dieses Delikt, anstatt mit dem Wachstum des Staates zuzunehmen, in Wahrheit zurückgegangen ist" [127]).

Rhode Island [128]): Verurteilungen wegen „murder" (unter Ausschluß der manslaughter):

---

[127]) Paul Neumann, Case against Capital Punishment, Fortnightly Review, 52 (1889), 322 ff., Selected Articles 45.

[128]) Ohio State Library Bulletin, 14 und Auskunft durch den Executive Secretary des Governor of Rhode Island.

1838	1	1879	1
1839	1	1880	1
1840/42	0	1881	0
1843	1	1882	3
1844/49	0	1883	0
1850	1	1884	1
1852	2	1885	1
1853	0	1886	3
1854	1	1887/88	0
1855	1	1889/91	je 1
1856	1	1892	3
1857	2	1893	0
1858	1	1894/98	je 1
1859/60	0	1899	3
1861—63	je 1	1900	2
1864	2	1901	1
1865/66	0	1902	1
1867	3	1903	0
1868—71	0	1904	2
1872	1	1905	1
1873	2	1906/08	0
1874	0	1909	1
1875	1	1910	1
1876	2	1911	2
1877/78	0		

Die Bevölkerung betrug 1852 fast 150 000; 1910: 512 610. Auch hier ist kein Zweifel möglich, daß die Abschaffung der Todesstrafe keinerlei schädliche Wirkungen gehabt hat. Der Governor schrieb 1864: er sei bei Abschaffung der Todesstrafe dagegen gewesen, jetzt aber ebenso gegen einen Wechsel: denn das Experiment sei lange genug versucht, um uns darüber zu beruhigen, daß es geglückt sei [128a]). Und noch eins. Rhode Island liegt unmittelbar neben Connecticut. Es ist mit Händen zu greifen, daß die Mörder den abolitionistischen Nachbarstaat Rhode Island aufsuchen würden, wenn wirklich der Gedanke an die Todesstrafe den von ihren Anhängern behaupteten abschreckenden Einfluß auf die Verbrecherwelt haben würde. Und wie steht es damit? Rhode Island hat im Jahre 1904: 2 Verurteilungen von „Mord" und außerdem 4 Fälle

---

128a) Shipley, a. a. O. 324.

von Totschlag (manslaughter), Connecticut in demselben Jahr (nach Angabe des Governors) 13 Verurteilungen. Auf 100 000 der Bevölkerung gerechnet, beträgt das in beiden Staaten genau die gleiche Ziffer: 1,3. (Prisoners, 32.)

Maine: Maine hat interessante Erfahrungen durchgemacht. 1876 wurde die Todesstrafe abgeschafft[129]), nach der Angabe Shipley's infolge des „Justizmordes" von Stain und Cromwell[130]), 1883 wieder für Mord eingeführt, 1887 wieder beseitigt, so daß sie, wie der offizielle Bericht sagt, nie wieder eingeführt werden soll. Die Zahlen der Statistik siehe S. 62).

1. Daß in der Zeit der wiederherbeigerufenen Todesstrafe die Kapitaldelikte nicht abgenommen, sondern zugenommen haben, daß umgekehrt die Zeit der aufgehobenen Todesstrafe sowohl von 1876—83, wie auch von 1887 an einen Rückgang der Tötungsziffern aufweist. 1885 hat der Governor von Maine darauf hingewiesen, daß in den 2 Jahren seit Einführung der Todesstrafe eine „ungewöhnliche Zahl von kaltblütigen Morden" vorgekommen sei[130a]), so daß die Todesstrafe „völlig versagt" habe als Abschreckungsmittel. Wenn nun auch ein so kurzer Zeitraum ein solches Urteil nicht rechtfertigen kann, so zeigt jedenfalls die lange Zeit von 1860—76 und die Zeit von 1889—1904, daß die Todesstrafe weder einen positiven noch negativen Einfluß auf die Entwicklung der Kapitaldelikte ausgeübt hat.

Bedenkt man, daß Maine nur eine halbe Million Einwohner hat[131]), so ist mit Sicherheit anzunehmen, daß die Abschaffung der Todesstrafe nach so langer Zeit vollkommen „ins Volk gedrungen" ist — also auch hier müßte ein Zuströmen von Verbrechern mit Mordabsichten aus den noch den Henker gebrauchenden nächsten Nachbarstaaten erfolgen, nach der Rechnung, die die Anhänger der Todesstrafe aufstellen. Man höre: Maine

---

[129]) Charles Burleigh Galbreath, Shall the State kill? in Friends' Intelligencer 1906, Select. Art. 66 und Ohio State Library Bulletin 12/13.

[130]) Shipley, American Law Review, Bd. 43 (1909), 825. Ich habe über diesen Justizmord nichts näheres erfahren können.

[130a]) Thomas Speed Mosby, Does Capital Punishment tend to diminish Capital Crime, Harper's Weekly, Bd. 50 (1906), 1028 ff., Select. Articles 85.

[131]) 1860: 628 279 — 1900: 694 466 (Ohio State Library Bulletin, 13).

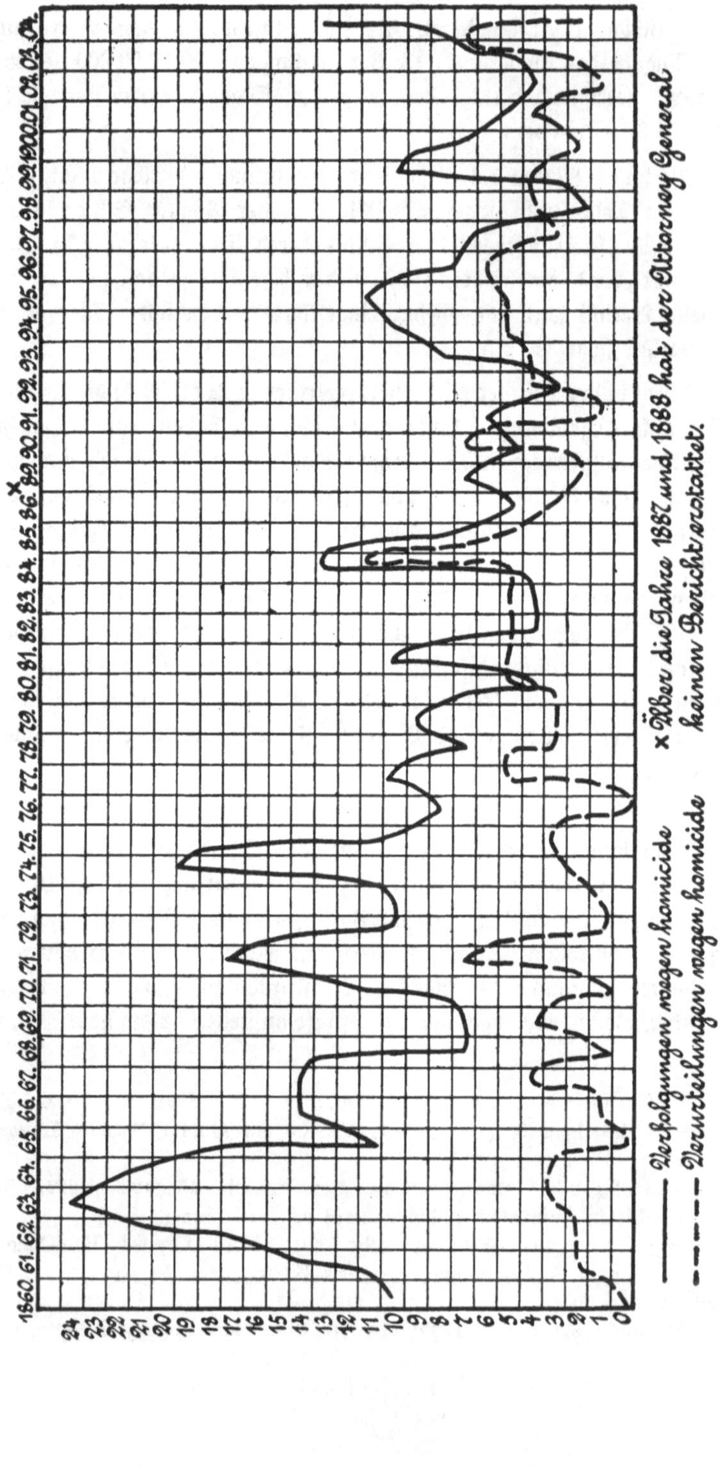
1860. 61. 62. 63. 64. 65. 66. 67. 68. 69. 70. 71. 72. 73. 74. 75. 76. 77. 78. 79. 80. 81. 82. 83. 84. 85. 86. × 89. 90. 91. 92. 93. 94. 95. 96. 97. 98. 99. 1900. 01. 02. 03. 04.
24 23 22 21 20 19 18 17 16 15 14 13 12 11 10 9 8 7 6 5 4 3 2 1 0
—— Verfolgungen wegen homicide
– – – – Verurteilungen wegen homicide
× Über die Jahre 1887 und 1888 hat der Attorney General keinen Bericht erstattet.

hat 1904 **2** Verurteilungen oder auf 100 000 gerechnet 0,3; New Hampshire **5** oder 1,2. Dabei ist New Hampshire wesentlich weniger bevölkert, es hat 425 904 Einwohner gegen 708 096 Einwohner in Maine (Prisoners . . . . . in 1904, 32 und 22). Vermont mit 348 222 Einwohnern hat im selben Jahre **15** Verurteilungen oder **4,3** in relativer Berechnung!!

2. Sowohl in Maine wie in den andern Abolitionistenstaaten hat die Abschaffung der Todesstrafe noch einen den Gesellschaftsschutz direkt erhöhende Wirkung gehabt. So lange die Todesstrafe bestand, haben sich nämlich in nicht unerheblich vielen Fällen die Geschworenen nicht zu einem „guilty" entschließen können. In Maine sind nach Angabe des Attorney General von 1860—76 lediglich **35** Personen von **227** wegen homicide Verfolgten, d. h. **15,4** % verurteilt worden — in den 20 Jahren seit Abschaffung der Todesstrafe steigt die Zahl auf **64,5** %[132]).

Schließlich Kansas: Leider ist es mir nicht möglich gewesen, eine Statistik über diesen Staat zu erlangen. Indessen ist nicht anzunehmen, daß hier irgendwie erregende Zustände geherrscht haben. Hat doch von 1872—1907 (dem Jahr der Abschaffung der Todesstrafe) keine Hinrichtung mehr stattgefunden. 1872 wurde bestimmt, daß der zum Tode Verurteilte ein Jahr lang im penitentiary gehalten werden sollte — und dann erst sollte seine Hinrichtung erfolgen, falls sie der Governor anordnete. Das ist aber niemals geschehen, sondern die Strafe ist stets in lebenslängliche Internierung umgewandelt worden[133]). Der Sekretär des Governors teilte mir auf meine Anfrage mit, daß kein Wachstum der Morde bei ihnen eingetreten sei und daß er keinen einzigen Fall in diesem Staate wüßte, in dem ein Mord zu erklären gewesen sei aus dem „Fehlen der Furcht vor dem Henker".

Vergleichen wir nun die Zahlen in einigen Staaten, in denen die Todesstrafe angewendet wird. Ich nenne zunächst Ohio[134]):

---

[132]) Shipley, American Law Review, Bd. 43 (1909), 325.

[133]) Samuel J. Barrows, Legislative Tendencies as to Capital Punishment in Annals of The American Academy, Bd. 26 (1907); Selected Articles 17.

[134]) Ohio State Library Bulletin, 1906, 8/7: aufgenommen nach den Reports of the Secretary of State.

Jahr	Verurteilungen	Hinrichtungen	Jahr	Verurteilungen	Hinrichtungen
1881 . .	45	—	1894 . .	43	2
1882 . .	42	1	1895 . .	49	8
1883 . .	25	4	1896 . .	52	4
1884 . .	51	5	1897 . .	36	5
1885 . .	55	6	1898 . .	39	2
1886 . .	47	2	1899 . .	45	1
1887 . .	47	1	1900 . .	41	—
1888 . .	40	5	1901 . .	56	3
1889 . .	29	4	1902 . .	60	—
1890 . .	46	6	1903 . .	57	4
1891 . .	51	7	1904 . .	99	12
1892 . .	63	3	1905 . .	71	—
1893 . .	50	1			

Unter Verurteilungen sind hier aufgezählt alle wegen murder in beiden Graden und manslaughter. Man sieht: keinerlei Rückgang trotz gelegentlicher Anspannung der Exekutionsziffern und keine Steigerung anderseits, wenn die Hinrichtungen seltener sind (1882, 1887, 1893, 1899) oder ganz wegfallen (1900, 1902)[135]. Im Verhältnis zur Bevölkerungszahl kommt 1881 bei 3 198 062 Einwohnern 1 Tötungsdelikt auf **71 068**, 1905 bei 4 157 545 1 auf **58 557**. Das ist also eine erhebliche Steigerung trotz der Todesstrafe! Die „**Review**" teilt 1912 zwei charakteristische Tatsachen mit. Erstens sei „die große Majorität des Volkes" gegen die Todesstrafe (T. H. B. Jones) und zweitens sei es sehr schwer möglich, ein Todesurteil zu erreichen, und wenn es ausgesprochen werde, erfolge ein erheblicher Druck zur Erzielung einer Begnadigung. (**Review**, April 1912, 6.)

Colorado hat die Todesstrafe 1897 abgeschafft, aber angeblich nach einem Lynchattentat gegen 3 Mörder (vgl. oben S. 582 ff.) im Jahre 1900 1901 wieder eingeführt.

---

[135]) Von 1900 auf 1901 ein Anschwellen, dafür aber von 1902 auf 1903 ein Abschwellen der Verurteilungen wegen Tötung.

Jahr [136])	Verurteilungen Murder	Manslaughter	Jahr	Verurteilungen Murder	Manslaughter
1891 .	21	3	1899 .	20	13
1892 .	11	5	1900 .	12	1
1893 .	18	2	**1901** .	**15**	**1**
1894 .	10	3	1902 .	11	3
1895 .	16	3	1903 .	23	—
1896 .	**22**	—	1904 .	26	1
1897 .	18	2	1905 .	20	1
1898 .	22	—			

Auch hier keine Veränderung, ob die Todesstrafe gilt oder nicht.

Auch Iowa hat — und zwar aus Gründen, die mir jedenfalls in der Literatur nicht hervorgetreten sind — die Todesstrafe von 1872—78 abgeschafft. Die Verurteilungen von 1865—88 sind (Ohio State L. Bull.):

Jahr	Murder	Manslaughter	Jahr	Murder	Manslaughter
1865 .	9	3	1877 .	14	7
1866 .	3	3	**1878** .	**10**	**3**
1867 .	2	6	1879 .	15	3
1868 .	3	2	1880 .	7	7
1869 .	3	1	1881 .	7	5
1870 .	4	4	1882 .	14	1
1871 .	4	5	1883 .	17	8
1872 .	**3**	**10**	1884 .	12	10
1873 .	7	2	1885 .	20	6
1874 .	2	8	1886 .	7	10
1875 .	15	5	1887 .	17	12
1876 .	11	6	1888 .	9	6

Das Jahr 1904 (in der angegebenen Sammlung) gibt wegen „homicide" 21 Verurteilungen an. Offenbar ist es die Steigerung der Jahre 1875—77, die die Bevölkerung wegen der ersten Jahre nach Abschaffung der Todesstrafe erschreckt hat. Aber die kommenden Jahre z. B. 1883, 1885, 1887, 1904 zeigen, daß auch die Einführung der Todesstrafe dem Wachstum der Tötungsverbrechen keinen Einhalt getan hat.

---

[136]) Ohio State Library Bulletin, 14.

Überhaupt zeigen die „Mordziffern" in den Staaten, in denen die Todesstrafe erhalten geblieben ist, ein fortgesetztes Wachstum. Die „Review of Reviews"[137]) zählt für diese Staaten folgende Zahlen vorgekommener homicides:

1882 . .	1467	1887 . .	2335
1883 . .	1697	1888 . .	2184
1884 . .	1465	1889 . .	3567
1885 . .	1808	1890 . .	4290
1886 . .	1499	1891 . .	5906

Aus den in diesem Abschnitt gegebenen Zahlen folgt durchweg mit zwingender Kraft, daß die Abschaffung der Todesstrafe nirgends schädliche Folgen für das Staatswohl gehabt hat, daß diese Strafe „entbehrt werden kann, ohne daß die Sicherheit der menschlichen Gesellschaft hierdurch Gefahr läuft"[138]).

Aber die Anhänger der Todesstrafe verstehen es, der Kraft dieses Schlusses auszuweichen. Sie weisen einmal auf die Unzuverlässigkeit der Statistik hin. Nichts ist ja so bequem und beliebt, wie ein solcher Einwand. Aber, muß man dem entgegenhalten, sind denn nur die Argumente vom Schreibtisch zuverlässig? Verdient wirklich die Gedankenwelt des Einzelnen, zumal wenn sie, wie beim Anhänger der Todesstrafe, im wesentlichen aus ererbten Traditionen und Gefühlen ihre Nahrung zieht, mehr Vertrauen als die in der Statistik vorliegenden tausendfach gesammelten und gesichteten Tatsachen der Erfahrung? Und wenn hier zweifellos manche Fehlerquellen das Ergebnis trügen können, so bieten sie jedenfalls mehr, als die bloße durch keinerlei Nachweis belegte Behauptung von der abschreckenden Kraft der Todesstrafe! Daher sollte man einen solchen Einwand als unfruchtbare, ja unfaire Art der Diskussion zurückweisen. Ernster ist ein anderes Bedenken. Man sagt: die Zahl der Verurteilungen gebe kein Bild der wirklichen Straffälligkeit (Hoegel.) Richtig ist an diesem Einwand, daß nicht alle wirklich begangenen Delikte der Strafjustiz verfallen. Aber mag dies nun einen

---

[137]) Aus „Official Statistics and reports on Capital Punishment, Issued by the Howard Association", 1892, 15.

[138]) So Motive zum Norwegischen Strafgesetzbuch (deutsch von Bittl, 1907), 35.

großen oder kleinen Prozentsatz darstellen, nur lächerliche Ueberhebung kann behaupten, daß die Zahl der Verurteilungen ein „reines Zufallsprodukt" darstellt. Vielmehr müssen wir die Verurteilungszahlen als „symptomatisch" für die wirklichen Deliktszahlen, als „Straffälligkeit in verkleinertem Zustand" ansehen![138a]) Weiter meint man: wenn in Abolitionsstaaten die Mordziffern günstig ausfallen, so würden sie vielleicht bei bestehender Todesstrafe noch günstiger sein, — wenn sie in Staaten mit Todesstrafe hoch seien, so könne man ja nicht wissen, ob sie nicht ohne die Kapitalstrafe noch höher sein würden[139])? — „Man könne es nicht wissen?" Soll das die Beweiskraft der hundert und hundert Zahlen wirklich entkräften, kann das bloße Fragezeichen die Behauptungen des Anhängers der Todesstrafe beweiskräftig machen? Auch ist eine solche absolute Skepsis, ohne eigene Arbeit zur Lösung des Problems zu bieten, nicht bloß leere Sophisterei, sondern vor allem positiv unhaltbar. Denn es handelt sich ja nicht um vereinzelte Erfahrungen aus einem Land, sondern aus den verschiedensten Staaten aus ganz verschiedenen Zeitkomplexen. Wäre die Todesstrafe wirklich ein abschreckender Faktor, so müßte sich ihre Kraft doch wenigstens irgendwo erkennbar dokumentieren lassen! Wenn aber in keinem einzigen Fall ein solcher Einfluß zu beobachten ist, wenn weder die „Mörder" aus den Nachbarstaaten ihre Tätigkeit in das Gebiet der beseitigten Todesstrafe verlegen, noch eine stärkere Verbrechertätigkeit entfalten, obwohl sie wissen, daß sie ihres Lebens jetzt sicher sind, — wenn die Einführung der Todesstrafe die Kapitaldelikte nicht heruntersetzt, die Abschaffung sie nicht heraufschnellen läßt, — und alle diese Tatsachen nicht vereinzelt, sondern eben als generell wahrnehmbare, hundertfältig zu konstatieren sind, wie will man, wie kann man es anders erklären, als daß eben jener vermeintliche Faktor in Wahrheit überhaupt keinen Einfluß, weder im positiven noch im negativen Sinne auszuüben vermag? Nein, die Statistik widerlegt die Anhänger der Todesstrafe — kein Wunder, daß sie ihnen unbequem ist.

[138a]) So G. v. Mayr in seinen völlig schlagenden Argumentationen gegen Hoegel's „Nihilismus": Aschaffenburgs Monatsschrift, „Kriminalstatistik und Kriminalätiologie", Bd. 8 (1910), 333 ff. Bd. 9 (1912), 129 ff. und Hoegel ebenda, 8, 657 ff. Ferner G. v. Mayr, Statistik der Gesellschaftslehre, III (1912), 451 ff.

[139]) Diesen Einwand macht z. B. Castillard in der französischen Kammer, Débats parlementaires, 1908, 2209. Ähnlich Tarde, La philosophie Pénale, 1900, 544 ff.

§ 3. Die „Unentbehrlichkeit der Todesstrafe"?

Die Anhänger der Todesstrafe können die Schlußfolgerungen aus der Statistik, wie wir gesehen haben, nur bestreiten, nicht widerlegen. Sie haben aber noch ein letztes Hilfsmittel. „Die Geschichte der Todesstrafe" zeigt nach Kahl „ganz unwiderleglich, daß, wo man sie abgeschafft hat, meistens das Bedürfnis aufgetreten ist, sie wiederum einzuführen[140]."

Es ist die geschichtliche Entwicklung in Deutschland und in der Schweiz, die zum Beweise dieses Satzes dienen soll — dazu kommt dann noch aus der Gegenwart die „ganz ergebnislos" verlaufene (Kahl) Bewegung gegen die Todesstrafe in Frankreich.

I. Die Geschichte der legislativen Abolitionsbewegung und ihres Erlöschens in Deutschland zu schreiben ist hier nicht der Ort. Auch kann dies nicht nebenbei geschehen. Denn die Vorgänge, welche die Abschaffung der Todesstrafe bewirkt haben, und die Gegenbewegung zugunsten ihrer Wiedereinführung sind so eng mit den allgemeinen politischen und kulturellen Strömungen der Zeit verwachsen, daß sie nur aus dem Zusammenhang mit der ganzen Bewegung zu entwickeln sind und aus dieser Verbindung nicht gelöst werden können. Hier kann es sich nur darum handeln, die Daten unserer Frage hinzustellen und zu prüfen, ob sie einen Schluß pro oder contra in Sachen der Todesstrafe fordern oder auch nur zulassen. — Der Art. III § 9 der „Grundrechte des deutschen Volkes" vom 27. Dezember 1848 erklärte die Todesstrafe, mit Ausnahme der Fälle des See- und Kriegsrechts, für abgeschafft[141]). Zu dem gleichen Resultat war fast um dieselbe Zeit die Entwicklung in Preußen durch die zur Vereinbarung der Verfassung einberufene Nationalversammlung gelangt. Der von ihr am 4. August 1848 angenommene Gesetzentwurf — durch

[140]) Kahl auf dem Danziger Juristentag, 30 (1911), Bd. 2, 453.

[141]) „Die Todesstrafe, ausgenommen wo das Kriegsrecht sie vorschreibt oder das Seerecht im Falle von Meutereien sie zuläßt, sowie die Strafen des Prangers, der Brandmarkung und der körperlichen Züchtigung sind abgeschafft" (in die Verfassung des Deutschen Reiches vom 28. März 1849 als Art. III, § 139 aufgenommen). Der Paragraph wurde in der ersten Lesung am 4. August mit 288 gegen 146, in der zweiten Lesung am 8. Dezember 1848 mit 256 gegen 176 Stimmen beschlossen. Stenographische Verhandlungen der Frankfurter Nationalversammlung, Bd. 2, 1370 ff., 5, 3943 ff. Vgl. die Darstellung von Günther, Wiedervergeltung Abt. III, Erste Hälfte, 333 ff. mit weiterer Literatur und Anlage 2: „über die Todesstrafe" zu den Motiven des Norddeutschen Strafgesetzentwurfs (zitiert als „Anlage".)

welchen die Todesstrafe, abgesehen vom Kriegs- und Belagerungszustand, abgeschafft wurde [142]), fand zwar nicht die landesherrliche Sanktion, aber die allerhöchste Botschaft vom 12. Oktober 1848 veröffentlichte einen Entwurf des gleichen Inhalts. Ferner war das Preußische Justizministerium tätig gewesen zur Erfüllung des § 64 der (Paulskirchen) Verfassung des Deutschen Reichs [143]), indem es auf der Grundlage des preußischen Entwurfs den „Entwurf eines allgemeinen deutschen Strafgesetzbuchs" veröffentlichte. Auch in diesem Entwurf fehlt die Todesstrafe, aber das „Vorwort" erklärt sehr charakteristisch: die persönliche Ansicht der Verfasser gehe dahin, die Todesstrafe nicht abzuschaffen, indes hätten die Grundrechte und die Gesetzgebung einzelner deutscher Staaten bereits im entgegengesetzten Sinne entschieden [144]). Indessen sind beide Entwürfe infolge der Veränderung der politischen Verhältnisse nicht mehr zu praktischer Bedeutung gelangt [145]).

Dagegen hat der § 9 der deutschen Grundrechte praktisch gewirkt. Denn die Grundrechte sind ja im Reichsgesetzblatt veröffentlicht worden und verpflichteten die Einzelstaaten gemäß dem Einführungsgesetz § 3 zu übereinstimmenden Grundsätzen. Darauf hin ist die Todesstrafe in dem angegebenen Sinn abgeschafft worden in Württemberg (Ges. vom 13. August 1849), in Baden (16. März 1849), Hessen (11. April 1849), Nassau (17. Mai 1849), Oldenburg (Staatsgrundgesetz von 1849), in den Thüringischen Staaten (StGB. von 1850 ff.) und Bremen (25. Juni 1849). Besonders lagen die Verhältnisse in Anhalt und im Königreich Sachsen. Die Todesstrafe ist dort durch den § 20 der Verfassung vom 29. Oktober 1848 für Anhalt-Dessau abgeschafft werden. Der Art. 6 des Dessau-Cöthenschen Strafgesetzbuches vom 28. Mai 1850 hat diese Wirkung auf das Herzogtum Anhalt-Cöthen ausgedehnt. Dagegen hat Anhalt-Bernburg durch Gesetz vom 5. Februar 1852 das preußische Strafgesetzbuch angenommen und damit die Todesstrafe übernommen. Erst nach der Vereinigung Anhalt-Bern-

142) 394 Stimmen fanden sich damals, am 4. August 1848, gegen 37 Stimmen, für die Abschaffung!

143) § 64 der Reichsverfassung vom 28. März 1849: „Der Reichsgewalt liegt es ob, durch die Erlassung allgemeiner Gesetzbücher über... Strafrecht ... die Rechtseinheit im deutschen Volke zu begründen."

144) Rubo, Kommentar zum StGB. S. 3 ff. Hier und bei Rüdorff, Strafgesetzbuch für das Deutsche Reich, 3. Aufl. (1881), 10 ist der oben geschilderte Entwicklungsgang am besten dargestellt worden.

145) Der „Entwurf des deutschen Strafgesetzbuchs" wurde nur in wenigen Exemplaren veröffentlicht, — der Rest wurde kurze Zeit danach eingestampft.

burgs mit Anhalt-Dessau-Cöthen ist durch Gesetz vom 1. Juli 1864 das Anhalt-Dessau-Cöthensche Strafgesetzbuch und damit die Abschaffung der Todesstrafe auch in Anhalt-Bernburg eingeführt worden [146]). Im Königreich Sachsen wurde durch Regierungsbeschluß vom 5. Januar 1849 bestimmt, daß „vorerst" die von den Gerichten ausgesprochenen Todesstrafen nicht vollstreckt, sondern in eine andere Strafe verwandelt werden sollten [147]). Hier fehlt also der direkte Einfluß der Grundrechte, da ja die Todesstrafe gesetzlich bestehen blieb. Schon im Juni 1850 wurde der Beschluß aufgehoben. Das Strafgesetzbuch von 1855 sprach — trotz eines auf Abschaffung gerichteten Votums der 2. Kammer [148]) — die Todesstrafe für eine Reihe von Fällen aus. Dagegen hat Sachsen bei einer Revision seines Strafgesetzbuchs vom 1. Oktober **1868** unter dem Einfluß von Schwarze und Heinze die Todesstrafe abgeschafft.

Im Gegensatz zu diesen Staaten hielten sich an die deutschen Grundrechte nicht gebunden Österreich, Preußen, Bayern, Hannover, Sachsen-Altenburg, Lübeck und Hamburg [149]).

---

[146]) Ich verdanke diese Mitteilungen dem Herzoglich Anhaltischen Staatsministerium.

[147]) Vgl. Wächter, Das Kgl. sächsische und thüringische Strafrecht, 1857, 178.

[148]) Mit 61 Stimmen gegen bloß 3 Stimmen! (Anlage 16.)

[149]) Die „Anlage" zählt Hamburg unter den Staaten auf, welche den § 9 der „Grundrechte" verwirklicht haben (19). Das ist falsch. Die Sache liegt so. Der Entwurf eines Kriminalgesetzbuches für die Hansestädte Hamburg, Lübeck und Bremen, von Dr. Trummer 1848 kennt die Todesstrafe nicht. Zur Begründung heißt es: „Die Todesstrafe wieder einzuführen, nachdem sie in den drei Hansestädten seit einer langen Reihe von Jahren nicht zur Anwendung gekommen ist, läßt sich weder aus rechtlichen und politischen, noch aus religiösen und sittlichen Gründen genügend rechtfertigen" (2, 3). Der von der konstituierenden Versammlung am 29. August 1849 beschlossene, wesentlich auf der Arbeit Trummers beruhende Entwurf eines „Kriminalgesetzbuches für den Freistaat Hamburg", abgedruckt in „Die Verfassung des Freistaates Hamburg nebst den dazu gehörigen organischen Gesetzen" (Hamburg 1849) kennt ebenfalls die Todesstrafe nicht. Dagegen findet sie sich bereits in dem Entwurf der Rat- und Bürgerkommission vom 27. September 1849: „Hamburgisches Kriminalgesetzbuch" (nebst Inhaltsverzeichnis und Motiven), Hamburg 1851. Die Motive begründen dies damit, daß die „Grundrechte" für Hamburg nicht in Betracht kämen, daß es nicht ratsam erscheine, „daß ein kleiner Staat in dieser Beziehung gänzlich von dem bestehenden Rechte abweicht, solange die Todesstrafe in den größeren Nachbarstaaten noch beibehalten wird und solange keine für ganz Deutschland geltenden Beschlüsse darüber vor-

Ebensowenig ist die Todesstrafe in Braunschweig abgeschafft worden, wie dies in der „Anlage" und ihr folgend auch anderwärtig,[150])

---

liegen. Auch dürfte es sich sehr fragen, ob es vernünftig sein würde, diese „Strafart abzuschaffen, solange noch Verbrechen wie der Mord, zu den nicht ganz selten vorkommenden gehören" (96). Auch dieser Entwurf ist nicht Gesetz geworden. Erst das Strafgesetzbuch vom 30. April 1869 (ebenfalls mit Todesstrafe) hat Gesetzeskraft bekommen.

[150]) Vielmehr liegen die Dinge hier so, wie ich durch Auskunft und Übermittlung der betr. landesgesetzlichen Bestimmungen seitens des Braunschweigischen Ministeriums erfahren habe. Durch Gesetz vom 4. Mai 1849 ist zwar in Braunschweig „anerkannt, daß die sämtlichen von der provisorischen Zentralgewalt erlassenen und ferner zu erlassenden, nach Maßgabe des Reichsgesetzes vom 27. September v. J. publizierten oder noch zu publizierenden Gesetze und Verordnungen ohne weiteres in Wirksamkeit treten", — trotzdem ist die nach dem Einführungsgesetz zu den Grundrechten vorgeschriebene landesgesetzliche Ausführung des § 9 nicht erfolgt. Dies ist ausdrücklich in der Regierungsvorlage vom 26. Mai 1851 anerkannt worden. In den Bemerkungen zu ihr heißt es: Die Grundrechte bildeten einen Teil der Frankfurter Reichsverfassung; sie setzten voraus, daß diese Verfassung in Wirksamkeit treten werde. Da diese Voraussetzung nicht eingetreten sei, auch die größeren deutschen Staaten die Grundrechte nicht anerkannt hätten, „so würde sich schon hieraus folgern lassen, daß die Grundrechte ihre fernere Anwendbarkeit verlieren". Eine „staatsrechtliche Verbindlichkeit zur Aufrechterhaltung oder Durchführung der Grundrechte" bestehe für die deutschen Staaten nicht, vielmehr „bleibe mit dem Nichtzustandekommen des projektierten Reiches jedem Einzelstaate überlassen" zu beurteilen, „welche Bestimmungen der Grundrechte als bindende fortbestehen können". In der nun folgenden Erwägung werden Bestimmungen der Grundrechte angeführt, welche „nicht ausgeführt sind und bei denen erwogen wird, ob man sie ausführen oder aufgeben soll". Hierzu wird an erster Stelle der Grundsatz des § 9 der Grundrechte gezählt. Dazu heißt es dann: „Das Kriminalgesetzbuch der Herzogtümer beschränkt die Todesstrafe auf sehr wenige Fälle. Man kann darüber zweifelhaft sein: ob sie noch mehr beschränkt werden könne? — aber eine gänzliche Abschaffung derselben hält die Landesregierung für unzulässig. Sie ist fortwährend von der Richtigkeit der Ansichten überzeugt, die sie bei Erlassung des Kriminalgesetzbuches in dieser Beziehung geleitet haben und die Ereignisse der letzten Jahre sind nicht geeignet gewesen, diese Überzeugung zu erschüttern. Es kommt hinzu, daß es große Bedenken hat, eine Vorschrift dieser Art in einem Staate von der Größe des Herzogtums durchzuführen, während sie in den Nachbarstaaten nicht gilt." Diese Ausführungen der Regierungsvorlage sind nach Auskunft des Ministeriums im weiteren Verlaufe der Verhandlungen nicht beanstandet, insbesondere haben allgemeine Erörterungen über die Frage der Abschaffung der Todesstrafe nicht stattgefunden. Das Gesetz vom 4. Juli 1851 hat sodann — unter Aufrechterhaltung einiger hier nicht hergehörender Bestimmungen der

angegeben ist. Aber in Kurzem wurde die Todesstrafe auch in den meisten der zuerst genannten Staaten wiederhergestellt. Der Beschluß der Bundesversammlung vom 23. August 1851 beseitigte die gesetzliche Geltung der „Grundrechte". Daraufhin ist die Todesstrafe wieder eingeführt in Württemberg am 17. Juni 1853, in Hessen am 26. April 1852, in den Thüringischen Staaten in den Jahren 1856—57 [151]). In Baden war dies schon vorher durch das Einführungsgesetz zum Strafgesetzbuch vom 5. Februar 1851 geschehen. Oldenburg, Anhalt, Bremen und Sachsen (seit 1868) hielten dagegen an der Beseitigung der Todesstrafe fest. — Was folgt nun aus dieser Übersicht?

Ich meine zunächst, daß die Frage nicht nach Erfahrungsgesichtspunkten und auf Grund einer gefestigten Allgemeinanschauung, sondern infolge politischer Triebkräfte unter dem Einfluß der Leidenschaft und des Gefühls, unter der Erregung und Depression des Augenblicks behandelt worden ist.

Wenn man bedenkt, welch eine Macht die Todesstrafe bis 1848 im Leben der Völker gewesen war, und nun liest, mit welchen Gründen gegen sie gekämpft wurde, so muß man — gerade als Gegner der Todesstrafe — über die Naivetät, ja den Leichtsinn und die Oberflächlichkeit erschrecken, womit man eine so gewaltig von der Tradition abweichende Reform durchzusetzen versuchte. Nur das Pathos der politischen Leidenschaft, der Überschwang der Sehnsucht nach Beseitigung alles Veralteten und Kulturwidrigen in Staat und Gesellschaft, die elementare und unhistorische Grundstimmung der Gebildeten wie des Volks konnten darüber hinwegtäuschen. Eine Zeit, die kaum die Anfänge eines geordneten Strafvollzugs, einer leistungsfähigen Polizei und nur eine lächerlich zersplitterte und unfähige Rechtspflege kannte, — die in allen Schichten der Bevölkerung, von der Arbeiterwohnung bis herauf zu den Spitzen der Regierung, ein Spielball wechselnder Stimmungen in sozialen Fragen war! So konnte die Abschaffung der Todesstrafe im Deutschland der vierziger Jahre im Grunde nur eine Episode bleiben. Sie war nicht vorbereitet durch die sichere Erkenntnis, daß der Staat sie entbehren könne, sondern sie wurde als politische Parteifrage gefordert, genau

---

Grundrechte — diese im übrigen außer Kraft gesetzt. (Da sich bei Hamburg und Braunschweig Irrtümer über diese Frage eingebürgert haben, erschien es mir wichtig, diese Dinge klarzustellen.)

[151]) Nähere Angaben bei Stenglein, Sammlung der deutschen Strafgesetzbücher 1858, Nr. X, Anm. 11.

so wie die Schwurgerichte, der Anklageprozeß, die Unverletzlichkeit der Wohnung [152]). Man hatte nicht für gute Polizei und gute Zuchthäuser gesorgt, um den Ängstlichen zu beweisen, daß sie auch ohne Schafott sicher schlafen könnten, — hinter der idealen Leidenschaft der Nationalversammlung stand nicht der ernste Wille der Regierungen, und ebensowenig die gefestigte Überzeugung des Volks. Mit Recht hatte Hepp schon 1849 dem Beschluß der Nationalversammlung eine „unzeitige Hast" nachgesagt und verwundert gefragt, was denn die Aufhebung der Todesstrafe mit den Grundrechten der deutschen Nation zu schaffen habe [153])? — In demselben Jahre hatte Birnbaum in der Ständeversammlung des Großherzogtums Hessen bezweifelt, daß jener Beschluß in allen deutschen Staaten zur Geltung kommen werde: er sei „innigst überzeugt", daß die Todesstrafe in keinem deutschen Staat lange abgeschafft bleiben werde [154]). Und so wie die Kriminalisten, waren auch Regierungen und „friedliche Bürger" „innigst überzeugt". Aber da die genannten Staaten die verbindliche Kraft der Grundrechte einfach annahmen, so hielten sie sich zur Abschaffung der Todesstrafe für verpflichtet. Zumeist geschieht dies ohne jede Erörterung [155]).

Kein Wunder, daß mit einem Schlage die Stimmung umschlug, sobald die politischen Verhältnisse sich änderten. Oder man muß richtiger sagen: Die Reaktion brachte die Grundanschauung über die Todesstrafe wieder zur Geltung, die sich in dem politischen Sturmlauf gegen die Todesstrafe nur schüchtern und vereinzelt hervorgetraut hatte. „Rechtsansichten, die auf alten Traditionen ruhen, sind schwerfällige Massen, die ihren Platz mit Nachdruck behaupten. Sie können nur dadurch beseitigt werden, daß man sie geistig überwindet. Stößt man sie gewaltsam beiseite, so wälzen sie sich alsbald durch ihre eigene Schwere auf den alten Platz zurück". [156])

Schon die Eile, mit der man die Todesstrafe wieder einführte, zeigte, daß man sich nicht durch Erfahrungen bestimmen ließ, sondern lediglich froh

---

[152]) Für das Spielerische der Zeitstimmung ist charakteristisch, daß in der Tat von einer Seite gerade der zuletzt erwähnte Zusammenhang hervorgehoben wurde. Man habe die Unverletzlichkeit der Wohnung dekretiert, äußerte Roßmäßler, aber die „Wohnung des Menschengeistes sei bisher nicht als unverletzlich anerkannt worden!

[153]) Hepp, im Gerichtssaal Bd. 5 (1849), 341.

[154]) Gerichtssaal, Bd. 5, 300.

[155]) Das berichtet von Württemberg Kübel im Württemberg. Archiv f. Recht, Bd. 10 (1867), 295.

[156]) Berner, Abschaffung der Todesstrafe, 1861, 19.

war, der als Druck empfundenen Bestimmung der „Grundrechte" nicht mehr folgen zu brauchen. So ist überwiegend die Bestimmung ohne jede Diskussion beseitigt worden, — mit derselben Hast, mit der man die Todesstrafe in den Kammern „ohne Sang und Klang" „nur in der Stille" begraben hatte [157]), kam man jetzt auf sie zurück. Es zeigte sich eben, daß die meisten deutschen Staaten damals die Todesstrafe nicht abschaffen wollten, sondern nur glaubten, sie seien an die Grundrechte gebunden und müßten sie daher abschaffen. Daher kam sie wieder, sobald die politischen Verhältnisse, welche der Nationalversammlung und ihren Beschlüssen das Leben gegeben hatten, wieder geschwunden waren [158]). Es war das um so begreiflicher, als die meisten Staaten nur wenige Jahre vor den Grundrechten neue Strafgesetzbücher geschaffen und dabei die Unentbehrlichkeit der Todesstrafe anerkannt hatten. Das war in Württemberg z. B. erst 1839 durch das neue Strafgesetzbuch geschehen. Kommission und Plenum der 2. Kammer hatten dabei ohne erheblichen Widerspruch den Standpunkt der „Motive" geteilt und die Kammer der Standesherren hatte ihn ohne Diskussion durch bloßen Zuruf angenommen [159]). Das Strafgesetzbuch für das Großherzogtum Hessen war erst am 1. April **1842** in Kraft getreten [160]) und das Strafgesetzbuch für Baden hatte vom 6. März 1845 Gültigkeit, trat aber erst in Kraft am 1. März 1851, so daß im Einführungsgesetz § 3 die Ab-

[157]) So Mehring in den Verhandlungen der Württembergischen Kammer 1853, Bd. 6, 3871.

[158]) John, Über die Todesstrafe, 1867, 22.

[159]) Seeger, Abhandlungen aus dem Strafrecht, 1858, 18 ff.

[160]) Vgl. über seine Entstehungsgeschichte den Kommentar von Breidenbach, 1842, Bd. 1, 1 ff. Über die Todesstrafe sagt er: sie sei so alt wie „die Welt". „Ob sie gerechtfertigt ist oder nicht, darüber kann man wohl die Waffen ruhen lassen; jedenfalls aber erkenne man an, wie die edlen Gegner dieses letzten Mittels wesentlich dazu beigetragen haben, daß es Ehrensache geworden ist, davon einen seltenen, nicht grausamen und sicheren Gebrauch zu machen." (159.) Der 1840 erschienene Bericht des Ausschusses der I. und II. Kammer zur Begutachtung „des Entwurfs eines Strafgesetzbuchs für das Großherzogtum Hessen" bezeichnet die Todesstrafe als ein „nach den bisherigen Erfahrungen" nicht zu entbehrendes Mittel. (28.) Vgl. auch die sehr lesenswerten Motive zum braunschweigischen Strafgesetzbuch von 1840. Hier wird zugegeben, „die Furcht, daß die Abschaffung der Todesstrafe den gesellschaftlichen Zustand gefährden und eine erhebliche Zunahme der todeswürdigen Verbrechen herbeiführen werde", sei unbegründet. Aber ein kleiner Staat könne mit der Abschaffung nicht den Anfang machen, während alle Nachbarstaaten sie beibehielten. (164.)

schaffung der Todesstrafe durch Gesetz vom 16. März 1849 „aufgehoben" wurde.

Diese Tatsachen zeigen, daß man nicht das Recht hat, von Erfahrungen in unserer Frage zu reden, die die Wiedereinführung der Todesstrafe bewirkt hätten. Diese Erfahrungen haben im allgemeinen gar keine Rolle gespielt bei dieser ganzen Episode. Typisch dafür sind die Verhandlungen über die Wiedereinführung in Hessen. Die alten „Gründe" zugunsten der Todesstrafe, die Hervorhebung, sie sei eine „sittliche Notwendigkeit" und ähnliche „durchschlagende" Behauptungen nehmen einen breiten Platz in diesen Verhandlungen ein, aber ein Beweis, daß die Verbrechen sich infolge der Abschaffung der Todesstrafe vermehrt hätten, wurde nicht einmal versucht. Also „das, was man bei der Wiedereinführung der Todesstrafe unbedingt von der Regierung fordern konnte, blieb aus": Mit Recht schalt daher der Abgeordnete Müller-Melchiors die Leichtfertigkeit, mit der man das Schafott wieder errichtet habe, ohne in dem Gesetzentwurf den Nachweis seiner Unentbehrlichkeit zu erbringen [161]). Mit einer Majorität von 2 (!) Stimmen (23 gegen 21) wurde die Todesstrafe wieder eingeführt. Die erste Kammer war freilich wie auch anderwärts (Württemberg) einstimmig für Wiedereinführung. Übrigens hätten sich auch die Anhänger der Todesstrafe vergebens nach ungünstigen Erfahrungen in Hessen für die fraglichen Jahre umgesehen. Ich gebe die Zahlen der Verurteilungen wegen Mordes von 1840 bis 1869 [162]):

Jahr	Zahl der Verurteilten	Jahr	Zahl der Verurteilten
1840 . .	2	**1849** . .	**2**
1841 . .	1	**1850** . .	—
1842 . .	0	**1851** . .	—
1843 . .	1	**1852** . .	—
1844 . .	2	1853 . .	4
1845 . .	4	1854 . .	3
1846 . .	3	1855 . .	1
1847 . .	3	1856 . .	0
1848 . .	1	1857 . .	6

[161]) Berner, Abschaffung der Todesstrafe, 20, und Bopp, Neues Archiv des Kriminalrechts, 1855, 407 ff.

[162]) Ich verdanke diese Zusammenstellung dem Großherzoglich Hessischen Ministerium der Justiz.

Jahr	Zahl der Verurteilten	Jahr	Zahl der Verurteilten
1858 . .	0	1864 . .	2
1859 . .	2	1865 . .	1
1860 . .	1	1866 . .	1
1861 . .	3	1867 . .	1
1862 . .	2	1868 . .	1
1863 . .	3	1869 . .	3

Die Todesstrafe war abgeschafft von April 1849 bis April 1852!! Von den beiden Fällen des Jahres 1849 ist nach ministerieller Feststellung aus den Akten das eine Delikt 1846 oder 1847, das andere 1848 begangen — beide also, als noch die Todesstrafe bestand[163]). Wir haben demnach in Hessen eine Wiedereinführung der Todesstrafe, obwohl kein einziger Mordfall in den Jahren ihrer Abschaffung vorgekommen ist!

In Baden lagen offenbar die Verhältnisse ebenso. Hier war die Todesstrafe nur abgeschafft vom 16. März 1849 bis 5. Februar 1851. Verurteilungen wegen Mordes erfolgten: [163a])

Jahr	Zahl der Verurteilten	Jahr	Zahl der Verurteilten
1840 . .	2	1856 . .	4
1841 . .	7	1857/58	0
1842 . .	2	1859 . .	2
1843 . .	1	1860 . .	4
1844 . .	2	1861 . .	3
1845 . .	0	1862 . .	0
1846 . .	1	1863 . .	3
1847 . .	0	1864 . .	1
1848 . .	5	1865 . .	1
1849 . .	**2**	1866 . .	0
1850 . .	**0**	1867 . .	3
1851 . .	**1**	1868 . .	2
1852 . .	1	1869 . .	3
1853 . .	3	1870 . .	2
1854 . .	3	1871 . .	3
1855 . .	3		

[163]) Die Verurteilung (in erster Instanz) erfolgte beidemal im Januar 1849, also vor Abschaffung der Todesstrafe.

[163a]) Laut Auskunft des Badischen Ministeriums der Justiz.

Die 2 Fälle aus dem Jahre 1849 sind, laut Auskunft des Ministeriums, in der Zeit vor dem 16. März 1849 begangen, der eine Mordfall aus 1851 in der Zeit nach dem 5. Februar, d. h. also in der Zeit der Herrschaft der Todesstrafe begangen. Verurteilungen „wegen Mordes, Mordversuchs oder Totschlages" in der Zeit, in welcher die Todesstrafe abgeschafft war, ließen sich „statistisch nicht feststellen." Die 2. Kammer hat nach **1863** bei Beratung der neuen Strafprozeßordnung die Abschaffung der Todesstrafe mit allen gegen 2 Stimmen beschlossen. (Beitragsheft 4, 925 und 6, 697 ff. zu den Verhandlungen der Ständeversammlung 1861—63. Aus denselben Jahren die „Protokolle der Badischen Ständeversammlung", 603 ff.)

Anders war die Situation in Württemberg. Es ist, so weit ich sehen kann, der einzige deutsche Staat, der die Wiedereinführung der Todesstrafe als eine ernste Angelegenheit behandelt hat. Wir müssen dieser Entwicklung daher unsere Aufmerksamkeit zuwenden.

Die württembergische Regierung brachte im Jahre 1852 einen Gesetzentwurf über Wiedereinführung der Todesstrafe und der körperlichen Züchtigung [164]) an die Kammer des Abgeordnetenhauses [165]). Sie begründete in ihren „Motiven" den Schritt mit der Zunahme der Verbrechen. Diese sei zwar „nicht ausschließlich" der Abschaffung der Todesstrafe zur Last zu legen, aber auch diese Maßregel habe einen „ungünstigen Einfluß" ausgeübt. Auf die von den Kriminalsenaten von Eßlingen und Ellwangen [166]) gemachte auf der Hand liegende Einwendung: die seit 1849 verflossene Zeit sei doch noch viel zu kurz, um jetzt schon eine Wiederabänderung der Gesetzgebung zu rechtfertigen, erwiderten die Motive — höchst charakteristisch — „diese Wiederabänderung könne um so weniger befremden, als es hinreichend bekannt sei, wie die Aufhebung der Todesstrafe im Jahre 1849 mehr nur auf dem damaligen politischen Gange der Dinge überhaupt, als auf einem wirklich gefühlten Be-

[164]) Berner, a. a. O. 20 höhnt über diesen Zusammenhang: „Das kleine Schwesterchen der Todesstrafe, die edle Prügelstrafe".

[165]) Vgl. zu folgendem: Verhandlungen der Württembergischen Kammer der Abgeordneten von 1852, I. Beilage, 591 ff., und von 1853; Bericht der Justizgesetzgebungskommission über den Entwurf, Beilage zu den Kammerverhandlungen 1851/52. Klare Übersicht über die wesentlichen Vorgänge gibt Seeger a. a. O. 41 ff., nach dem ich im allgemeinen zitiere.

[166]) Der Justizminister hatte vor Einbringung des Entwurfs richterliche Gutachten über die Frage eingefordert.

dürfnisse und auf einer unbefangenen, von der herrschenden Volksansicht getragenen Würdigung der Menschen und der Verhältnisse, wie sie seien, beruht habe." (Seeger, 59.) Ehe in der Abgeordnetenkammer der Bericht der „Justizgesetzgebungskommission" vollendet war, stellte aus Anlaß einer Tötung (am 29. Juli 1852)[167]) ein Abgeordneter den Antrag, man solle doch sofort in die Beratung des Gesetzentwurfs eintreten. Dieser Antrag wurde abgelehnt: man solle nicht unter dem „Eindruck einzelner, besonders schauriger Vorfälle" Gesetze beraten, sondern die Kommission „ruhig und gründlich" ihre Arbeit erledigen lassen. Bereits im August erschien der Bericht — eine überaus sorgfältige, sehr reichhaltige Arbeit, die wesentlich mehr bietet, als die später vielgerühmte Anlage zu den Motiven des Norddeutschen Strafgesetzbuchs. Die Kommissionsmehrheit lehnte die Wiedereinführung der Todesstrafe ab, nicht aus theoretischen[168]) Gründen, die der Bericht aber sehr genau entwickelt, sondern: weil durch die württembergischen Erfahrungen die Notwendigkeit der Wiedereinführung der Todesstrafe nicht nachgewiesen sei. (Seeger, 65.) Die Minderheit vertrat die Gegenmeinung in einem aufgeregten Separatvotum[169]). Nachdem der Bericht der Kammer schon übergeben war, ereigneten sich 2 weitere schwere Delikte gegen Leib und Leben[170]) — und nun war in dem kleinen Land das Gefühl der öffentlichen Unsicherheit erregt — vor allem, das verdient Beachtung, weil

---

[167]) Ich habe nicht feststellen können, um was es sich dabei gehandelt hat.

[168]) Oder wie man lieber sagt: „ideologischen" — freilich oft ist die Bezeichnung nur ein Anzeichen dafür, daß der Beurteiler die so gescholtene Meinung nicht widerlegen kann.

[169]) Um nicht der Parteilichkeit geziehen zu werden, gebe ich hiervon eine Kostprobe. Um die Notwendigkeit der Todesstrafe und Prügelstrafe zu entwickeln, werden die sittlichen Zustände im ganzen und großen geschildert: „Üppige Genußsucht und Haschen nach schnellem Erwerb, Irreligiosität und Frivolität der Sitten, Nichtachtung der Obrigkeit und laxe Erziehung sind an der Tagesordnung; fast täglich wissen die öffentlichen Blätter von allen Ecken und Enden grobe und selbst grause Verbrechen zu erzählen; alle unsere Strafanstalten überfüllen sich in erschreckendem Maße mit Verurteilten aller Art, und fragt man uns etwa noch nach dem Beweise eines solchen Grades von Entsittlichung, so antworten wir einfach: sie ist klar wie die Sonne, nur die Blinden sehen sie nicht". (853; Seeger, 67.) Wie einfach erscheinen doch komplizierte Probleme solch einem — Kriegervereinspathos.

[170]) Es handelt sich um einen Raubmord in Stuttgart und eine fälschlich als Mordversuch aufgefaßte lebensgefährliche Körperverletzung, welche ein ertappter Dieb an dem Grundeigentümer beging. (Seeger, 620.)

zunächst beide Täter unbekannt blieben [171]). Unter dem Eindruck dieser Stimmung wurde nach einer zweitägigen Beratung am 2. März 1853 der Antrag der Kommissionsmehrheit mit 47 gegen 34 Stimmen verworfen und die Wiedereinführnng beschlossen. (Seeger, 74.) Die Kammer der Standesherren faßte den gleichen Beschluß, wie in Hessen, einstimmig! (Seeger, 84.) [172]) Es kann nach dieser Vorgeschichte kein Zweifel sein, daß die Entscheidung trotz sorgfältigster Vorbereitung doch im letzten Grunde nichts als ein Angstprodukt [173]) darstellt. Sehen wir nun die Daten an, welche diese Stimmung hervorgerufen haben; sie sind in der folgenden Tabelle [174]) wiedergegeben.

Übersicht über die im Königreich Württemberg von den „bürgerlichen" Gerichten wegen Mordes erkannten Strafen seit dem 1. Juli 1839:

Jahr	Todesurteile vollzogen	Todesurteile im Gnadenwege umgewandelt	Verurteilungen zu Zuchthaus	Summe der wegen Mordes verurteilten Personen
1. Juli 1839/40	2	1	1	4
„ 1840/41	2	—	3	5
„ 1841/42	1	—	—	1
„ 1842/43	—	1	—	1
„ 1843/44	4	—	1	5
„ 1844/45	1	—	1	2
„ 1845/46	—	—	—	—
„ 1846/47	—	—	—	—
„ 1847/48	4	—	1	5
„ 1848/49	—	4	1	5

[171]) Erst später wurde der Eine ausgemittelt und verurteilt. (Seeger, 69.)

[172]) Die Württembergische Kammer hat übrigens im Jahre 1865 die Frage nochmals behandelt und mit 56 gegen 27 Stimmen beschlossen, die Regierung um einen Gesetzentwurf zur Abschaffung der Todesstrafe zu bitten — die Regierung hat dem keine Folge gegeben. Vgl. „Anlage" S. 50 und Kübel im Württembergischen Archiv für Recht und Rechtsverwaltung, Bd. 10 (1867), S. 320.

[173]) Mit Recht sagte der sächsische Staatsminister Schneider bei der Vertretung des Regierungsentwurfs auf Abschaffung der Todesstrafe: „Die Angst, meine Herren, spielt in dieser Frage eine große Rolle," in Holtzendorffs Strafrechtszeitung, Bd. 8 (1868), 164.

[174]) Ich verdanke sie dem Württembergischen Justizministerium.

Jahr		Todesurteile vollzogen	Todesurteile im Gnadenwege umgewandelt	Verurteilungen zu Zuchthaus	Summe der wegen Mordes verurteilten Personen	
1. Juli	1849/50	—	—	6	6	Todesstrafe abgeschafft vom 13. August 1849 bis 17. Juni 1853.
„	1850/51	—	—	3	3	
„	1851/52	—	—	1	1	
„	1852/53	—	-	10	10	
„	1853/54	4	—	2	6	
„	1854/55	1	1	1	3	
„	1855/56	1	1	—	2	
„	1856/57	1	—	—	1	
„	1857/58	1	—	—	1	
„	1858/59	1	3	—	4	
1. Juli/31. Dez.	1859	—	4	—	4	
Kalenderjahr	1860	2	—	—	2	
„	1861	—	1	—	1	
„	1862	6	—	—	6	
„	1863	—	—	—	—	
„	1864	2	1	—	3	
„	1865	—	1	—	1	
„	1866	2	1	—	3	
„	1867	—	1	—	1	
„	1868	—	—	—	—	
„	1869	—	9	—	9	

Der nachträgliche Beurteiler wird, zumal wenn er über die Bewegung und Ätiologie der Kriminalität unterrichtet ist, ganz gewiß nichts von beunruhigenden Erfahrungen erkennen können. Er wird geradezu lächeln darüber, daß man jemals auf Grund dieser Zahlen und einer so kurzen Zeit einen solchen Schluß gezogen hat. Von den 4 Jahren, in denen die Todesstrafe abgeschafft war, weisen zwei Jahre ein durchaus normales Bild auf: 3 Verurteilungen von Juli 1850/51, 1 Verurteilung von 1851/52. Ebenso wenig können die 6 Verurteilungen des Jahres 1849/50 ins Gewicht fallen. Abgesehen davon, daß auch in Jahren geltender Todesstrafe diese Ziffer wiederholt wiederkehrt: 1853/54, 1862, ferner [175]) 1877, 1878, 1903, so liegt ja auf der Hand, daß keines dieser 6 Delikte vor Abschaffung der Todesstrafe begangen ist: denn die Zahlen rechnen für jene Zeit vom 1. Juli 1849 bis 1. Juli 1850; den

[175]) Ebenfalls nach Angaben des Justizministeriums.

13. August 1849 wurde aber die Todesstrafe abgeschafft! So bleibt allein übrig ein Jahr: man denke, auf Grund eines Jahres hat man sich ein Urteil angemaßt über die Entbehrlichkeit oder vielmehr Unentbehrlichkeit der Todesstrafe!! Nun sind 10 Morddelikte allerdings gegenüber der bisherigen Mordstatistik eine Steigerung. Aber von diesen 10 Fällen ist laut Auskunft des Justizministeriums ein Fall im Jahre **1844/45** begangen! Er muß also für unsere Rechnung ausgeschieden werden. Die übrigen 9 Morde sind von März 1851 bis Dezember 1852 begangen worden. Die Ziffer bleibt für württembergische Verhältnisse hoch, immerhin findet sich die gleiche Zahl im Jahre 1869. Ferner ist darauf hinzuweisen, daß in den Zeiten, die starken politischen Erschütterungen folgen, eine Steigerung der schweren Kriminalität überhaupt zu konstatieren ist, daß 1851/52 für Württemberg ein besonders unglückliches Jahr war, das, wie der Kommissionsbericht hervorhebt, infolge von Futtermangel und Kartoffelkrankheit schwere Teuerung und materielle Not hervorrief. So findet sich die Kriminalitätssteigerung überall auch bei Delikten, die niemals mit Todesstrafe belegt sind: die Zahl der Zuchthausgefangenen in Württemberg am 31. Januar 1853 hatte nach den von Seeger wiedergegebenen offiziellen Zahlen gegenüber dem Stande der Jahre 1841—47 „nahezu die doppelte Höhe erreicht". (Seeger, 48.) Und was noch schlagender zeigt, daß es sich bei jenem Wachstum nicht um Folgen der Abschaffung der Todesstrafe gehandelt hat, das ist die Kriminalstatistik aus Ländern, in denen die Todesstrafe nicht abgeschafft war. Zunächst Sachsen, das die Todesstrafe ja erst 1868 abschaffte.

Hier fanden Verurteilungen wegen Mordes statt [176]).

Jahr		Jahr	
1840	4	**1851**	**6**
1841	4	**1852**	**9**
1842	1	1853	1
1843	4	1854	1
1844	1	1855	1
1845	1	1856	3
1846	2	1857	1
1847	6	1858	4
1848	0	1859	4
1849	2	1860	3
1850	2	1861	1

[176]) Laut Auskunft des Königlich Sächsischen Justizministeriums.

Jahr		Jahr	
1862	4	1867	2
1863	3	1868	4
1864	4	1869	0
1865	2	1870	0
1866	6	1871	2

Ferner Bayern: Verurteilungen wegen Mordes haben stattgefunden im Jahre[177]):

1840	10	1856	11
1841	3	1857	8
1842	2	1858	14
1843	4	1859	20
1844	3	1860	9
1845	4	1861	11
1846	5	1862	6
1847	8	1863	14
1848	9	1864	4
1849	**21**	1865	7
1850	**16**	1866	12
1851	5	1867	13[178])
1852	3	1868	14
1853	5	1869	9
1854	12	1870	13
1855	5		

Die Zahlen für 1849 und 1850 sind die höchsten, die jemals seit 1817 erreicht sind.

Schließlich Preußen. Hier sind wegen Mordes verurteilt[179]) im Jahre:

1840	9	1847	16
1841	5	1848	15
1842	17	1849	13
1843	10	**1850**	**20**
1844	14	**1851**	**34**
1845	18	**1852**	**31**
1846	13	**1853**	**39**

[177]) Laut Auskunft des Königlich Bayrischen Justizministeriums.

[178]) 1867 beschloß die bayrische Kammer einen Gesetzentwurf zur Abschaffung der Todesstrafe bei der Regierung anzuregen; in Holtzendorffs Strafrechtszeitung, Bd. 7 (1867), 291 ff. werden die Verhandlungen darüber von Mittermaier kurz berichtet.

[179]) Laut Auskunft des Königlich Preußischen Justizministeriums.

Auch hier, wie man sieht, in jenen kritischen Jahren ein **erhebliches** Anschwellen, — viel stärker als in Württemberg.

Nun vergleiche man schließlich noch die Kriminalitätsziffern bei solchen Staaten, welche bei der Abschaffung der Todesstrafe verblieben sind.

B r e m e n[180]).

Verurteilungen wegen Mordes und Totschlages im Jahre:

1840	1	1852	5
1841—44	0	1853—56	0
1845	6	1857	1
1847	1	1858—64	0
1848	5	1865	1
1849	0	1868	1
1850	2	1870	1
1851	**9**		

Ferner A n h a l t[181]): Hier haben Verurteilungen wegen Mordes und Mordversuchs stattgefunden seit 1840:

1840/41	0	1857/59	0
1842	1	1860	3
1843	0	1861	2
1844	1	1862	0
1845—50	0	1863	1
1851	1	1864	1
1853	**3**	1865	1
1854/55	0	1868	2
1856	2	1870	1

Schließlich sind zur Ergänzung noch die Zahlen aus dem Königreich Sachsen zu erbringen. (Die Fortsetzung der oben angegebenen Zahlen).

Verurteilungen wegen Mordes im K ö n i g r e i c h S a c h s e n:

1853	1	1857	1
1854	1	1858	4
1855	1	1859	4
1856	3	1860	3

[180]) Laut Auskunft der Justizkommission des Senats.

[181]) Laut Auskunft des Anhaltischen Staatsministeriums. Von O l d e n b u r g konnte ich leider eine Auskunft nicht erhalten, da eine Statistik dort nicht geführt ist. (Mitteilung des Sekretariats des Großherzogl. Oldenburgischen Justizministeriums.)

Jahr		Jahr	
1861	1	1867	2
1862	4	1868	4
1863	3	1869	0
1864	4	1870	0
1865	2	1871	2
1866	6		

Vom 1. Oktober 1868 bis 1. Januar 1871 war die Todesstrafe abgeschafft!

Von Juni 1850 bis 1. Oktober 1868 war anderseits die Todesstrafe wieder gesetzlich und praktisch in Geltung [182]). Die Ziffer 9 aus dem Jahre 1852 ist freilich nicht mehr erreicht worden [183]). Im übrigen aber ist keinerlei Bewegung unter den Kapitalverbrechen zu konstatieren, jedenfalls keine konstante Tendenz zum Rückgang. Derjenige, der aus den Zahlen weniger Jahre einen Schluß zu ziehen den Mut hat zugunsten der Beibehaltung der Todesstrafe, möge aber beachten, daß in den Jahren von 1868 bis zum 1. Januar 1871 — dem Tage, wo das Deutsche Strafgesetzbuch im Norddeutschen Bund und damit im Königreich Sachsen in Kraft trat, keine Morde in Sachsen begangen sind, obwohl die Todesstrafe abgeschafft war. Denn die 1868 zur Aburteilung gekommenen 4 Morddelikte sind (nach Auskunft des sächsischen Justizministeriums) **1847** (1 Fall) und **1867** (3 Fälle) begangen. Die 2 Fälle aus dem Jahre 1871 am 12. März und 29. Juli 1871, d. h. zu einer Zeit, in der schon in Sachsen das Deutsche Strafgesetzbuch mit Todesstrafe in Kraft getreten war.

Wer aus diesen Zahlen keinen Schluß ziehen will und nicht zugeben mag, daß sie die Gefahrlosigkeit einer Abschaffung der Todesstrafe lehren, der darf anderseits auch nicht Zahlen aus andern deutschen Staaten, auf Grund ebenso kurzer Zeit, ja — wie z. B. in Württemberg nach der Beobachtung eines einzigen Jahres benutzen, um aus der Steigerung der Mordziffern die Unentbehrlichkeit der Todesstrafe herzuleiten. Andernfalls kämpft er mit vergifteten Waffen und, wie Seydel einmal gesagt

---

[182]) Vgl. die sehr interessanten Verhandlungen bis zur Abschaffung der Todesstrafe bei Holtzendorff in seiner Strafrechtszeitung, Bd. 8 (1868), 243 ff., und Heinzes Votum für Aufhebung der Todesstrafe aus der I. Kammer, ebenda, 525 ff.

[183]) Erst 1910 finden sich 9 Todesurteile wieder (Auskunft des Justizministeriums).

hat: „Der Gebrauch vergifteter Waffen ist nicht nur vom Völkerrecht untersagt"[184]).

Das Ergebnis ist also: die Abschaffung der Todesstrafe in einzelnen deutschen Staaten war nichts als ein übereiltes politisches Experiment, das man nach wenigen Jahren aufgab, lediglich weil sich die politischen Verhältnisse grundlegend geändert hatten. Niemand, der den wirklichen Entwicklungsgang kennt, hat das Recht, diese Episode als eine juristisch durchdachte Reform zu behandeln, deren Ergebnis erfahrungsgemäß die Unentbehrlichkeit der Todesstrafe zeige.

II. Die Entwicklung in der Schweiz hat in manchen Punkten Ähnlichkeit mit der deutschen Abolitionsbewegung — auch hier können die äußeren Daten zugunsten der Todesstrafe verwertet werden — die nähere Erforschung der inneren Vorgänge aber zeigt, daß ein solcher Schluß unberechtigt ist.

Die Bundesverfassung[185]) von 1848 hatte im Art. 54 die Todesstrafe wegen politischer Vergehen verboten. 1865 wurden dem Volk neun Fragen über eine Partialrevision der Verfassung vorgelegt. Unter diesen lautete die siebente, ob es der Bundesgesetzgebung zustehen solle, bestimmte Strafarten für unzulässig zu erklären. Damit waren gemeint: Prügel- und Todesstrafe. Das „Schweizervolk" verwarf diese Beschränkung der kantonalen Gesetzgebungsfreiheit 1866 mit erheblicher Majorität (208 617 gegen 108 304 Stimmen). Dennoch nahmen der Entwurf von 1872 und der bundesrätliche Entwurf von 1873 die Bestimmung auf Ab-

---

184) Seydel, Kommentar zur Verfassungsurkunde für das Deutsche Reich, 1897, 11.

185) Vgl. vor allem W. Mittermaiers Artikel „Todesstrafe" im Handwörterbuch der Schweizerischen Volkswirtschaft, Sozialpolitik und Verwaltung — hier wird in kurzen Zügen eine ganz ausgezeichnete, zuverlässige und reichhaltige Entwicklung des Schweizer Strafrechts gegeben. — Ferner Pfenninger, Strafrecht der Schweiz, 1890; Temme, Lehrbuch des Schweizerischen Strafrechts, 1855; Stooß, Die Grundzüge des Schweizerischen Strafrechts, Bd. 1 (1892), § 27; Schollenberger, Bundesverfassung der Schweizer Eidgenossenschaft, 1905, 453 ff.; Burkhardt, Kommentar zur Bundesverfassung der Schweiz, 1905, 663 ff., Schweizer Bundesblatt von 1879, Bd. 1, 553 ff.; Bericht der Mehrheit der ständerätlichen Kommission zur Vorbereitung der Revision des Art. 65 der Bundesverfassung von Freuler (selbständig erschienen unter dem Titel „für die Todesstrafe!", Bericht usw., Schaffhausen 1879. Zitiert im folgenden „Freuler".); Guillaume, Etat actuel de la question de la peine de mort en Suisse in Zeitschrift f. Schweizer Statistik, Bd. 21 (1885), 177 ff. (Ich verdanke bei der Beschaffung der Literatur der Berner Landesbibliothek reiche Förderung.)

schaffung der Todesstrafe auf. In der Volksabstimmung vom 19. April 1874 wurde mit der geänderten Bundesverfassung auch der darin aufgenommene Art. 65 akzeptiert: „Die Todesstrafe ist abgeschafft. Die Bestimmungen des Militärstrafgesetzes bleiben jedoch in Kriegszeiten vorbehalten. Körperliche Strafen sind untersagt." Damit wurden ipso jure entgegenstehende Bestimmungen der kantonalen Gesetzgebung beseitigt. Man kann nicht leugnen, daß diese Verfassungsbestimmung, wie Frenler sagt, ein „Mißgriff" (4) war, — denn in einem Lande, dessen Gesetzgebung und Regierung von dem souveränen Volkswillen abhängen, darf man nicht von Bundes wegen eine Strafart verbieten, nachdem kurz zuvor der Wille des Volkes energisch gegen ein solches Verbot protestiert hatte. Zumal bei denjenigen Kantonen, welche bis dahin die Todesstrafe — wenn auch überwiegend nur auf dem Papier — in ihren Gesetzen beibehalten hatten, mußte jenes Verbot als ein schwerer und lästiger Eingriff in ihre Selbständigkeit angesehen werden. Kein Zweifel, daß, wenn die Verfassungsrevision angenommen wurde, dies gewiß „nicht wegen, sondern trotz des Art. 65" [186]) erfolgte. So bedurfte es nur einzelner Anlässe, um die Erregung gegen diesen Artikel zu schüren — schon 1878 wurde seine Aufhebung und die Wiederherstellung des alten Art. 54 (Verbot der Todesstrafe bei politischen Vergehen) in zahlreichen Petitionen gefordert. Nach lebhaften und interessanten Kämpfen in der Literatur, im Bundesrat, National- und Ständerat [187]) wurde die Aufhebung des Art. 65 beschlossen. 200 485 Stimmen des Volks waren dafür, 181 585 dagegen. (Mittermaier, 1043.) Bei diesem Plebiszit ist aber zu beachten, daß im wesentlichen nur die Kantone (in ihrer Majorität) für Revision gestimmt haben, welche vor 1874 die Todesstrafe noch hatten, dagegen die Kantone, welche zu dieser Zeit die Todesstrafe bereits abgeschafft hatten, sich der Revision des Art. 65 widersetzt haben [188]).

---

[186]) Freuler, a. a. O. 4. Ebenso wird in dem Memorial für die Landsgemeinde Glarus, 1882, 10 die Behauptung aufgestellt: wäre nicht über die Annahme der Verfassungsrevision im ganzen abgestimmt worden, sondern über die einzelnen Punkte getrennt, so hätte „unzweifelhaft" das Verbot der Todesstrafe „das Schicksal der Verwerfung erfahren".

[187]) Vgl. außer Freuler Bericht der Nationalrätlichen Kommission vom 24. März 1879, 657 ff.; Botschaft des Bundesrats an die hohe Bundesversammlung 7. Mai 1879, 281 ff. Ferner Hilty, Über die Wiedereinführung der Todesstrafe, 1879, und Philippin, De la peine de mort, 1879.

[188]) Dies betont Guillaume, a. a. O. 178/79, dem ich auch die Zahlen der einzelnen Kantone entnehme.

Man vergleiche:

In Genf, das die Todesstrafe 1871 abschaffte [189]), sprachen sich nur 874 Personen für, 5622 aber gegen die Revision aus!

In Neuchatel (Neuenburg), das die Todesstrafe 1854 abschaffte [190]), stimmten 1826 für, 9668 gegen die Revision.

In Zürich, das 1869 die Todesstrafe abschaffte, stimmten 19 243 für, 36 460 gegen die Revision.

In Basel-Stadt, wo die Todesstrafe seit 1872 abgeschafft ist, stimmten 2359 für, 3481 gegen Revision.

In Basel-Land (Todesstrafe abgeschafft 1873), stimmten 3238 für, 3732 gegen Revision.

In Tessin, wo 1871 die Todesstrafe beseitigt wurde, stimmten 5486 für, 7993 gegen Revision.

Im Gegensatz zu diesen Kantonen stimmten für Revision:
Waadt mit 14 672 gegen 8863 Stimmen;
Luzern 13 237 gegen 6218 Stimmen;
Freiburg 12 426 gegen 5781 Stimmen;
Wallis: 10 085 gegen 2748 Stimmen.

Alle 4 Kantone hatten die Todesstrafe noch, als die Bundesverfassung mit ihrem Verbot kam und hatten zum Teil noch kurz zuvor lebhaft um ihre Erhaltung gekämpft: so Waadt: 1868 [191]), Freiburg, dessen Verfassung 1848 die Todesstrafe verbot, das 1857 sie wieder erlaubte und sie 1868 nach lebhafter Diskussion in das Strafgesetzbuch aufnahm [192]). Dazu kam, daß von einer Reihe Schweizer Kantone die Abschaffung des Art. 65 zunächst nur gefordert wurde, um die ihnen genommene kantonale Selbständigkeit wiederzuerlangen. So heißt es in einer Petition von 3 Strafhausdirektoren namens des Schweizerischen Vereins für Straf- und Gefängniswesen ausdrücklich: nichts anderes werde verlangt, als „die Autonomie der kantonalen Legis-

---

[189]) Vgl. Mémorial des séances du Grand Conseil, 1870/71, 157, 901 ff., 1018 ff.

[190]) Die Angaben sind, wo nichts besonderes vermerkt ist, aus W. Mittermaier entnommen.

[191]) Canton Vaud, Rapport au Grand Conseil sur la peine de mort 1868.

[192]) Freiburg, La peine de mort. Débats du Grand Conseil du canton de Fribourg. Fribourg 1868. Vgl. hieraus die Rede von J. Gendre, 57—118, die W. Mittermaier mit Recht eine „hervorragende Leistung" nennt.

latur" herzustellen. „Es handelt sich vorliegend nicht um unsere Ansichten und Überzeugungen über die Rechtmäßigkeit und Zweckmäßgkeit dieser Strafarten (Todesstrafe, Prügelstrafe), sondern nur darum, ob wir dem Schweizervolke, das in letzter Instanz zu entscheiden hat und dessen Anschauung das Gesetz macht, die verlangte Gelegenheit geben wollen, sich durch Abstimmung darüber auszusprechen, ob das volle Gesetzgebungsrecht über Strafsachen gegen gemeine, nicht politische Verbrechen den Kantonen zurückgegeben werden soll". [193]) In Waadt haben ausdrücklich — sogar Gegner der Todesstrafe — erklärt, daß sie „aus politischen Gründen die Revision der Bundesverfassung (Art. 65) wollten" [194]). Glarus war gegen das Verbot der Todesstrafe — aber niemand von uns — heißt es in dem Memorial für die ordentliche Landsgemeinde — dachte daran, die Initiative für die Wiedereinführung der Todesstrafe zu ergreifen [195]).

Fassen wir die kausalen Faktoren für die Wiederaufhebung des Verbots der Todesstrafe zusammen, so waren es im wesentlichen zwei. Einmal das Streben der Kantone, die Beschränkung ihrer legislativen Souveränetät durch die Bundesverfassung abzuschütteln, also ein rein politischer Grund, der mit der Frage der Todesstrafe nichts zu tun hat [196]). Zweitens war die Wiedereinführung der Todesstrafe bei all den Kantonen, welche die Todesstrafe vor 1874 noch hatten und sie nach 1879 wieder einführten, im Grunde kein neuer Vorgang, sondern nur die Wiederaufnahme der alten Gesetzgebung, die durch das Machtwort der Bundesverfassung nur unterdrückt, nicht innerlich überwunden war. Kantone, die lediglich durch Majorisierung zur Abschaffung der Todesstrafe genötigt und bis dahin fest von ihrem Wert und ihrer „Unentbehrlichkeit" durchdrungen waren, — verwirklichen legislativ diese nie aufgegebene Ansicht, sobald ihnen die Bahn dazu freigegeben ist. Man sollte sich darüber klar sein, daß damit für unsere Frage gar nichts bewiesen ist. Wer an den Wert der

---

[193]) Bericht der Nationalrätlichen Kommission 1879, 663, 666.

[194]) Peine de mort dans le Canton de Vaud, 200, und Bulletin des Séances du Grand Conseil, 1879, 97: „Partisan de l'abolition, je n'en proteste pas moins contre toute loi féderale qui tendra à amoindrir la souveraineté cantonale (Berney, 97).

[195]) Memorial usw. 1882, 11.

[196]) Charakteristisch hierfür ist der Kanton Unterwalden nid dem Wald: 80 % stimmten hier 1879 für Aufhebung des Art. 65 — die Todesstrafe ist aber seitdem nicht eingeführt worden!

Todesstrafe glaubt, wird naturgemäß in jedem Mordfall eine Bestätigung seiner Überzeugung finden: er wäre vielleicht nicht passiert, — so wird sein erregtes Gefühl sprechen — wenn wir nicht dem Zwang der Bundesverfassung unsere bessere Überzeugung zum Opfer gebracht hätten. Es gibt ja, glaube ich, in der ganzen Welt kaum einen politischen Verband, der so eifersüchtig seine Selbständigkeit wahrt, wie ein Schweizer Kanton. Wie sollten also elementare Instinkte zugunsten der Todesstrafe bei ihm zu ersticken sein durch ein Verbot des Bundes? Einen Einfluß auf die Entscheidung unserer Frage könnten daher nur solche Kantone haben, die vor 1874 bereits die Todesstrafe abgeschafft hatten und also von ihrer Entbehrlichkeit überzeugt waren, nachträglich aber, durch ernste Erfahrungen in ihrer Überzeugung irregemacht, erkennen mußten, daß um des Nutzens ihrer abschreckenden Kraft die Todesstrafe doch nicht zu entbehren sei. — Nur ein solcher Fall würde der Beweisführung der Anhänger der Todesstrafe Recht geben. Er würde freilich noch nicht die abschreckende Kraft der Todesstrafe beweisen, wohl aber, daß der Glaube an sie zurzeit noch so fest wurzle, daß jede legislative Abolition ein verfrühtes Experiment darstelle. Sehen wir zu, wie es damit steht. — Ich gebe zunächst eine Übersicht über die Situation der verschiedenen Kantone[197]):

Die Todesstrafe ist heute abgeschafft in:

1. Zürich seit 1869 (letzte Hinrichtung 1865).

2. Bern hatte die Todesstrafe noch in dem Strafgesetzbuch von 1867. Die Abschaffung erfolgte erst auf Grund der Bundesverfassung 1874 (letzte Hinrichtung 1861).

3. Unterwalden nid dem Wald, erst infolge der Bundesverfassung (letzte Hinrichtung 1817).

4. Glarus seit dem Strafgesetzbuch von 1867 (letzte Hinrichtung 1836!).

5. Solothurn: Das Strafgesetzbuch von 1859 kennt noch die Todesstrafe, erst bei der Beratung des neuen Strafgesetzbuches wurde die Abschaffung beschlossen und 1874 vom Volk angenommen (letzte Hinrichtung 1855).

6. Basel-Stadt seit 1872 (letzte Hinrichtung 1819!).

7. Basel-Land seit 1873 (letzte Hinrichtung 1851).

---

[197]) Ich reproduziere hier nur die Daten aus W. Mittermaier, halte das aber für notwendig, da die Arbeit von Mittermaier nicht jedem zugänglich sein wird.

8. Appenzell a. Rh. kennt noch die Todesstrafe in dem Gesetzbuch von 1859, erst die Bundesbestimmung schafft sie ab (letzte Hinrichtung 1862).

9. Graubünden erst seit 1874 (letzte Hinrichtung 1847). Das Strafgesetzbuch von 1856 kennt noch die Todesstrafe.

10. Aargau seit 1874 (letzte Hinrichtung 1863).

11. Thurgau hatte die Todesstrafe noch in dem neuen Strafgesetzbuch von 1868, erst die Bundesverfassung beseitigt sie also (letzte Hinrichtung 1854).

12. Tessin seit 1871 (letzte Hinrichtung 1855).

13. Waadt hat die Todesstrafe erst infolge der Bundesverfassung 1874 abgeschafft, bestätigt 1885.

14. Neuchatel (Neuenburg) seit 1854 (letzte Hinrichtung 1834).

15. Genf seit 1871 beschlossen und im neuen Strafgesetzbuch von 1874 bestätigt (letzte Hinrichtung 1862). —

Die Todesstrafe besteht dagegen heute in:

1. Luzern: das Strafgesetzbuch von 1861 kennt noch Todesstrafe, Ketten- und Prügelstrafe; nur „die Aufführung des Vatermörders im roten Hemd" wird abgeschafft. Das Gesetz über das Strafverfahren von 1865 ordnete noch die öffentliche Enthauptung an. Das Gesetz von 1883 führte die Todesstrafe wieder ein — nach der durch die Bundesverfassung von 1874—79 vorgeschriebenen Pause — und zwar für 5 Fälle 1883 — auch das Kriminalstrafrecht von 1906 hat hieran nichts Wesentliches geändert. Über die letzte Hinrichtung 1910 berichtet Meyer von Schauensee[198]).

[198]) Die Exekution erfolgte, ohne daß der Inhaber des Begnadigungsrechts eine Entschließung kundgegeben hat! Der — vierfache — Mörder machte von der Appellation keinen Gebrauch und verzichtete „beharrlich" auf die Einreichung eines Begnadigungsgesuches. Meyer v. Schauensee, Vizepräsident des Obergerichts in Luzern, berichtet von der „seltenen Ruhe", mit der der Delinquent in den Tod ging. Es verdient aber noch etwas aus dem Bericht hervorgehoben zu werden. „Auf seinem letzten Gang trug Muff eine authentische Kreuzpartikel, die ihm mit trostreichen Worten Enrica v. Handel-Mazzetti hatte zukommen lassen. Das „Luzerner Vaterland" sagte dann in seinem Bericht über die Hinrichtung: „Wir hoffen zuversichtlich, an dem reumütig sterbenden und büßenden armen Sünder habe sich das Wort des Heilandes erfüllt, das dieser am Kreuze dem rechten Schächer zugerufen hat: Heute noch wirst du bei mir im Paradiese sein. — Und was ihm Gott verziehen, werden ihm auch die Menschen verzeihen." Meyer v. Schauensee, Todesstrafe und Strafrechtseinheit in der Schweiz in Aschaffenburgs Monatsschrift 47 (1910), 604. Mir fehlt ein parlamentarisches Wort für diesen theologischen Aufputz.

2. Uri hatte vor 1874 kein Strafgesetzbuch. Das Verbot der Todesstrafe stammt also von 1874. Das Dekret von 1879 und der Landgemeindebeschluß von 1880 führen sie wieder ein.

3. Schwyz behielt die Todesstrafe bei in dem Strafgesetzbuch von 1869. Gegenüber den Preßangriffen wurde nach Pfenninger ausdrücklich betont, daß „die Todesstrafe noch nicht zu den überwundenen Standpunkten gehöre" [199]); führte sie im Strafgesetzbuch von 1881 wieder ein, und zwar für 5 Fälle (darunter Raub und Brandstiftung, beide mit Todesfolge).

4. Unterwalden ob dem Wald hatte die Todesstrafe noch 1865 in seinem neuen Strafgesetzbuch beibehalten, führte sie wieder ein durch Gesetz von 1880.

5. Zug hatte bis 1876 überhaupt kein Strafgesetzbuch; gewohnheitsrechtlich bestand die Todesstrafe. Das Verbot der Todesstrafe datiert also erst von der Bundesverfassung. 1882 wird sie wieder eingeführt.

6. Freiburg hat eine wechselnde Geschichte. Es ist der erste Kanton, der 1848 in der Konstitution die Todesstrafe abschafft, dann sie 1857 wieder in der Verfassung erlaubt und sie 1868 in den Code pénal aufnimmt: dieses Gesetz tritt erst in Kraft 1874. Inzwischen wird die Todesstrafe durch den Bund aufgehoben. 1894 führt sie ein Gesetz wieder ein.

7. Schaffhausen hat die Todesstrafe bis 1874 (StGB. von 1859), führt sie wieder ein durch Gesetz von 1893.

8. Appenzell J. Rh. hatte vor 1874 kein Strafgesetzbuch. 1874 verbietet die Bundesverfassung die Todesstrafe. Der Beschluß der Landsgemeinde von 1880 führt sie wieder ein.

9. St. Gallen: Antrag auf Abschaffung der Todesstrafe wird verworfen beim Strafgesetzbuch von 1857; nähere Bestimmungen über ihre Anwendung werden getroffen in Gesetzen von 1865 und 1867 (Kriminalprozeß, Gerichtsorganisation). Die Todesstrafe gilt also auch hier bis 1874. 1882 wird die Todesstrafe wieder eingeführt: „sie existiert nur auf dem Papier", heißt es bei Pfenninger, 408.

10. Wallis hat die Todesstrafe bis 1874 (StGB. vom 26. Mai 1858), führt sie wieder ein durch Gesetz von 1883. —

Hiernach besteht die Todesstrafe in der Schweiz nicht mehr in 15 Kantonen mit 2505800 Einwohnern [200]), sie besteht noch in 10 Kantonen mit 809700 Einwohnern. —

---

[199]) Pfenninger, Das Strafrecht der Schweiz 1890, 485.

[200]) Nach der Zählung von 1900: W. Mittermaier, 1098.

Aus den Daten ist zu entnehmen: Keiner der Staaten, die die Todesstrafe seit 1879 wieder eingeführt haben, hatte sie vor 1874 abgeschafft. Mit andern Worten: keiner dieser Kantone hat die Todesstrafe durch die eigene Gesetzgebung als entbehrlich angesehen und daraufhin abgeschafft, sondern sie alle sind erst durch das Machtwort des Bundes dazu bestimmt worden. Daher ist auch die Wiedereinführung kein Symptom übler Erfahrungen. Einzelne Kantone haben die Todesstrafe wieder eingeführt, ohne daß auch nur ein einziger Mordfall von 1874 bis 1879 sie beunruhigt hat. Man höre einige Zahlen, die mir durch freundliche Vermittelung des Statistischen Amtes in Basel durch die Obergerichte der Kantone zur Verfügung gestellt sind: Unterwalden ob dem Wald hatte von 1870—80 ebenso wenig wie in der Zeit seit Wiedereinführung der Todesstrafe von 1880—90 auch nur eine einzige Verurteilung wegen Mordes erlebt. Die letzte Hinrichtung fand 1846 statt. Nach der Botschaft des Bundesrats von 1879 war hier seit 1863 kein Mord vorgekommen! Das Gleiche gilt für Appenzell J. Rh. 1880 wird die Todesstrafe wiedereingeführt, aber weder in den 10 Jahren von 1870—80, wie von 1880—90 findet eine Verurteilung wegen vorsätzlicher Tötung statt. Die letzte Hinrichtung hatte 1849, die letzte Verurteilung wegen Mordes 1850 stattgefunden — erst 1896 ist eine Verurteilung wegen Totschlages zu konstatieren. 1879 wird in Uri die Todesstrafe wieder eingeführt. Aber von 1870 bis 1890 findet keine Verurteilung wegen Mordes oder Totschlages statt; seit 1861 ist keine Hinrichtung gewesen.

Ebenso wenig wie in diesen 3 Kantonen läßt sich die Wiedereinführung der Todesstrafe zu einem Schluß zugunsten dieser Strafart verwerten für

1. Zug: 1882 ist die Todesstrafe wiedereingeführt;

   1872—82 findet 1 Verurteilung wegen Mordes statt

   1882—92 0

   1892—1902 ebenfalls 1 Verurteilung wegen Mordes.

2. St. Gallen[201]): 1882 ist die Todesstrafe hier wiedereingeführt. Von 1872—82 fanden hier Verurteilungen von 5 Mordfällen, 1882 bis 1892 waren es dagegen 10 Fälle, die zur Verurteilung kamen. Ein einziges Verbrechen weckte hier die Stimmung zur Wiedereinführung der Todesstrafe — der große Rat, der noch ein Jahr zuvor dieser Stimmung

[201]) Ich verdanke dieses Material der Staatsanwaltschaft von St. Gallen.

entgegengearbeitet hatte, entsprach 1882 dieser voix populaire, um, wie Guillaume berichtet, durch ein solches Entgegenkommen einen Kredit von 700—800 000 Fr. für den Umbau der kantonalen Strafanstalt durchzusetzen [202])!!

3. Freiburg: Hier ist die Todesstrafe 1894 wieder eingeführt worden. Von 1884—94 werden uns **6** Mordfälle berichtet, die zur Verurteilung geführt haben, von 1894 bis 1904 lediglich einer. Aber der Eindruck, als wenn die Einführung der Todesstrafe Nutzen gebracht hätte, schwindet vollständig, sobald man in den Jahren zurückgeht. 1851—73, d. h. zu Zeiten der Geltung der Todesstrafe, sind nach dem Bericht der Botschaft des Bundesrats (1879), **10** Morde — 1874—78, wo die Todesstrafe abgeschafft war, kein einziger Mord zur Aburteilung gekommen!

4. Luzern: Hier ist die Todesstrafe 1883 wiedereingeführt worden. Von 1873—83 stehen 4 Fälle von Verurteilungen wegen Mordes gegen die genau gleiche Zahl in den Jahren 1883—93!

5. Schaffhausen: Die Todesstrafe ist hier 1893 wiedereingeführt worden. Von 1883—93 werden 3 Mordverurteilungen, von 1893—1903: 2 berichtet.

Schwyz und Wallis haben mir keine Ziffern eingeschickt. —

Wenn auch diese Statistik keine absolut sicheren Schlüsse ermöglicht, so beweist sie jedenfalls das eine: die Abschaffung der Todesstrafe hat keine schädliche Wirkung ausgeübt; ihre Entbehrlichkeit geht ganz deutlich aus diesen Zahlen hervor. Und man darf auch nicht sagen, daß die Schweizer Erfahrungen die Unausrottbarkeit des Glaubens an die Unentbehrlichkeit der Todesstrafe lehren. Denn es haben eben nur diejenigen Kantone ihr Recht durch die Wiederaufnahme der Todesstrafe verschlechtert, welche vor dem Machtwort der Bundesverfassung diesen Glauben besaßen. Kein einziger Kanton, der aus eigener Initiative 1874 die Todesstrafe schon abgeschafft hatte, ist zu ihr zurückgekehrt. Wohl aber haben eine Reihe Kantone ihren Standpunkt festgehalten, obwohl er ihnen erst 1874 durch den Bund oktroyiert ist. Ich nenne Bern, Appenzell A. Rh., Graubünden, Aargau, Thurgau, Waadt und Unterwalden nid dem Wald, d. h. sieben Kantone haben ihre der Todesstrafe günstige legislative Auffassung aufgegeben und sind zu

[202]) Guillaume a. a. O., 180.

der Überzeugung der Entbehrlichkeit des Todesstrafe gekommen. Das war um so anerkennenswerter, als überall in der Schweiz aus Anlaß einzelner Mordtaten eine Agitation zur Wiedereinführung der Todesstrafe geschürt wurde. In einem Lande, in welchem „das Volk" unmittelbar seine Augenblicksstimmungen und -Erregungen in Gesetzesreformen umsetzen kann, ist der Ruf nach der Todesstrafe eine sehr begreifliche Folge solcher Laienerregung. Denn das Volk ist nach Hilty „an rasches selbstbewußtes Handeln nach augenblicklicher Stimmung gewöhnt". „Die Gebildeten darunter aber, die den natürlichen Regulator aller dieser Stimmungen bilden sollten, sind vielfach zu gleicher Zeit innerlich der Demokratie tief abgeneigt und doch von Furcht vor dem Volkswillen erfüllt, wo es gilt tapfer an höheren Anschauungen festzuhalten. Dieser allgemeinen Mutlosigkeit der Gebildeten, wo es zunächst darauf ankommt, oft nur einen kurzen Augenblick lang einer aufgeregten Stimmung mit Ruhe zu begegnen, verdanken wir dermalen allenthalben die Hinneigung zu Gelegenheitsgesetzen.[203])

Berücksichtigt man diese zweifellos richtig gezeichnete Stimmung der Schweizer Bevölkerung, so muß man sagen: es ist ein Ruhmestitel der Schweiz, daß kein Staat zur Todesstrafe zurückgekehrt ist, der sie vor 1874 aufgegeben hatte, und daß 7 Kantone das Verbot der Todesstrafe aufrecht erhalten haben, obwohl es ihnen nicht durch den eigenen Willen, sondern erst den Befehl der Bundesverfassung aufgedrängt war. So haben die Mordtaten in der Baseler Strafanstalt 1876 — Tötung dreier Anstaltsbeamten durch ausbrechende Gefangene[204]) zwar überall in der Schweiz Petitionen und Beunruhigung geschaffen, ja geradezu den Anstoß zur Beseitigung des Art. 65 gegeben, — Basel-Stadt selbst aber ist durch sie nicht bestimmt worden, die Todesstrafe wieder einzuführen! Denn der Kanton war seit 1872 von der Todesstrafe innerlich frei geworden. Daher fragte er nicht aus blind machender unpsychologischer Erregung mit Freuler: „ob wohl diese drei braven Männer auch Leichen wären, wenn der Art. 65 der Bundesverfassung nicht bestünde?" [205]), sondern er handelte der richtigen Maxime gemäß, daß wesentliche Verbesserungen in der Straf-

[203]) Hilty, Über die Wiedereinführung der Todesstrafe. Bern 1879, 25. (Das sind prächtige Worte, die auch auf das Deutschland unserer Tage anzuwenden sind!)

[204]) Siehe den Tatbestand bei Freuler 62 ff.

[205]) Freuler 66.

anstalt solchen Vorkommnissen vorbeugen können[206]).

Ebenso verdient der Kanton Glarus Anerkennung, dessen Landgemeinde trotz des frischen Eindrucks eines schändlichen Raubmordes dennoch die Wiedereinführung der Todesstrafe 1884 ablehnte, ein Vorgang „von großer moralischer Wirkung" in der Schweiz[207]).

Sehr charakteristisch sind schließlich die Verhandlungen in Bern. Hier haben sich Obergericht wie Staatsanwaltschaft entschieden gegen die Wiedereinführung der — erst 1874 bei ihnen verbotenen — Todesstrafe aufgelehnt, und der Große Rat entschied ebenso mit Mehrheit[208]). Die Verhandlungen des Großen Rats, durch welche der Antrag auf Wiedereinführung abgelehnt wurde, sind überaus lesenswert[209]). Sie zeigen, wie gefährlich das Vorurteil zugunsten der Todesstrafe ist, weil es die Aufmerksamkeit von den wirklichen Gebresten der Strafrechtspflege ablenkt[210]), die man niemals durch die Todesstrafe, sondern nur durch Verbesserungen der Armenpflege und eine Reorganisation von Polizei, Strafanstalten und Strafrechtspflege erfolgreich bekämpfen kann. Bühlmann gibt uns ein Bild von den Gründen, die für die „Petitionen" von entscheidender Bedeutung waren. Gut ein Drittel der Petenten hat nach seinen Ausführungen seine Unterschrift nur deswegen abgegeben, weil sie glaubten, wenn man die Todes-

---

[206]) So heißt es in der Botschaft des Bundesrats über diesen Fall (1879), 295. Die Frage: Abschaffung oder Einführung der Todesstrafe stand in der Schweiz fast überall im Zusammenhang mit der Güte oder Schlechtigkeit der Strafvollzugseinrichtungen; vgl. oben St. Gallen, unten bei Bern. Vom Aargau betont W. Mittermaier ausdrücklich, daß die Strafanstalt Lenzburg „sehr zugunsten der Abschaffung gewirkt habe". Der Direktor dieser Strafanstalt v. Hürbin ist auf Grund seiner Erfahrungen mit lebenslänglich Detinierten zur Überzeugung von der Entbehrlichkeit der Todesstrafe gekommen; vgl. seinen sehr lesenswerten Aufsatz „Die todeswürdigen Verbrecher in der Strafanstalt", Schweizer Zeitschrift für Strafrechtspfl. VI, 433 ff., 441.

[207]) So Pfenninger, Das Strafrecht der Schweiz 1890, 110, 475. und Memorial f. d. ordentl. Landsgemeinde Glarus 1884, 11 ff.

[208]) Pfenninger, 469 Anm.

[209]) Tagblatt des Großen Rates des Kantons Bern, 1881, 100 ff.

[210]) „So viel ist sicher — äußert sich der Regierungspräsident Rohr — daß viele Freunde der Todesstrafe meinen, wenn dieselbe eingeführt sei, dann sei alles gut und man brauche keine weiteren Reformen im Zuchthause vorzunehmen. Wir befürchten denn auch, daß wenn die Todesstrafe allein beschlossen wird, man dann mit den Reformen im Gefängniswesen nicht Ernst machen werde." Tagblatt 219.

strafe wiedereinführe, so könnte man die Mörder — welche die Veranlassung zu der Erregung gaben, — ebenfalls richten. Und wenn man die Gespräche bei der Sammlung der Unterschriften „in den Wirtshäusern" hörte — „so hätte einem manchmal das Haar zu Berge gestanden". Da hörte man „z. B. gebildete Männer, angesehene Landwirte äußern: Was will der Staat solche Verbrecher jahrelang füttern? Das gibt große Kosten: drum Kopf weg! Das ist auch der Grund, der bei den kleineren Kantonen bestimmend gewesen ist. Sie vermögen es nicht, eine rationelle Strafanstalt zu haben und deshalb sagen sie auch: Kopf weg!" [211]) Wenn die schweren Verbrechen in den letzten Jahren zugenommen hätten [212]), — so führt Bitzius [213]) in seiner originellen Rede aus — so liege dies ganz gewiß nicht an dem Fehlen der Todesstrafe. Wenn man behaupte, durch Einführung der Todesstrafe könne man dieses Wachstum bekämpfen, so sei das durchaus eine „Mißleitung des Volkes". „Glauben Sie, unsere Verbrecher denken im Augenblick der Tat an sie? Glauben Sie, sie lesen unsere Zeitungen nicht, lesen nicht, was das für eine Zangengeburt war, bis man die Todesstrafe wieder eingeführt habe? Glauben Sie, sie wissen nicht ganz gut, daß sie zehn Chancen haben, dem Tode zu entrinnen, und nur eine, ihm unterworfen zu sein?" „Unsere Verbrecher kämpfen mit einem Mittel, wogegen wir noch gar keine Waffe haben. Sie sind in einem Augenblick nah und fern, sie haben die Eisenbahn, die sie von einem Kanton in den andern führt, sie wissen alle, wie elend es bei unseren 25 Souveränetätlein mit unserem Strafwesen eingerichtet ist, ... wo wir alle möglichen Leute der Reihe nach besprechen und bearbeiten müssen, um zum Ziele zu gelangen, wo wir mit einem Worte eine Krähwinkelei ohne Gleichen in der Schweiz haben. Darum ist das Verbrechen so mächtig, weil der Staat ihm gegenüber bei den Verkehrsmitteln der neueren Zeit ohnmächtig geworden ist." (227.) Der Staat, welcher glaube durch Einführung starker Strafmittel diesen Mißständen steuern zu können und „neue Kraft zu suchen", mache es wie

211) Tagblatt usw. 224/25.

212) Übrigens spottete William Tallack über diese Behauptung und die daraufhin entstandene Erregung in der Schweiz. „Wenn 4 Morde die regelmäßige jährliche Zahl sind, und jetzt passieren 5 Fälle, — so zeigt das eine Zunahme von 25 %, und doch ist es bloß ein Mord mehr, auf den die Forderung nach einer Wiederherstellung des Schaffotts gestützt wird." Tallack, Howard Letters and Memories, 155/56.

213) Bitzins, ebenda 227.

der — Schnapser, der zur Flasche greift, „um sich Vergessenheit zu trinken". Aber es werde ihm nicht anders gehen, er werde sehr bald merken, „daß scharfe Strafen immer ein Verlust und nicht ein Gewinn an Kraft sind." (226.) Unter dem Einfluß solcher Ausführungen und der verständigen Haltung des Regierungsrates, der Verbesserungen im Gefängnis- und Armenwesen zusicherte, lehnte der Große Rat die aus Augenblickserregungen und -Kurzsichtigkeit entstandenen Petitionen ab. — Der Entwurf zum Schweizer Strafgesetzbuch von 1908 kennt die Todesstrafe nicht. Ebenso wenig wie die verschiedenen Vorentwürfe. In der Expertenkommission waren nur 4 Mitglieder für, 15 — darunter Stooß — gegen die Aufnahme der Todesstrafe [214]). Es wäre ein trauriger Rückschritt in der Entwicklung, der in der bisherigen kriminalistischen Entwicklung keine, aber auch gar keine Rechtfertigung finden würde, wenn die Schweiz an diesem Standpunkt nicht festhielte! —

Frankreich.

III. Die Bewegung gegen die Todesstrafe aus der letzten Vergangenheit [215]) setzt ein mit dem Abolitionsantrag Reinach, der mit den Unterschriften von 73 Abgeordneten der verschiedensten Richtungen im Juli 1906 dem Parlament eingereicht wird. In demselben Jahre stellt Cruppi als Berichterstatter für das Justizbudget von 1907 in der Budgetkommission den Antrag auf Streichung des Gehaltes des Scharfrichters! Die Kommission nimmt diesen Antrag „einstimmig" an, nicht etwa, um „durch eine Finanzprozedur ein ernstes Problem der Strafjustiz" zu lösen, sondern weil sie erfahren habe, daß die Regierung geneigt sei, einen Entwurf zur Beseitigung der Todesstrafe einzubringen [216]). Den 5. November 1906 bringt die Re-

---

[214]) Verhandlungen der von dem Eidgenössischen Justiz- und Polizeidepartement einberufenen Expertenkommission über den Vorentwurf zu einem Schweizerischen Strafgesetzbuch, Bd. 1 (1896), 289 ff.

[215]) Demogue, Le rôle de la peine de mort en France, Enquêtes für den Congrès Pénitentiaire International 1910 in Washington, zählt die Jahre auf, in denen früher die hauptsächlichsten parlamentarischen Vorstöße zur Abolition der Todesstrafe vorgenommen sind: 1838, 1850, 1868, 1870, 1872, 1876, 1881, 1882, 1886, 1894, 1898; (1 ff.)

[216]) Der Plenum hat aber verständigerweise diesen Beschluß abgelehnt. Vgl. zu folgendem in erster Linie die Documents et Débats parlementaires, Chambre de Députès 1907, Nr. 1345, 1260. Die Verhandlungen

gierung den Entwurf Guyot-Dessaigne ein, nach welchem die Todesstrafe im Code pénal abgeschafft und durch „internement perpétuel" ersetzt werden soll [217]). Über den Entwurf berät eine Kommission im Parlament, deren Berichterstatter und Präsident Cruppi ist. Die Kommission nimmt den Entwurf an, indem sie lediglich die von dem Regierungsentwurf nach holländischem Muster vorgeschlagenen 6 Jahre Einzelhaft zu Beginn der Strafe streicht. Im Februar 1908 wird der — sehr instruktive und inhaltsreiche — Bericht den Kammern übergeben, leider aber die Verhandlung über den Entwurf bis zum Juni hinausgeschoben. Inzwischen hatte sich der Wind der öffentlichen Meinung gedreht. Die Apachen trieben schon seit einigen Jahren ihr blutiges Handwerk und rauben und töten in den Straßen von Paris und auch in andern Städten, bisweilen am Tage und in unmittelbarster Nähe der Verkehrszentren. Anstatt die Schuld für diese Vorgänge der Unfähigkeit und mangelnden Organisation der Polizei zuzurechnen, wird die öffentliche Meinung durch Alarmartikel der Presse, an denen sich auch Männer von Ansehen (Lacassagne, Joly) [218]) beteiligen, allmählich zu der Anschauung gebracht, daß die Schuld in der zu geringen Anwendung der Todesstrafe liege. „Die Verbrechen in Frankreich nehmen in ungeheurer Weise zu", — weil zu viel begnadigt werde. Diese Ansicht wird allmählich zur „idée fixe" in Frankreich. Und als nun 1907 der Fall des Soleilland [219]) — ein Lustmord an einem Kinde — passiert, und der Präsident der Republik auch hier Begnadigung eintreten läßt, bricht die Meute los. Ein Revolverblatt veranstaltet ein allgemeines Plebiszit, durch aufregende Reklameanschläge — links das Bild Fallières rechts das von Soleilland — werden „alle Familienmütter" aufgefordert, ihre Stimme abzugeben, ob sie für oder gegen Abschaffung der Todesstrafe

---

des Parlaments werden zugleich mit Diskussionen der „Société générale des prisons" wiedergegeben, außer bei Lacassagne, Peine du mort et criminalité 1908, vor allem in der Revue pénitentiaire Bd. 31 (1907), 298 ff. und 32 (1908), 649 ff.: über die früheren Abolitionsvorstöße finden sich hier Berichte Bd. 8 (1884), 818 ff. und 9 (1885), 320 ff.

[217]) Über Einzelheiten und Motive des Entwurfs orientiert am schnellsten Lacassagne, 9 ff.

[218]) Vgl. Joly, Problèmes du Science Criminelle 1910, 85 ff.

[219]) Vgl. über ihn E. Dupré, L'affaire Soleilland et les crimes similaires (viol et meurtre d'enfants) in Archives d'anthropologie criminelle 25 (1910), 53 ff. Daß die Begnadigung in diesem Fall geboten war, hat Briand im Parlament mit feierlichen Worten versichert: niemand, der die Akten gesehen und ein Verantwortlichkeitsbewußtsein habe, sei gegen die Begnadigung gewesen. Débats parl. 1908, 2213.

seien [220]). Und neben diesen Manifestationen der Straße regen sich die „Jurys“ der verschiedenen Departements, die, aus derselben Grundstimmung heraus, den Justizminister mit Petitionen um Einschränkung des Begnadigungsrechts bei Todesurteilen bombardieren. Das Parlament schließt sich der allgemeinen Erregung an. Die „Kommission“ bekommt — da Cruppi infolge seiner Wahl zum Minister ausscheiden muß — jetzt einen neuen Berichterstatter Castillard, der am 25. Juni 1908 der Kammer einen neuen Bericht vorlegt: unter den gegenwärtigen Verhältnissen sei es ihr unmöglich gewesen, ihre ersten Schlußfolgerungen (des Berichtes Cruppi) aufrechtzuerhalten, daher schlage sie der Kammer vor „le maintien pur et simple de la peine de mort“ [221]). Am 3. Juli 1908 beginnen die Verhandlungen im Plenum der Kammer [222]), die immer wieder vertagt, am 8. Dezember 1908 mit der Ablehnung des Regierungsentwurfs endigten — die Abolitionsbewegung war gescheitert [223]).

Die genauere Darlegung dieser interessanten und als Zeitdokument wertvollen Vorgänge würde den Rahmen dieser Untersuchung sprengen. Denn dazu würde eine kritische Prüfung der gegenwärtigen kriminellen Situation in Frankreich nötig sein, welche ohne Entwicklung der allgemeinen kulturellen und politischen Zustände nicht auszuführen wäre. Daher ist eine Beschränkung geboten.

Die Frage, ob eine beunruhigende Steigerung der großen Kriminalität in Frankreich wirklich besteht, soll hier nicht näher kritisch geprüft werden. Man nehme vielmehr an, sie sei im Sinne der Pessimisten (Joly, Lacassagne) zu bejahen. Dann hätten wir zunächst zu untersuchen, ob diese Steigerung wirklich in der geringen Anwendung der Todesstrafe, in der zu häufigen Gewährung der Begnadigung ihren Grund haben könne?

Wie man auch über die Todesstrafe urteilen möge, darüber sollte man sich klar sein, daß ein solcher Kausalzusammenhang zunächst höchst unwahrscheinlich ist. Die höchst komplizierten Vorgänge, welche in der modernen Gesellschaftsordnung Morde und Totschläge auslösen, sollten sich bestimmend beeinflussen lassen durch die Statistik der Todesurteile und der Begnadigungen? Gehört denn diese Statistik zum Gemeingut

[220]) Revue pénit. 31 (1907), 1105 ff.

[221]) Doc. parlem. 1908, 1162.

[222]) Déb. parl. 1908, 1163 ff., 1325 ff., 2027.

[223]) 330 Stimmen stimmten für, 201 Stimmen gegen die Todesstrafe. Déb. parl. 1908, 2217.

eines Volks, ist sie insbesondere in der Verbrecherwelt bekannt? Und wenn durch ein übergroßes Material von individuellen und Massenbeobachtungen bereits festgestellt ist, daß der Gedanke an die konkrete Strafe einen ganz minimalen abschreckenden Einfluß auf den Verbrecher und am allerwenigsten auf den zu Norddelikten tendierenden Verbrecher ausübt, wie wäre es möglich, daß er gerade in Frankreich bei einem impulsiven, besonders leicht ablenkbaren Volke eine maßgebende Rolle spielen sollte? Trotz geringer Hinrichtungen in süddeutschen Staaten und Österreich geht die Mordkriminalität fortgesetzt zurück — man wird zugeben müssen, daß es der denkbar stärksten Beweise bedürfte, um uns zu überzeugen, daß der gleiche Vorgang in Frankreich und nur in Frankreich die entgegengesetzte Wirkung hervorgerufen oder auch nur mitbeeinflußt habe. Solche Beweise sind niemals auch nur versucht worden: der blinde Glaube an die Kraft der Guillotine hat eine Meinung suggeriert, deren Verkehrtheit gerade in Frankreich leicht zu erweisen ist. Man muß nur nicht so naiv sein, und seine Schlüsse auf die Erfahrungen von 2 Jahren bauen: 1906 und 1907 ist von 29 und 41 Todesurteilen keines bestätigt worden; die Anklagen wegen der Kapitaldelikte (meurtres, assassinats, parricides, empoisonnements), welche zur Hauptverhandlung vor die Geschworenen kamen, sind von 500 im Jahre 1905 im nächsten Jahre auf 522, 1907 auf 611 gestiegen [224]. Dem gegenüber vergleiche man:

Die jährlichen Hinrichtungen:	Die Kapitaldelikte, die vor die Geschworenen kommen:
Von 1825—38:	
Rückgang von 111 bis 34.	Rückgang von 529 bis 440.
Von 1849—58:	
Rückgang von 24 bis 23.	Rückgang von **523** bis **360**.
Von 1869—78:	
Rückgang von 10 bis 7.	Rückgang von 363 bis 351.

[224]) Wer sich nicht die Mühe machen will, die Zahlen der — vortrefflich übersichtlichen — französischen Kriminalstatistik (Compte générale de l'Administration de la Justice Criminelle en France et en Algérie) zu studieren, sei verwiesen auf die sehr zuverlässigen Zahlen bei Demogue, a. a. O. 7—14, die ich im folgenden allein zitiere. Vgl. aber auch den Bericht von Cruppi und Briands vornehm sachliche und inhaltsreiche Rede, Déb. parl. a. a. O. 2212 ff.

Die jährlichen Hinrichtungen:	Die Kapitaldelikte, die vor die Geschworenen kommen:
Von 1879—88:	
Wachstum von 4 bis 9.	Wachstum von 371 bis 403.
Von 1889—93:	
Steigerung von 9 bis 15.	Steigerung von 372 bis 409.
Von 1894—97:	
Rückgang von 14 bis 4.	Rückgang von 431 bis 371.
Von 1898—1902:	
Rückgang von 10 bis 1.	Rückgang von 371 bis 342.
Von 1903—09:	
Steigerung von 2 bis 7 [225]).	Steigerung von 406 bis 463 [226]).

Wir sehen also: dem Crescendo des Guillotinierens entspricht nicht ein Descrescendo der Kapitaldelikte. Wenn also wirklich eine beunruhigende Kriminalität der vorsätzlichen Delikte gegen das Leben in Frankreich zuzugeben wäre, so muß sie andere Gründe haben, als die milde Praxis des Köpfens. Und diese Gründe sind nicht zu verkennen, wenn man von den Kapitaldelikten hört, die unverfolgt bleiben. Wenn hier auch mancher Fall der Polizei gemeldet wird, der sich bei Durchführung der Untersuchung als milder herausstellen, vielleicht auch hin und wieder einer, der dann als gar nicht kriminell erkannt werden würde, so sind die Zahlen immer noch sehr instruktiv. Im Jahre 1890 bleiben von den genannten Kapitaldelikten unverfolgt **593**, im Jahre 1907 ist die Zahl gestiegen auf **929**!! [227]) Noch eine andere Zahl gehört hierher: 1906 waren von 6806 nach La Guayana Transportierten 368 Entweichungen, von 2979 Relegierten 852 Entweichungen gemeldet, von den in demselben Jahre nach Caledonien 5571 Transportierten entweichen 57, von den 1614 Relegierten 1271! Nach Cruppis Bericht sahen Pariser Untersuchungsrichter mit Staunen „ganze Banden von gefürchteten

---

[225]) Laut Mitteilung des Chefs der Statistik im französischen Justiz-Ministerium wurden **1908** und **1909** je **7** Personen hingerichtet, und zwar wurden 1908: 42, 1909 nur 12 begnadigt!

[226]) Diese Zahl ist der offiziellen Statistik für 1909 entnommen, die übrigen Demogue.

[227]) Demogue, a. a. O.

Verbrechern, die unlängst zu „travaux forcés" verurteilt wurden, wieder in ihrem Kabinett [228]).

Das zeigt, daß die Hilfsorgane der Kriminaljustiz, vor allem die Sicherheitspolizei, in hohem Maße unzulänglich sind. Und die Klagen hierüber sind bei Gegnern wie Anhängern der Todesstrafe in Frankreich gleich groß und bedürfen keines Beleges: Der Kampf der Polizei gegen die „Automobilapachen" hat uns genügend lebhafte Eindrücke nach dieser Richtung gebracht. Hören wir dann noch, daß die auf den Alkohol [229]) direkt zurückführbare schwere Kriminalität 1879 10 %, 1908 dagegen 53 % betrug, — so kennen wir 2 der Hauptfaktoren, die die Steigerung der Kapitaldelikte erklären. Wer angesichts dieser Tatsachen noch die These aufrecht erhält, daß die Steigerung der Kapitaldelikte die Notwendigkeit der Todesstrafe beweise, — der beweist damit nur, daß der gefühlsmäßige Glaube an den Wert der Todesstrafe stärker ist als — alle Vernunft. Aber gerade diese letzte Tatsache werden die Anhänger der Todesstrafe zugunsten ihrer Beibehaltung ausspielen. Das Volk verlangt die Todesstrafe — das zeigen die Vorgänge in Frankreich, und deshalb eben muß sie beibehalten werden! Was von diesem Grund zu halten ist, kann in die Worte eines Schweizer Regierungsrates zusammengefaßt werden: „Volk, du bist mir lieb, wenn du nach meinem Wunsche stimmst, aber wo ich fürchte, daß du dich anders aussprichst, da frage ich dich nicht" [230]).

Das Ergebnis ist also:

Die Erfahrungen in Deutschland und der Schweiz beweisen nicht im mindesten die Unentbehrlichkeit der Todesstrafe, — die Vorgänge in Frankreich aber zeigen, wie gefährlich es für die Sicherheit des Staates wie der Einzelnen ist, den Glauben an die Heilkraft der Guillotine aufrecht zu erhalten.

---

[228]) Aus dem Bericht von Cruppi, Rev. pénit. 32 (1908), 650.

[229]) Reinach, dem diese Zahlen entnommen sind, nennt ihn „destructeur de nos effectifs militaires, destructeur de nos forces vives", Déb. parl. 1908, 1535 ff. Hieraus erklärt sich auch, daß gerade die „meurtres" (Totschläge) zugenommen haben, während eine Steigerung der assassinats entweder überhaupt nicht, oder jedenfalls nicht im beunruhigenden Maße zu konstatieren ist. Vgl. Briand a. a. O. 2214. Aus demselben Grunde ist zu begreifen, daß diese meurtres gerade in Paris erheblich zugenommen haben. Man höre die Zahlen der Statistik: vor die Geschworenen „de la Seine" kamen wegen meurtre 1890 29 Personen, 1909 94 Personen! (Statistik von 1909.)

[230]) v. Steiger, Tagblatt des Großen Rates des Kantons Bern, 1881, 230. Vgl. oben S. 664 ff. (St. Gallen).

§ 4. Das Anwendungsgebiet der Todesstrafe.

I. Gesetzlich ist die Todesstrafe heute abgeschafft in:

1. Italien.
2. Rumänien.
3. Portugal.
4. Holland.
5. Norwegen.
6. 15 Schweizer Kantonen, nämlich:
   Zürich,
   Bern,
   Unterwalden nid dem Wald,
   Glarus,
   Solothurn,
   Basel-Stadt,
   Basel-Land,
   Appenzell A. Rh.,
   Graubünden,
   Aargau,
   Thuraau,
   Tessin,
   Waadt,
   Neuenburg (Neuchatel),
   Genf.
7. San Marino.
8. 5 Staaten der Nordamerikanischen Union, nämlich:
   Michigan,
   Wisconsin,
   Rhode Island,
   Maine,
   Kansas.

Neben diesen Staaten kommen nun aber noch weitere in Betracht, bei denen Tendenzen auf Abschaffung der Todesstrafe verwirklicht sind. Eine Reihe von Staaten geben den Geschworenen das Recht, Todesstrafe oder lebenslängliche Einsperrung auszusprechen: dazu gehören Californien, Dakota, Illinois, Indiana, Mississippi, Neb aska, Oklahoma, West-Virginia. Minnesota und Washington geben dieses Recht der Wahl (discretion) dem Gerichtshof (court).

Georgia gibt dem Richter ein solches Recht für den Fall, daß ein reiner Indizienbeweis vorliegt (if the evidence was purely circumstantial). Andere Staaten geben der Jury das Recht lebenslängliche Einsperrung — mit bindender Kraft — zu empfehlen (recommend): Georgia, Ohio, Süd-Carolina und im Gebiet der „federal jurisdiction" [231]). Gegenwärtig sind schließlich neue Bestrebungen in einzelnen amerikanischen Staaten zu nennen. Auf die Anfrage der „National Prisoner's Aid Association" in New-York, (veröffentlicht in der Monatsschrift „The Review") an eine Reihe von Governors um ihre Meinungsäußerung über die Todesstrafe [232]) erwähnt der Governor von Pennsylvanien, daß die Frage demnächst vor die Legislative käme, und die Redaktion teilt mit, daß eine Reihe von nordamerikanischen Staaten, Colorado, Connecticut, Oregon, Washington, diesen Winter Gesetzentwürfe auf Abschaffung der Todesstrafe eingebracht hätte. „Es ist nur eine Sache von wenigen Jahren, dann wird die Todesstrafe aus den Statuten jedes Staates in der Union gelöscht sein" — so äußert sich der Direktor des Staatsgefängnisses in New-Yersey, Osborne, über die augenblickliche Situation der Frage in den „Vereinigten Staaten" [233])!

9. 4 Staaten von Mexiko, nämlich Campeche, Yucatan, Puebla und Nuevo-Leon [235]).
10. Guatemala, Honduras, Nicaragua, Costa Rica.
11. Venezuela, Ecuador.
12. Brasilien.

II. Faktisch ist die Todesstrafe abgeschafft in:

14. Belgien.
15. Finnland.

In Rußland ist die Todesstrafe außer für Staatsverbrecher schon seit 1753 abgeschafft worden. [235])

---

[231]) Ich entnehme diese Zusammenstellung Greenwood, Homicide Punishment in foreign Countries, einem Bericht an das House of Commons in London 1907. Die Angaben über Dakota und Washington finden sich in dem Aufsatz der nächsten Anmerkung, S. 16 und 15.

[232]) In Verbindung mit Fragen über „Prison Reform' ; The Review, Vol. II No. 3 (March 1912), 2 ff.

[233]) The Review, ebenda A Symposium on Capital Punishment, 19. (Meinungsäußerungen von Gefängnisdirektoren.)

[235]) Vgl. hierüber Maynard Shipley in Annals of American Academy, Bd. 29 (1907), 625 ff., abgedruckt in Selected Articles on Capital

III. Die Delikte aufzuzählen, wegen deren heute die Todesstrafe angedroht wird, hat für den Zweck dieser Darstellung keinerlei Wert. Wer die Beibehaltung der Todesstrafe auch für die Zukunft in Deutschland und Österreich fordert, wird freilich dieser Untersuchung sein Hauptaugenmerk zuzuwenden haben und prüfen müssen, nach welcher Richtung hier eine Reform notwendig ist und welchen Gewinn wir aus dem Strafrecht anderer Kulturvölker ziehen können. Wer die Todesstrafe aber für entbehrlich hält, braucht nicht mehr zu untersuchen, ob sie in unseren und fremden Strafgesetzbüchern in technisch richtiger Weise angedroht ist. So beschränke ich mich auf einige Literaturnachweise [237]). De facto wird die Todesstrafe überwiegend nur bei gemeinem, politischem Mord und Anarchistendelikten angedroht. Ich gebe im folgenden einige Zahlen, welche in erster Linie zur Ergänzung der im vorigen Abschnitt versuchten Beweisführung dienen sollen. Sie zeigen, daß Abnahme oder Steigerung der aus den Verurteilungen zu erkennenden Mordkriminalität [238])

Punishment, 1909, 22 ff. Die Staaten fehlen meist in den deutschen Übersichten, z. B. bei Goldschmidt, Vergleich. Darstellung d. deutschen u. ausländischen Strafrechts, Bd. 2; Finger; Liszt usw. — Der Vergleich der Mordziffern in diesen Staaten mit den übrigen mexikanischen Staaten zeigt, wie aus dem Aufsatz von Shipley hervorgeht, daß Morde nicht häufiger vorkommen, wohl aber, daß die Bestrafung der Mörder in den Abolitionistenstaaten zuverlässiger erfolgt.

[236]) Vgl. über Rußland: La peine de mort. Opinion des criminalistes russes; Moskau 1910. Korolenko, Die Todgeweihten, 1910; mit einem Brief von Tolstoi und einem Vorwort von Radbruch. Piontkowski, Kriminalpolitische Bedeutung der Todesstrafe, Z. f. Strafrechtswissensch. 31 (1910/11), 853 ff. Piontkowski berichtet, daß es in der modernen russischen Strafrechtsliteratur keinen Verteidiger der Todesstrafe gäbe.

[237]) Über Frankreich: Vidal, Cours de droit Criminel, 4. edit. 1911. 619 ff.; Garraud, Traité théorique et pratique du droit pénal, 2. Aufl. (1898), Bd. 1. Über Deutschland und England: Goldschmidt, a. a. O. 88 ff., und die dort Angegebenen. Über die Schweiz: W. Mittermaier in dem angegebenen Artikel „Todesstrafe" im Handwörterbuch der Schweizerischen Volkswirtschaft; im übrigen vgl. den oben zitierten Parlamentsbericht von Greenwood, Homicide (Punishment in Foreign Countries) 1907.

[238]) Da die Unterscheidung zwischen Mord und Totschlag, aber auch die entsprechenden ausländischen Differenzierungen psychologisch unhaltbar sind und keinen Anhaltspunkt für kriminalpolitische Schätzungen bieten, sind — soweit es mir möglich war — stets die Zahlen über die vorsätzlichen Tötungen überhaupt angegeben worden. Ausgeschieden ist der Kindsmord, der als

durch die gesetzliche Androhung der Todesstrafe nicht zu beeinflussen ist. Darüber hinaus sollen diese Zahlen eine Orientierung geben über das Verhältnis zwischen vollzogenen und umgewandelten Todesstrafen. Da die Entwicklung überall dahin drängt, die Todesstrafe nur in seltenen Fällen wirklich zur Vollstreckung zu bringen, — unter 1000, die sie ungefähr in der gleichen Weise verdienen, ist nach Tardes Wort höchstens einer, der die „schlechte Nummer in der Lotterie" wirklich zieht [239]) — so ist die Sicherung, welche die Todesstrafe praktisch greifbar bietet, sehr gering im Verhältnis zu den vielen, zum Teil wesentlich gemeingefährlicheren Elementen, welche frei herumlaufen oder nach verbüßter Freiheitsstrafe wieder die Möglichkeit zu neuen Delikten gewinnen. Die Anhänger der Todesstrafe, namentlich in Laienkreisen, überschätzen den Sicherungswert der Todesstrafe in hohem Maße. Und schließlich läßt sich auch hieraus erkennen, daß die abschreckende Kraft der Todesstrafe abgesehen von allen andern Gründen schon deshalb ganz illusorisch ist, weil ja in modernen Staaten von der Todesstrafe in Wahrheit nur ein ganz verschwindender Gebrauch gemacht wird. Die Aussicht, geköpft oder gehenkt zu werden, ist sicherlich in unseren Tagen ganz erheblich geringer als die Gefahr, vom Blitz erschlagen zu werden.

Deutschland.

Ich gebe zunächst die Zahlen der Kriminalstatistik [240]), die ja leider erst über die Kriminalität seit 1882 unterrichtet.

Es fanden Verurteilungen statt in absoluten Zahlen (nach verurteilten Personen) und prozentual auf 100 000 Personen der strafmündigen Zivilbevölkerung wegen:

---

delictum sui generis, psychologisch und normativ anzusehen ist. Eine Berücksichtigung der Fälle schweren Hochverrats und sonstiger „todeswürdiger" Delikte hat für statistische Zwecke keinen Wert: die Zahlen sind viel zu klein, und zudem auch vielfach gar nicht miteinander vergleichbar.

[239]) Tarde, Philosophie pénale 551.

[240]) Daß unsere Kriminalstatistik nicht gesondert zu erhalten ist, sondern in durchaus unübersichtlicher Weise in die „Statistik des Deutschen Reichs", d. h. in statistische Angaben über alle möglichen Dinge: Seeunfälle, Ausfuhr, Bevölkerungszunahme usw. hineingeschachtelt ist, muß als großer Mangel hervorgehoben werden.

		1882	1883	1884	1885	1886	1887	1888
Mordes [241]) . .	absolut	151	153	139	126	144	131	95
	relativ	0,47	0,47	0,43	0,39	0,44	0,40	0,28
Totschlags [241]) .	absolut	169	164	131	164	154	142	117
	relativ	0,53	0,51	0,41	0,51	0,47	0,43	0,35
		1889	**1890**	**1891**	**1892**	**1893**	**1894**	**1895**
Mordes. . . .	absolut	107	133	88	144	114	110	113
	relativ	0,31	0,39	0,25	0,41	0,32	0,31	0,31
Totschlags. . .	absolut	148	125	160	172	167	165	170
	relativ	0,44	0,36	0,45	0,49	0,47	0,46	0,47
		1896	**1897**	**1898**	**1899**	**1900**	**1901**	**1902**
Mordes. . . .	absolut	108	101	106	79	99	84	103
	relativ	0,29	0,27	0,28	0,20	0,23	0,21	0,26
Totschlags. . .	absolut	162	174	163	171	162	158	179
	relativ	0,44	0,47	0,43	0,44	0,41	0,40	0,45
		1903	**1904**	**1905**	**1906**	**1908**	**1907**	**1909**
Mordes. . . .	absolut	86	94	91	93	82	80	96
	relativ	0,21	0,23	0,22	0,22	0,19	0,18	0,21
Totschlags. . .	absolut	189	179	180	168	190	210	193
	relativ	0,46	0,43	0,43	0,39	0,44	0,47	0,43

Man vergleiche etwa mit diesen Zahlen die Zahlen der wegen gefährlicher Körperverletzung und wegen Unzuchts mit Gewalt an Kindern, an Bewußtlosen Verurteilten. Es wurden verurteilt:

		Im Durchschnitt der Jahre **1882/91**	Im Durchschnitt der Jahre **1892-1901**	1910 sind die Zahlen gestiegen auf
Wegen gefährl. Körperv.	absolut	52 363	84 441	93 175
	relativ	160	230	207
Wegen Notzucht usw.	absolut	3 030	4 319	5 067
	relativ	9,3	12	11

Leider gibt die Kriminalstatistik über die Anwendung der Todesstrafe und über den Umfang des Begnadi-

[241]) Versuch und Teilnahme sind eingeschlossen.

[242]) Vgl. auch „Kriminalstatistische Tabellen über Verbrechen, Strafe und Strafvollzug auf Grund der Reichskriminalstatistik 1909" (als Beilage zur Statistik der zum Preuß. Ministerium des Innern gehörenden Strafanstalten für das Rechnungsjahr 1910) 1912.

gungsrechts keine Auskunft. Ich habe die Zahlen hierüber sowie über die Verurteilungen wegen Mordes erbeten und erhalten von ausländischen Ministerien ebenso wie den Justizministerien von Bayern, Württemberg, Baden, Sachsen, Hessen. Dagegen hat sich das Preußische Justizministerium „aus grundsätzlichen Erwägungen nicht in der Lage" gesehen, mir die Zahlen der Begnadigungen anzugeben[243]), so qaß ich hier nur die Zahlen der Verurteilungen wegen Mordes angeben kann!

Preußen.

Zahl der Personen, die wegen Mordes verurteilt sind und bei denen dem Justizminister behufs Einholung der Allerhöchsten Entschließung über die Ausübung des Gnadenrechts berichtet ist:

1870	19	1891	24
1871	28	1892	38
1872	45	1893	44
1873	41	1894	34
1874	44	1895	39
1875	64	1896	40
1876	60	1897	23
1877	58	1898	28
1878	66	1899	22
1879	72	1900	20
1880	46	1901	23
1881	55	1902	32
1882	68	1903	21
1883	55	1904	19
1884	53	1905	16
1885	39	1906	22
1886	42	1907	20
1887	33	1908	17
1888	25	1909	29
1889	23	1910	30
1890	39		

[243]) Früher dachte das Preußische Justizministerium anders hierüber. Es hat in einem Aufsatz im Justizministerialblatt: „Statistische Bemerkungen über die Todesstrafe", diese Zahlen selbst veröffentlicht. Justizministerialblatt 1848, 247 ff. Ebenso sind sie Holtzendorff für sein Buch zugängig gemacht worden, 368.

Bayern.

Von den in den Jahren 1870 bis 1910 zum Tode verurteilten Personen wurden

Jahr	begnadigt	hingerichtet	Jahr	begnadigt	hingerichtet
1870	13	0	1891	4	1
1871	12	0	1892	8	2
1872	5	0	1893	3	2
1873	14	2	1894	3	1
1874	9	0	1895	6	3
1875	16	1	1896	7	2
1876	9	2	1897	5	8
1877	13	0	1898	7	5
1878	12	1	1899	9	0
1879	14	1	1900	5	0
1880	8	0	1901	2	6
1881	13	1	1902	4	1
1882	12	1	1903	5	3
1883	17	3	1904	7	4
1884	11	2	1905	4	2
1885	9	2	1906	12	0
1886	12	3	1907	4	0
1887	12	4	1908	2	1
1888	5	0	1909	2	0
1889	9	1	1910	4	1
1890	6	4			

Großherzogtum Hessen.

Jahr	Hingerichtet	Begnadigt	Jahr	Hingerichtet	Begnadigt
1870/71	—	—	1876	—	—
1872	0	2	1877	0	4
1873	0	1	1878	0	2
1874	0	2	1879	—	—
1875	0	2	1880	1	1

Jahr	Hingerichtet	Begnadigt	Jahr	Hingerichtet	Begnadigt
1881	1	1	1899/00	—	—
1882	1	0	1901	1	—
1883/85	—	—	1902	—	—
1886	1		1903	1	—
1887/88	—	—	1904	—	—
1889	1		1905	1	1
1890	1	2	1906	—	—
1891	—	—	1907	0	1
1892	2	1	1908/09	—	—
1893	1	—	1910	1	—
1894	1	—	1911	1	—
1895/97	—	—	1912	—	—
1898	2	—			

Baden.

Jahr	Begnadigt	Hingerichtet	Jahr	Begnadigt	Hingerichtet
1870	2	—	1890	1	—
1871	3	—	1891	—	1
1872	3	—	1892	3	—
1873	5	—	1993	1	1
1874	5	—	1894	1	—
1875	3	—	kein Todesurteil bis:		
1876	1	1	1896	1	—
1877	2	—	kein Todesurteil bis:		
1878	3	—	1899	2	2
1879	5	1	1900	—	1
1880	—	1	1901	—	1
1881	2	—	1902	—	1
1882	—	—	1903	—	5
1883	3	—	1904	1	—
1884	—	1	1905	2	2
kein Todesurteil bis:			1906	1	—
1888	2	1	1907	2	—
1889	—	1	1908	1	1

Königreich Sachsen.

Jahr	Begnadigt	Hingerichtet	Jahr	Begnadigt	Hingerichtet
1871	2	—	1892	3	—
1872	3	—	1893	2	1
1873	—	—	1894	1	—
1874	4	—	1895	2	—
1875	2	—	1896	2	1
1876	1	—	1897	1	3
1877	4	—	1898	1	1
1878	3	—	1899	1	—
1879	3	—	1900	—	1[244])
1880	7	—	1901	2	—
1881	4	1	1902	—	1
1882	2	2	1903	—	1
1883	2	3	1904	—	—
1884	—	—	1905	1	2
1885	3	2[244])	1906	1	—
1886	5	2	1907	—	2
1887	1	2	1908	—	1
1888	2	—	1909	3	—
1889	1	2	1910	6	3
1890	2	3	1911	1	—
1891	1	—			

Württemberg.

Jahr	Begnadigt	Hingerichtet	Jahr	Begnadigt	Hingerichtet
1870	1	—	1880	4	—
1871	2	—	1881	2	1
1872	1	—	1882	2	—
1873	—	—	1883	3	—
1874	3	—	1884	1	—
1875	4	—	1885	—	—
1876	1	—	1886	—	—
1877	6	—	1887	—	1
1878	6	—	1888	1	—
1879	3	1	1889	1	—

244) Ein Verurteilter hat sich durch Erhängen entleibt.

Jahr	Begnadigt	Hingerichtet	Jahr	Begnadigt	Hingerichtet
1890	5	—	1901	3	1
1891	3	—	1902	—	—
1892	2	—	1903	1	5
1893	2	—	1904	2	—
1894	3	2	1905	—	1
1895	3	1	1906	2	—
1896	2	—	1907	—	—
1897	—	1	1908	2	—
1898	3	1	1909	1	—
1899	—	2	1910	—	—
1900	2	1	1911	2	—

Ich glaube nicht, daß diese Zahlen einen andern Schluß zulassen, als den, daß die Todesstrafe in Androhung wie Vollstreckung — eine sehr geringe Realität für die Sicherheit des Staats wie der Einzelnen darstellt.

Österreich.

Verurteilungen wegen Mordes und Totschlages sind erfolgt in den Jahresdurchschnitten und Jahren[245]):

	1876 bis 1880	1881 bis 1885	1886 bis 1890	1891 bis 1895	1896 bis 1900	1901 bis 1905	1906	1907	1908
Mord ...	191,3	163,2	136,0	133,6	116,4	102,8	104	82	88
Totschlag	245,7	238,2	231,8	237,6	235,2	244,0	213	285	289

Auf je 10 000 Strafmündige der Zivilbevölkerung erfolgen Verurteilungen wegen

	1901 bis 1905	1906	1907	1908
Mord und Kindsmord[246])	0,09	0,08	0,07	0,07
Totschlag	0,13	0,12	0,15	0,15[247])

---

[245]) Ich verdanke die folgende Auskunft dem K. K. Justizministerium. Vgl. über die früheren Zahlen „Statistische Monatsschrift", Bd. 5 (1879), 103 ff. (Bearbeitet von Bratassevic nach offiziellen Quellen.)

[246]) Die Zahlen über Kindsmord (die in der Auskunft leider mit dem Mord zusammengefaßt werden) habe ich nicht angegeben, sie fallen von 1876—1908 von 107,6 auf 42!

[247]) Über die Zeit von 1886—1905 vgl. noch die eingehendere Untersuchung in der Österreichischen Statistik Bd. LXXXV (1908), S. LXXI und LXXII.

Über die Todesurteile und ihre Vollstreckung:

	Zum Tode verurteilt	Jahresdurchschnitt
1854—1873	836	42
1874—1880	750	107
1881—1890	811	81
1891—1900	738	74
1901—1910	504	50

In dieser Zeit wurde die Todesstrafe vollstreckt:

An Personen:	Auf 100 Verurteilte:
104	12,4
49	6,5
32	3,9
31	4,2
10	2,0

Von 1891—1910 gebe ich noch die Zahlen der einzelnen Jahre:

Jahr	Todesurteil	Hinrichtung	Jahr	Todesurteil	Hinrichtung
1891	89	—	1901	64	4
1892	87	2	1902	57	2
1893	70	2	1903	62	3
1894	65	—	1904	50	—
1895	76	5	1905	43	—
1896	68	5	1906	56	—
1897	67	5	1907	46	—
1898	68	4	1908	45	—
1899	75	4	1909	35	1
1900	73	4	1910	46	—

Ich glaube nicht, daß die Zahlen eines Kommentars bedürfen. Ein ganz verschwindendes Anwendungsgebiet wirklich vollstreckter, ein erhebliches Zurückgehen der Verurteilungen zum Tode und zugleich ein erheblicher Rückgang der Mordziffern!

Der österreichische Vorentwurf sagt von seinen Vorschlägen (Begründung, 48) sie stünden „einen Schritt vor der Aufhebung der Todesstrafe". Wenn er meint, „die Zeit sei noch nicht gekommen, diesen Schritt zu tun," so widerlegen ihn die angeführten Zahlen.

Ungarn[248]).

Das ungarische Strafgesetzbuch unterscheidet den mit vorher überlegtem Vorsatz ausgeführten Mord, den ohne vorherige Überlegung vorsätzlich ausgeführten Totschlag und den Totschlag im Affekt („wenn der Vorsatz in einer heftigen Aufregung des Täters gefaßt und sofort ausgeführt worden" ist) — nur im ersten Fall ist die Todesstrafe angedroht, aber auch hier kann sie bei überwiegenden mildernden Umständen in lebenslängliches und bei außerordentlichen Milderungsumständen sogar in 15 jähriges Zuchthaus umgewandelt werden. Außerdem ist die Todesstrafe nur noch bei Mord und Mordversuch gegen den König angedroht. (Ungar. StGB. 278, 279, 281; 91, 92; 126.) [249])

Erst von 1900, wo das System der Personalblätter eingeführt ist, wird seitens des Ministeriums die Statistik der Deliktsverurteilungen als zuverlässig bezeichnet, — während die Daten für die Begnadigungsstatistik schon von 1882 an als sicher angegeben werden. Verurteilungen fanden hiernach statt in Ungarn mit Ausschluß von Kroatien und Slavonien:

Im Jahr	Wegen Mord	Totschlag	Totschlag im Affekt	Im Jahr	Wegen Mord	Totschlag	Totschlag im Affekt
1900	35	101	47	1905	69	191	123
1901	40	147	78	1906	41	205	134
1902	45	174	97	1907	43	212	101
1903	37	154	110	1908	46	223	144
1904	40	204	112	1909	42	257	133

Um ein Bild von dem Verhältnis zu der sonstigen schweren Kriminalität zu haben, setze ich noch die Zahlen über Verurteilung wegen Körperverletzung mit tödlichem Ausgang und schwerer Körperverletzung[250]) hinzu. Es fanden Verurteilungen statt:

---

[248]) Ich verdanke die Zahlen der Auskunft des K. Ungarischen Justizministeriums sowie der 1910 zum ersten Male besonders publizierten „Ungarischen Kriminalstatistik" 1910 (ungarisch u. deutsch). Das Werk, das mir das ungarische Justizministerium zur Verfügung gestellt hat, enthält überaus wertvolle kriminalpsychologische und statistische Untersuchungen.

[249]) Sammlung außerdeutscher Strafgesetzbücher, in deutscher Übersetzung. Beilageheft zu den Mitteilungen der Internat. Krimin. Vereinigung, Bd. 16 (1910).

[250]) Darunter versteht der § 301 eine vorsätzliche ohne Tötungsabsicht begangene Körperverletzung, bei welcher die dadurch verursachte Verletzung, Krankheit oder Geistesstörung länger als 20 Tage dauert.

Jahr	Körperverletzung mit tödl. Ausgang	Schwere Körperverletzung
1902	579	4448
1903	586	4892
1904	671	4660
1905	794	5232
1906	825	5839
1907	814	5560
1908	909	5534

Daß die starke Steigerung dieser, wie auch der Totschlagszahlen durch die Nationalitätengegensätze und die hierdurch geschaffenen Reibungen, durch Alkoholismus und Rassenleidenschaft zu erklären sind, liegt auf der Hand.

Die Zahl der zu Todesstrafe Verurteilten, der Begnadigungen und Hinrichtungen wird angegeben:

Jahr	Zur Todesstrafe Verurteilte	Begnadigungen	Hinrichtungen	Jahr	Zur Todesstrafe Verurteilte	Begnadigungen	Hinrichtungen
1882	7	4	3	1897	—	—	—
1883	7	2	5	1898	—	—	—
1884	15	8	7	1899	—	—	—
1885	10	4	6	1900	1	0	1
1886	9	8	1	1901	2	1	1
1887	8	7	1	1902	3	2	1
1888	1	0	1	1903	1	0	1
1889	1	0	1	1904	3	3	0
1890	7	3	4	1905	10	10	0
1891	2	1	1	1906	2	2	0
1892	1	0	1	1907	—	—	—
1893	—	—	—	1908	2	1	1
1894	1	0	1	1909	—	—	—
1895	1	0	1	1910	1	1	0
1896	—	—	—				

Aus diesen Zahlen läßt sich ein ganz erheblicher Rückgang der Todesstrafe in ihrer Verurteilung und namentlich in ihrer Vollstreckung ablesen. Wenn auch die Bemerkung der Statistik, daß die Todesstrafe in Ungarn

„kaum angewendet" wird, eine Übertreibung darstellt, so ist jedenfalls so viel sicher: sie kommt gegenüber den sonstigen Strafmitteln nur verschwindend in Betracht. Und wenn sie von 1882—90 häufiger angewendet ist, so daß sogar in manchen Jahren (1883, 1885, 1890) die Ziffern der Hinrichtung größer sind als die Begnadigungsziffern, so zeigt die Zahl der ausgesprochenen Todesurteile, daß der reichliche Gebrauch des Galgens die schweren Mordfälle nicht wesentlich beeinflußt hat. Beständе die behauptete Wirksamkeit der Todesstrafe, so hätte ihre wesentlich geringere Anwendung von 1900 an die Mordziffern zu einem merkbaren Anschwellen bringen müssen. Das ist, wie man sieht, nicht der Fall.

England.

In England[251]) sind wegen „murder" verurteilt, im Jahresdurchschnitt die folgenden Personen:

1871—1875	1876—1880	1881—1885	1886—1890
66	64	63	71
0,28[252])	0,26	0,24	0,25
1891—1895	1896—1900	1901—1905	1906—1910
61	59	71	65
0,20	0,19	0,21	0,19

Die Zahl der der Polizei als „murder" bekannt gewordenen Delikte ist wesentlich höher. Sie beträgt im Durchschnitt der folgenden Jahre:

1871—1875	1876—1880	1881—1885	1886—1890
135	141	162	161
0,58	0,56	0,61	0,57
1891—1895	1896—1900	1901—1905	1906—1910
146	138	156	147
0,49	0,44	0,47	0,42

Von 1893—1910 ist noch eine speziellere Zahl der Verurteilungen zu geben:

	1893	1894	1895	1896	1897	1898
Murder . . .	82	62	58	58	63	59
Attempt to Murder . .	28	40	32	29	22	32
Manslaughter	170	191	217	166	199	176

[251]) Die folgenden Zahlen sind entnommen dem neuesten Heft der „Judicial Statistics" 1912, Part I: Criminal Statistics.

[252]) Prozentsatz auf 100 000 der Bevölkerung.

	1899	1900	1901	1902	1903	1904
Murder . . .	62	51	74	71	78	70
Attempt to Murder . .	33	25	44	40	39	29
Manslaughter	209	172	171	192	153	160

	1905	1906	1907	1908	1909	1910
Murder . . .	63	63	45	67	77	73
Attempt to Murder . .	28	28	43	25	30	34
Manslaughter	139	142	121	154	133	105

	1893	1894	1895	1896	1897	1898
Threats and Conspiracies to murder .	14	22	7	24	15	14

	1899	1900	1901	1902	1903	1904
Threats and Conspiracies to murder .	8	8	13	12	25	9

	1905	1906	1907	1908	1909	1910
Threats and Conspiracies to murder .	19	11	19	22	139	140

Zur Charakterisierung dieser Delikte ist folgendes in Kürze zu sagen: 1. Murder ist die vorsätzliche Tötung und vorsätzliche Körperverletzung mit tödlichem Ausgang, beides sofern der Täter nicht durch Mißhandlung oder schwere Beleidigung zum Zorn hingerissen ist. Ist dies der Fall, so liegt manslaughter vor. 2. Murder liegt aber auch vor bei irgend einer „felony“ mit Todesfolge (z. B. „Brandstiftung“ mit tödlichem Ausgang) oder bei einem gewaltsamen Widerstand gegen einen Beamten bei Verhaftung und ähnliches, sofern nicht Provokation vorlag und der Tod die Folge davon war, — manslaughter sofern der Tod die Folge einer rechtswidrigen, aber keine „felony“ darstellenden Handlung war. Attempts to murder sind bestimmte, sehr weit in das Gebiet der Vorbereitungshandlungen hineinreichende Versuchshandlungen. Threats and Conspiracies to murder sind einmal Androhung des Todes in Briefen und Teilnahmehandlungen (Anstiftung, Beihilfe)[253].

Todesurteile sind ausgesprochen wegen murder[253a]):

		Davon vollstreckt	In Freiheitsstrafen umgewandelt			Davon vollstreckt	In Freiheitsstrafen umgewandelt
1870	15	6	9	1891	19	**12**	7
1871	13	4	9	1892	22	**18**	4
1872	30	15	15	1893	28	**15**	13
1873	18	**11**	7	1894	29	**17**	12
1874	25	**16**	9	1895	19	**11**	8
1875	33	**18**	15	1896	33	**20**	13
1876	32	**22**	10	1897	14	6	8
1877	34	**22**	12	1898	27	11	16
1878	20	**15**	5	1899	29	**15**	14
1879	34	16	18	1900	20	**13**	7
1880	28	**13**	15	1901	28	**15**	13
1881	23	11	12	1902	33	**22**	11
1882	22	**12**	10	1903	40	**27**	13
1883	23	**13**	10	1904	28	**16**	12
1884	40	15	25	1905	32	**17**	15
1885	25	12	13	1906	27	9	18
1886	35	**19**	16	1907	20	9	11
1887	35	**21**	14	1908	25	**13**	12
1888	36	**22**	14	1909	31	**18**	13
1889	20	**11**	9	1910	28	**16**	12
1890	24	**15**	9				

Diese Zahlen zeigen zweierlei:

1. Die Höhe der Hinrichtungen übersteigt in 30 Jahren von 41 die Zahl der Begnadigungen, zum Teil recht erheblich.

2. Trotzdem ist keine einschneidende Bewegung nach unten zu konstatieren, die Zahlen halten sich durchschnittlich durchaus auf der gleichen Höhe.

---

[253]) Vgl. hierzu J. Stephen, A Digest of the Criminal Law, 6 ed. 1904, 182 ff. u. v. Liszt, Vergl. Darstellung, a. a. O. 32 ff.

[253a]) Laut Auskunft vom Home Office.

Erwähnenswert ist noch aus der mir vom Home Office überlassenen Liste die sehr große Zahl der wegen Geisteskrankheit freigesprochenen „Mörder".

1910 . .	30	1906 . .	20
1909 . .	20	1905 . .	14
1908 . .	13	1904 . .	21 usw.
1907 . .	11		

Schweden.[254])

Jahr	Verurteilungen wegen: Mord	Mordversuch	Totschlag	Jahr	Verurteilungen wegen: Mord	Mordversuch	Totschlag
1889	7	10	24	1900	7	3	45
1890	16	9	35	1901	3	3	48
1891	8	5	25	1902	6	3	24
1892	8	1	28	1903	10	1	40
1893	2	2	33	1904	4	—	37
1894	6	4	29	1905	5	4	14
1895	6	—	34	1906	4	1	24
1896	10	5	37	1907	4	4	33
1897	5	4	40	1908	2	3	31
1898	10	4	32	1909	1	1	19
1899	9	1	47	1910	5	4	29

Todesurteile sind ausgesprochen lediglich in den folgenden Jahren, und zwar wegen Mordes:

1890	3	1902	2
1891	2	1903	2
1892	1	1904	2
1894	1	1906	1
1897	1	1907	1
1899	3	1910	4
1900	3		

außerdem: 1889 . . . 1 wegen Notzucht;
1889 . . . 1 „ Raubes;
1907 . . . 2 „ Raubes;
1908 . . . 2 „ Schädigung mittels Sprengstoffes;
1910 . . . 1 „ wegen Raubes.

---

254) Ich verdanke die Zahlen dem Justitie-departementet.

Hinrichtungen haben nur stattgefunden:

1890	1	1900	3
1893	1	1910	1

Trotz der verschwindenen Anwendung der Todesstrafe eine erhebliche Minderung der Kapitaldelikte, wenn man nur Mord und Mordversuch rechnet, und gleichbleibende Schwankungen in der Bewegung des Totschlages [254a]).

Dänemark.

Hier wurden wegen vorsätzlicher Tötung und (von dem Strafgesetzbuch von 1897 an) wegen Mordes und „absichtlicher Tötung" verurteilt die folgenden Personen [255]):

	Absichtl. Tötung und Mord	Verurteilung zum Tode		Absichtl. Tötung und Mord	Verurteilung zum Tode
1871	9	—	1881	4	1
1872	7	3	1882	8	2
1873	11	2	1883	8	4
1874	3	1	1884	11	3
1875	5	1	1885	13	3
1876	8	3	1886	10	1
1877	10	2	1887	7	1
1878	9	2	1888	6	—
1879	6	—	1889	11	2
1880	8	2	1890	6	—

	Absichtl. Tötung	Mord	Verurteil. zum Tode		Absichtl. Tötung	Mord	Verurteil. zum Tode
1891	11	—	1	1901	3	1	—
1892	9	—	3	1902	6	2	1
1893	2	—	—	1903	17	5	1
1894	6	—	2	1904	4	—	—
1895	11	—	1	1905	4	1	1
1896	9	—	2	1906	4	4	1
1897	1	1	1	1907	4	4	—
1898	6	1	—	1908	6	1	—
1899	—	3	1	1909	11	1	2
1900	1	2	1				

Hinrichtungen haben lediglich stattgefunden je 1 1880, 1882, 1892. Und trotzdem keine Steigerung der Kapitalverbrechen.

[254a]) Vgl. genauere Angaben über Schweden bei Almquist, Congrès pénitentiaire international, Washington 1910.

[255]) Ich verdanke die Zahlen dem Bureau de Statistique de l'Etat.

Frankreich[256]).

Die französische Statistik gibt die Zahl derjenigen Sachen an, welche zur kontradiktorischen Verhandlung vor die Geschworenen verwiesen sind. Hiernach kommen im Jahresdurchschnitt und später in den einzelnen Jahren Anklagen wegen:

	1881 bis 1885	1886 bis 1890	1891 bis 1895	1896 bis 1900	1900	1901	1902
Parricide	14	13	12	12	10	9	10
Empoisonnement	10	9	11	7	5	5	6
Assassinat	216	224	212	175	157	150	140
Meutre	186	171	176	183	227	163	186

	1903	1904	1905	1906	1907	1908	1909
Parricide	7	—	12	11	17	14	16
Empoisonnement	10	5	3	7	7	4	2
Assassinat	166	191	169	183	178	184	150
Meurtre	233	243	274	271	332	318	295

Verurteilungen zum Tode, Hinrichtungen und Begnadigungen sind für die einzelnen Jahre nach dem Bericht von Cruppi angegeben:

Jahr	Verurteilungen zum Tode	Hinrichtungen	Begnadigungen	Jahr	Verurteilungen zum Tode	Hinrichtungen	Begnadigungen
1881	19	1	18	1886	38	10	28
1882	35	4	31	1887	28	6	22
1883	25	3	22	1888	28	9	19
1884	30	7	23	1889	27	9	18
1885	39	12	27	1890	32	7	25

[256]) Die Zahlen sind entnommen dem Compte générale de l'Administration de la Justice Criminelle en France et en Algérie. Desgl. ferner Cruppis Bericht, Documents parlementaires, Chambre de Députés 1907, Nr. 1345; 1260 (auch Revue pénitentiaire 32 [1908], 649 ff.), Briand in Débats parl., Chambre de Députés 1908, 2212 ff. und Demogue, Le rôle de la peine de mort en France. Enquêtes für den Congrès Pénitentiaire International in Washington 1910.

Jahr	Verurteilungen zum Tode	Hinrichtungen	Begnadigungen	Jahr	Verurteilungen zum Tode	Hinrichtungen	Begnadigungen
1891	28	15	13	1901	20	3	17
1892	27	9	18	1902	9	1	14
1893	37	15	22	1903	15	1	14
1894	29	14	15	1904	16	1	1
1895	22	7	15	1905	18	4	14
1896	24	6	18	1906	29	—	29
1897	14	4	10	1907 [257]	41	—	41
1898	19	10	9	1908	49	7	42
1899	20	6	14	1909	19	7	12
1900	11	1	10				

Aus diesen Zahlen geht mit Sicherheit hervor, daß die „meurtres" bis 1907 jedenfalls zugenommen haben. Die „assassinats" stehen auf einer ziemlichen Höhe [258]), sind aber zweifellos im Rückgang begriffen. Daß eine Beunruhigung auf Grund dieser Ziffern eintreten konnte, war begreiflich. Die Gründe hängen aber, wie wir gesehen haben, nicht mit der Handhabung der Todesstrafe zusammen. Wenn die offizielle Statistik für das Jahr 1909 darauf hinweist, daß „die Reorganisation der Polizei" in Marseille die „segensreichsten Folgen hervorgerufen hat", so ist damit ein Hauptmoment genannt worden, das zur Verbesserung der kriminellen Situation auf diesem Gebiet führen kann [259]).

§ 5. Die Gefahr eines Justizirrtums und ihre Bedeutung.

I. Der stärkste und auch heute noch entscheidende Grund gegen die Todesstrafe ist von jeher ihre Irreparabilität gewesen. Jede, auch die schwerste Strafe kann aufgehoben werden, wenn sich nach-

---

[257]) Ich verdanke die nun folgenden Zahlen der Auskunft des Chefs der Statistik des Justizministeriums, Yvernès.

[258]) Yvernès bezeichnet das Verhältnis der Assassinats und meurtres (d. h. der accusations) im Verhältnis zu 100 000 Einwohnern:

1907	auf 4,5	8,4
1908	„ 4,6	8,1
1909	„ 3,8	7,5

[259]) Vgl. auch über die früheren Jahre Socquet, Contribution à l'Etude statistique de la Criminalité en France de 1826—80, 1884 (mit einer Vorrede von Brouardel).

träglich der „Wahrspruch" als Falschspruch erweist. Die vollstreckte Todesstrafe ist nicht wieder gut zu machen. Man hat die Gewalt dieses Grundes zu bekämpfen versucht. Auf mannigfache Weise, und nicht ohne Erfolg.

Einmal indem man die Möglichkeit von Justizirrtümern für die Vergangenheit zwar zugeben mußte, aber für die Gegenwart behauptete, daß das heutige mündliche und öffentliche Verfahren vor den Geschworenen so viel Garantien biete, daß es für die Zukunft „so gut wie ausgeschlossen sei", daß ein Unschuldiger hingerichtet werde. Selbst wenn ein Todesurteil über einen Nichtschuldigen oder auch nur geringer Schuldigen ergehe, so werde die Gnadeninstanz stets, wenn auch nur der leiseste Zweifel an der Richtigkeit des Rechtsspruchs übrig bleibe, durch ihr Eingreifen einen Justizmord verhindern. So hat v. Staff auf dem Danziger Juristentage[260]) an die Gegner der Todesstrafe die Frage gerichtet: „Können Sie aus unserem Rechtsleben mir Fälle aus moderner Zeit angeben, in denen festgestellt worden ist, daß eine Todesstrafe zu Unrecht ausgesprochen und vollstreckt worden ist?" Und Kahl hat die gleiche Frage wiederholt: „Wo sind die Justizmorde, die es veranlassen, nun den Gesichtspunkt der Irreparabilität so sehr in den Vordergrund zu stellen?"[261])

Zweitens hat man die Furcht vor Justizirrtümern als Schwäche des Verantwortungsgefühls, als „kränkliche Sentimentalität der Zeit" bezeichnet. „Wieviel Menschenleben — heißt es in Bismarcks „berühmter" Reichstagsrede — werden bei uns für die öffentliche Bequemlichkeit, für die Förderung des Erwerbes heute aufs Spiel gesetzt; wieviel Todesfälle kommen auf das Explodieren von Dampfkesseln, wieviele kommen in Bergwerken, auf Eisenbahnen um, wieviele kommen um in Fabriken, wo giftige Dünste ihre Gesundheit zerstören? Und nichtsdestoweniger kommt man nicht auf den Gedanken, zur Schonung des Menschenlebens die Förderung der menschlichen Bequemlichkeit und Wohlfahrt, die in diesen Gewerben liegt, zu untersagen." Wenn man bei der Todesstrafe anderer Ansicht ist, wenn insbesondere „hauptsächlich Juristen" Gegner der Todesstrafe sind, so hat dieses seinen besonderen Grund nach Bismarck. „Es ist — so behauptete er — eine der Krankheiten dieser Zeit, die Scheu vor der Verantwortung, auf eigene Überzeugung hin ein Todesurteil auszusprechen, von seiten der Geschworenen auf eigene Überzeugung hin einen Wahrspruch zu geben, von dem sie

[260]) Vhdl. des 30. Juristentages 1911, Bd. 2, 433.
[261]) Ebenda 452/53.

nach dem Gesetze annehmen können, daß er die Tötung des Verbrechers zur Folge hat. Diese Furcht vor der Verantwortlichkeit ist eine Krankheit, die unsere ganze Zeit durchsetzt, es ist eine Krankheit, die bis in die höchsten Spitzen der menschlichen Hierarchie hinaufreicht: selbst dem Souverän ist die Verantwortlichkeit im höchsten Grade beschwerlich und empfindlich, die er mit der Handhabung des Richtschwertes übernimmt — um wieviel mehr dem Richter, der weniger daran gewöhnt ist, Interessen von solcher Schwere, wie die Streichung eines seiner Nebenmenschen aus der Reihe der Lebendigen, auf seine Verantwortlichkeit zu übernehmen.... Diese schwächliche Abneigung, ihr Amt bis in seine höchste Potenz zu üben, ich kann nicht anders sagen, als: sie beruht auf einem Mißverständnis. Denn ist nicht die Verantwortlichkeit ebenso schwer, wenn ich einen Menschen zeitlebens einsperre, ja, ich gehe weiter, ist nicht die Verantwortung moralisch dieselbe, wenn ich einen Menschen auf acht Tage ungerecht einsperre, als wenn ich ihn zum Tode verurteile? Ich kann gar nicht wissen, zu welchen Wirkungen eine achttägige ungerechte Einsperrung führt, wie die ganze Existenz, die ich dazu verurteile, von diesem Augenblicke an vielleicht eine falsche, verbitterte Entwicklung im Kampfe mit den Gesetzen nimmt und weiter zu Verbrechen gefördert wird."

Beide Gründe sind im Zusammenhang zu prüfen. So genau und affektlos, wie nur irgend möglich. Denn sie enthalten das stärkste Beruhigungsmittel für alle Anhänger der Todesstrafe. Ihr Gefühl, — durch Jahrtausende und Generationen ererbte Instinkte erklären ihren Standpunkt und die Zähigkeit, mit der sie ihn festhalten. Jeder einsichtige Mensch aber — er braucht gar nicht besonders feinfühlig zu sein — erschrickt vor dem Gedanken eines Justizirrtums, wenn es sich um Leben und Tod handelt, — der Verstand ist ja im allgemeinen machtlos gegen ererbte, gefühlsmäßig verankerte Traditionen, in diesem Punkt aber verbindet sich mit der intellektuellen Erwägung ein Gefühl von starker und unmittelbarer Art und schafft so das vielleicht einzige Argument aus der Sphäre des Verstandes, das selbst eine energische Gefühlsrichtung zugunsten der Todesstrafe unsicher machen kann. Daher hat der Kampf gegen diese Hemmungsvorstellung für die Anhänger der Todesstrafe den größten Wert. Gelingt es, die Überzeugung zu schaffen, daß die Furcht vor dem Justizmord unbegründet ist, ja daß wir in dieser Furcht nur eine zu bekämpfende Schwäche und Zeitkrankheit zu sehen haben, dann ist die Harmonie mit der sog. „Volkspsyche" wieder hergestellt.

Freilich kann dies nur geschehen im vollsten Widerspruch mit der Wirklichkeit. Denn das Kapitel von den Justizirrtümern ist nicht als eine abgeschlossene Episode der Vergangenheit anzusehen — es gehört nur wenig Psychologie zu der Erkenntnis, daß die Justizirrtümer erst mit der Justiz aufhören werden. Und es kann auch keine Rede davon sein, daß die Schwere eines Kapitalverbrechens alle beteiligten Kräfte zu einem solchen Aufwand von Intelligenz und Gewissenhaftigkeit nötigen werde, das Verfahren selbst in der Gegenwart so umsichtig und ängstlich-gewissenhaft ausgestattet sei, daß genügend Schutzwehren gegen Irrtümer errichtet seien und kein Grund zur Beunruhigung bestehe. Wer so spricht, kennt unser Strafverfahren nicht oder er vergißt, was sonst an handgreiflichen Bedenken gegen den heutigen Strafprozeß durch Praxis und Wissenschaft unauslöschlich festgestellt ist. Wir wissen, wie ein Prozeß in völlig falsche Bahnen durch Ungeschicklichkeit oder Übereifer der Polizei, des Untersuchungsrichters, der Staatsanwaltschaft gelenkt werden kann, wie die Hauptverhandlung vor den Geschworenen einen überwältigend schwer zu handhabenden Apparat beansprucht. Die völlig verfehlt ausgestaltete Inquisitionsmaxime in der Voruntersuchung, die Abhängigkeit der Hauptverhandlung von den Akten [262]), die Verpflichtung des Vorsitzenden, Angeklagte und Zeugen zu vernehmen, und doch zugleich die Verhandlung unparteiisch zu leiten und eine Rechtsbelehrung ohne „Würdigung der Beweise" zu geben, schaffen F e h l e r q u e l l e n, d i e m a n k a u m ü b e r s c h ä t z e n k a n n. Dazu kommt die Gefahr von Irrtümern und Mißverständnissen der Geschworenen, die selbst bei einem intellektuell und ethisch disziplinierten Geschworenenmaterial infolge der Mängel unseres Verfahrens besonders groß ist [263]). Es fehlt eine Gliederung der Hauptverhandlung, bei der die Geschworenen vor der Beweisaufnahme eine Aufklärung bekommen über diejenigen Gesichtspunkte, die für das Verständnis der Beweisaufnahme notwendig sind, bei der sie gleich zu Beginn der Hauptverhandlung durch eine

---

[262]) Vgl. die boshafte Zusammenstellung bei L a i l l e r und V o n o v e n, Les erreurs judiciaires et leurs causes 1897, 6: „P r é v e n t i o n : 1. Opinion qu'on se forme avant examen sérieux. 2. Etat d'un accusé avant le jugement."

[263]) Ich darf zu diesen Fragen auf meine Schrift: D i e R e f o r m d e s d e u t s c h e n S c h w u r g e r i c h t s 1910 verweisen (erschienen bei M i t t e r m a i e r - L i e p m a n n, Schwurgerichte und Schöffengerichte Bd. I, Heft 2).

Rechtsbelehrung über die später zu lösenden rechtlichen Gesichtspunkte orientiert werden, — es fehlt den Geschworenen, welche doch später selbständig die Beweisaufnahme zu beurteilen haben, die Möglichkeit selbständig Beweisanträge zu stellen — schließlich das System der Fragestellung: wer wollte leugnen, daß hier der Formalismus des Rechts Komplikationen geschaffen hat, denen auch die ausgebildete Technik des Berufsjuristen, aber ganz gewiß der Laienverstand selten gewachsen ist?

Angesichts dieser Tatsachen ist es also schlechterdings unbegreiflich, wie man die ernste Möglichkeit der Justizirrtümer bei Kapitalverbrechen in Abrede stellen kann! Zumal wenn man bedenkt, daß gerade die herrschende Meinung unserer Kriminalisten in Theorie und Praxis nicht Worte genug finden kann zur Herabsetzung des Schwurgerichts. Die „verfehlteste Gerichtsorganisation, die menschlicher Unverstand im Laufe der Jahrtausende ausgeheckt hat" — so hat Binding das Schwurgericht genannt [264]), — und die weitaus überwiegende Meinung unserer Juristen teilt dieses Urteil [265]). Wie kommt es, daß nur, wenn es sich um die Beibehaltung der Todesstrafe handelt, diese verfehlteste Gerichtsorganisation Justizirrtümer „so gut wie" ausschließt? —

Man muß sogar sagen: das Gegenteil ist richtig. Auch wenn unser strafgerichtliches und das schwurgerichtliche Verfahren einen sicheren Schutz gegen Verurteilungen Unschuldiger im allgemeinen bieten würden, so wäre trotzdem die Gefahr eines Justizirrtums gerade beim Mord nicht gering anzuschlagen, — denn gerade bei ihm liegen die Vorbedingungen für einen Fehlspruch leider besonders günstig. Ohne auf Einzelheiten einzugehen, sei zum Beweise dafür auf dreierlei hingewiesen. Einmal ist schon die Feststellung des objektiven kriminellen Tatbestandes mit großen Schwierigkeiten verbunden. Ob Mord oder Selbstmord, Verbrechen oder Unglücksfall, gewaltsame Tötung oder Krankheit vorliegen, das ist bekanntlich vom Laien in sehr vielen Fällen überhaupt nicht, aber auch vom Sachkundigen häufig nur festzustellen, wenn er über alle Hilfsmittel der „Kriminaltaktik" verfügen kann, d. h. wenn er die Fähigkeiten hierzu besitzt und nicht durch ungünstige Zwischenfälle oder durch Versagen der Geistesgegenwart verhindert ist, sie zu betätigen. Die Lage der Leiche ist ver-

---

[264]) Binding, Das Amtsverbrechen und seine legislatorische Bedeutung, im Gerichtssaal Bd. 64, 19.

[265]) Meine entgegengesetzte Ansicht wird in der oben zitierten Schrift entwickelt (allerdings unter Hervorhebung der dringenden Reformbedürftigkeit des heutigen Schwurgerichts).

ändert, die Angehörigen oder neugierige Zuschauer haben sich an den Ort der Tat gedrängt, ehe Polizei und Gerichtsarzt erschienen sind, Regen oder Schnee haben die Spuren verwischt, die Absuchung der ganzen Umgebung nach Fuß- und Blutspuren, Mitteln und Werkzeugen der Tat, nach unscheinbaren vom Täter versehentlich oder absichtlich zurückgelassenen Gegenständen ist nicht mit der Gewissenhaftigkeit unternommen worden, die die Sachlage fordert. Oft ist dann die Untersuchung von vornherein aussichtslos gemacht oder in falsche Bahnen gedrängt worden. Und noch größere Schwierigkeiten stellen sich unter Umständen den obduzierenden Ärzten und der weiteren Detektivtätigkeit nach dem Täter entgegen [266]). Fehler, die in diesen ersten Stadien der Untersuchung gemacht sind, können unter Umständen nie wieder gut gemacht werden. Die beste Gerichtsverfassung ist machtlos gegen Fehler der Polizei, des Staatsanwalts oder Untersuchungsrichters.

Das zweite Moment, das eine zuverlässige Feststellung gerade bei Kapitalverbrechen aufs äußerste erschweren kann, ist in den durch diese ausgelösten h o c h g r a d i g e n E r r e g u n g e n zu finden. Es gibt Untaten, bei denen auch der abgehärtetste Polizeimann, Gerichtsarzt oder Staatsanwalt die dringend nötige Ruhe verlieren. Leider sind das vielfach gerade solche Morde, bei denen die Feststellung des Schuldigen m i t b e s o n d e r e n S c h w i e r i g k e i t e n verknüpft ist, wie z. B. Lustmorde oder Morde, die mit ungewöhnlicher, tierischer Brutalität ausgeführt sind. Jede Erregung aber in solchen Situationen schafft Fehlerquellen gefährlichster Art. Sie erzeugt leicht ungenaue Beobachtungen oder phantastische Kombinationen, sie kann dazu führen, Wesentliches zu übersehen und unwesentlichen trügerischen Spuren übereilt zu folgen.

Man mag das als Ausnahmen bezeichnen — obwohl selbst Großstadterfahrung keineswegs dagegen schützt und in kleineren Orten die geringere Schulung und die außerordentliche Seltenheit eines Kapitalfalles sehr häufig in diesem Sinne wirken — e i n e E r r e g u n g aber äußert, man kann sagen, bei fast jedem Morde ihre verhängnisvolle Wirkung. Das ist die Erregung der nicht berufsmäßig an der Untersuchung

---

[266]) Hierzu vergleiche man H a n s G r o ß, Handbuch der Kriminalistik, W e i n g a r t, Kriminaltaktik. Ein Handbuch für das Untersuchen von Verbrechen, 1904 und A. T h i é n a r d, L'Assassinat considéré au point de vue de l'information dont ce crime peut-être l'objet et les éléments de toute nature, qui peuvent servir à la recherche de son auteur et à la preuve de sa culpabilité, 1892.

Beteiligten, der Laien, zunächst die Erregung der Nächstbeteiligten, der Angehörigen, Freunde oder unmittelbar an dem Tatort Wohnenden. Wie sie die hinzudichtende und hinzufälschende Phantasie aufpeitscht, wie diese unsichere, vage Kombinationen in feste, klare Erinnerungsbilder umwandelt, Augenblickseindrücke zu detaillierten Schilderungen von lebensvoller Einzelheiten weiterentwickelt, Vermutungen und Einfälle des Moments dem Bewußtsein als unkorrigierbar zuverlässige Wahrheiten vortäuscht — alles das hätten uns die forensischen Erfahrungen seit Jahrhunderten lehren können. Und doch haben uns im Grunde erst die letzten Jahrzehnte die Augen geöffnet über die Macht der Autosuggestion und der unbewußten Gedächtnisfälschungen [267]. „Uns"? — d. h. einem kleinen Häuflein von Psychologen und wissenschaftlich gebildeten Kriminalisten. Aber ganz gewiß nicht oft dem Polizeimann und leider auch nicht allzu häufig dem Kriminaljuristen der Praxis. So fehlt noch sehr viel, um sagen zu können, daß unsere Richter, unsere Geschworenen, unsere Staatsanwälte mit wacher Skepsis den Aussagen der Zeugen in einem Mordprozesse gegenüberstehen. Die Masse aber, — die schon im gewöhnlichen Leben dem abenteuerlichsten Geschwätz kritiklos Glauben schenkt — ist machtlos den Produkten ihrer eigenen Erregung ausgeliefert, sie kennt nicht die Irrwege ihres Gedächtnisses und wird nie, wenn die Erregung ihre geistige Sehschärfe trübt, die Schulung besitzen, den eigenen Denkoperationen zu mißtrauen.

Das Gift des Irrtums hat aber eine besonders große Zeugungskraft — es ist viel mächtiger als die Wahrheit. Die Phantasien der Angehörigen eines Ermordeten infizieren mit unheimlicher Schnelligkeit immer weitere Kreise: Nachbarn und Freunde nehmen sie gläubig und kritiklos auf und sorgen für ihre weitere Verbreitung und Vervollständigung. So kann ein allgemeines und falsches Gerücht bereits voll ausgewachsen sein, bevor der Richter seine ersten Untersuchungshandlungen vornimmt, ein geschlossener Indizienbeweis mit seinen Fangarmen einen Verdächtigten umschließen, und die öffentliche Meinung ihr Urteil bereits gesprochen haben, ehe die Hauptverhandlung beginnt. In solchen Fällen ist es oft auch dem gewissenhaften und geschulten Richter

[267]) Vgl. hierzu Hans Groß, Handbuch für Untersuchungsrichter (4. Aufl.) I, 79 und Kriminalpsychologie 2. Aufl., 18 ff.; Stern, Beiträge zur Psychologie der Aussage I u. II; Stern-Lipmann, Ztschr. f. angewandte Psychologie; meine Arbeit über den fahrlässigen Falscheid der Zeugen (Kieler Festgabe für Hänel), 1907, 361 ff.; Stöhr, Psychologie der Aussage, 1911 (Sammlung: „Das Recht" Bd. IX und X).

nicht mehr möglich, das dichte Netzwerk aus Geschwätz, Lüge und Massensuggestion zu zerstören und den Blick frei zu machen für zuverlässiges Beweismaterial. In diesem Kampf zwischen der juristisch-psychologisch disziplinierten Besonnenheit und dem durch die Erregung getriebenen und irregeleiteten Polizeigeist der öffentlichen Meinung spielt eine besondere Rolle in der Gegenwart die Presse. Eine Belohnung wird auf die Feststellung und Ergreifung des Täters ausgesetzt. Aber auch über die ersten Schritte der Untersuchung werden die Blätter durch Polizei und Staatsanwaltschaft unterrichtet. Dies geschieht einmal, um die Volkserregung zu dämpfen durch die — oft den Tatsachen weit vorgreifende — Mitteilung, daß man dem Schuldigen auf der Spur sei, „der Mörder ist gefaßt" — wird dann sehr charakteristisch gemeldet, zweitens weil man dadurch den Zufall in den Dienst der Entdeckung des Täters stellen will. Nun ist ja wirklich bisweilen der Zufall eine durchaus brauchbare Hilfskraft der Staatsanwaltschaft, manchmal sogar erfolgreicher, als die Kunst des zielbewußt arbeitenden Polizeimannes. Leider aber hat man über ihn keine Macht. Und gerade in unseren Fällen werden dadurch oft die schwersten Hindernisse zur Feststellung der Wahrheit geschaffen. Denn die Presse steht ja in erster Linie auch unter dem Einfluß der erregten Volksinstinkte: daher ist sie den Gefahren der Irreführung und Übertreibung in dem gleichen Maße ausgesetzt, wie der Einzelne. Daher hat sie ein sehr gering entwickeltes Organ für Schwächen des Belastungsbeweises und im Gegensatz dazu oft hypertrophische Anlagen, in jedem irgendwie Verdächtigten den Täter zu sehen. Ohne es zu wissen und zu wollen besorgt so der Journalist in Kapitalprozessen die Geschäfte der Staatsanwaltschaft: „Tout reporter est ministère public" [268]). Aber freilich oft so, daß dadurch die wirklichen Ziele der Strafverfolgung aufs Schwerste gefährdet werden. Denn dieser Tätigkeit fehlt gerade das, was unter allen Umständen nottut: Kritik und Besonnenheit. Der Reporter ist nur ein Interpret der Augenblicksmeinungen: er gibt das Geschwätz von Freunden und Bekannten des Opfers aus dritter, vierter Hand weiter, und seine geschäftige Phantasie und die Notwendigkeit, jeden Tag seinen Lesern interessanten Stoff zu bieten, spiegeln ihm definitive Ergebnisse vor, wo es sich in Wahrheit nur um den Verdacht eines Verdachtes handelt. Alles das schafft nicht bloß eine einseitige Infizierung der öffentlichen Meinung, die gerade bei unseren Laienrichtern sehr gefährliche Wir-

---

[268]) Sailler-Bonoven, a. a. O. 39.

kungen haben kann, sondern es verwischt zugleich die richtigen Spuren, es lenkt die Aufmerksamkeit in Irrwege und fälscht Indizienbeweise.

Gefahren also auf Schritt und Tritt. Und diese Gefahren wachsen ins Ungeheure, wenn die Leidenschaft der Massen durch besondere Vorgänge erregt ist. Man denke an Ritualmordprozesse oder Lustmorde, die sich in einer Gegend wiederholt haben oder schließlich an Anarchistenuntaten! —

Das dritte Moment schließlich, das die Chancen für eine gerechte Aburteilung gerade bei Morden erheblich reduziert, ist die Tatsache, daß sich der gewissenhaften und objektiven Feststellung und Beurteilung zweifelhafter Geisteszustände der Täter hier ganz besonders erhebliche Schwierigkeiten in den Weg stellen.

Mag man im übrigen über die plumpen Übertreibungen und naiven Verallgemeinerungen, über die Fehlschlüsse und Oberflächlichkeiten der Kriminalanthropologen vom Schlage Lombrosos noch so scharf urteilen, — und ich habe es stets getan — eine Erfahrungstatsache verdanken wir ihren Untersuchungen, daß nämlich sich unter den schweren Verbrechern eine große Zahl geistig gestörter oder entarteter Individuen finden. Insbesondere weiß jeder, der nicht seine von Erfahrung unbeschwerte Schreibtischweisheit höher einschätzt, als jahrzehntelange sachkundige Beobachtung[269]), daß gerade Mörder in diese Kategorie fallen[270]). Unzweifelhaft sind einzelne von ihnen unzurechnungsfähig und bei sehr vielen ist die Zurechnungsfähigkeit höchst zweifelhaft. Leider gehören hierzu gerade solche Verbrecher, deren Taten die Masse in hohem Maße erregen: die Lustmörder, die Königsmörder und Anarchisten[271]).

---

[269]) Sehr charakteristisch für diese juristische Überhebung ist der Ausspruch eines rabiaten schweizerischen Anhängers der Todesstrafe: „Vor solchen Theorien der Pathologen, in so dreistem Gewande sie auch auftreten mögen, hat das Strafrecht sich zu hüten; denn für eine geordnete Strafrechtspflege gibt es heutzutage keine gefährlicheren Irren, als die Irrenärzte", Freuler, Für die Todesstrafe! 1879, 85.

[270]) „Nach der Erfahrung der Strafanstaltsärzte finden sich Originale, Sonderlinge, Psychopathen, Degenerierte unter den Mördern in noch weit größerer Zahl vor als unter dem Durchschnitt der andern Verbrecher", Rüdin, Über die klinischen Formen der Seelenstörungen bei zu lebenslänglicher Zuchthausstrafe Verurteilten, 1904, 4; ebenda 7: „Die zu Mördern Gewordenen tragen fast ausnahmslos die nachweisbaren leichteren oder schwereren Zeichen der Entartung an sich".

[271]) Vgl. hierzu Enrico Ferri, L'omicidio nell' antropologia criminale (Omicida nato e omicida pazzo) 1895; MacDonald, Man and

Und dann zeigt es sich nicht selten, daß die mühsam gefestigten kulturellen Grundlagen unseres Strafrechts ins Wanken geraten. Sobald ein Strafrechtsfall unter dem Einflusse hochgradiger Aufregung und Leidenschaft steht, bricht der jahrtausend alte und nur durch jahrhundertelangen Kampf zurückgedrängte Standpunkt der brutalen Rache, die Vernichtung fordert, ohne nach Schuld und Verantwortungsfähigkeit zu fragen, mit elementarer Gewalt durch. Es sind keineswegs — wie der Hochmut der Zunft heute lehrt — bloß die Geschworenen, die in solchen Fällen undisziplinierte Vergeltungsinstinkte äußern [272]. Auch unsere psychiatrischen Sachverständigen wissen, daß sie in solchen Fällen nur mit der größten Überwindung, oft nur nach seelischen Kämpfen zwischen der eigenen wissenschaftlichen Überzeugung und dem dagegen revoltierenden übermächtigen Volksinstinkt sich entschließen können, die Zurechnungsfähigkeit zu verneinen. Und sie wissen auch sehr genau, was sie mit solchem Spruch riskieren: ihr wissenschaftliches Ansehen bei der ungebildeten, wie intellektuell hochstehenden Menge steht nicht selten dabei auf dem Spiel. Sehr charakteristisch ist die Äußerung eines amerikanischen Sachverständigen aus Anlaß der Präsidentenmorde, es sei besser in solchen Fällen, die Untersuchung des Geisteszustandes der Täter erst — nach dem Tode der Betreffenden anzustellen, da ihr zu Lebzeiten des Mörders die allgemeine Meinung allzu sehr im Wege stehe! (Pelman, a. a. O. 81.) Vgl. auch den Fall des sadistischen Lustmörders Vacher, der 1897 in Bourg unter dem Beifallklatschen des Mob hingerichtet wurde. Er war zweifellos ein Geisteskranker (vgl. die Schilderung des Falles bei Marie und Meunier, Les vaga-

---

abnormal Man, Washington, 1905; v. Krafft-Ebing, Lehrbuch der gerichtlichen Psychopathologie, 3. Aufl. 1900, 125 ff., 214 ff., 276 ff.; Lombroso-Laschi, Der politische Verbrecher (über Königsmörder), 1891 (deutsch von Kurella); Lombroso, Die Anarchisten, 1895; (deutsch von Kurella) Pelman, Psychische Grenzzustände, 1909, 74 ff.;

[272]) Vgl. die Äußerung Aschaffenburgs aus dem Teßnow-Prozeß: „Wir — die psychiatrischen Sachverständigen — waren über dieses Resultat (zweimalige Verurteilung zum Tode, obwohl sämtliche Sachverständige über die Unzurechnungsfähigkeit des Täters einig waren) nicht erstaunt, war doch während der zehntägigen Verhandlung, allerdings nicht in foro, häufig an uns die Frage gestellt worden, ob wir denn ernstlich beabsichtigten, das Ungeheuer der Justiz zu entreißen, und war doch mir gegenüber zweimal die Äußerung gefallen, lange bevor wir unser Gutachten abgegeben und begründet hatten, die Geschworenen seien sich darüber einig, den Mann zu verurteilen. Aschaffenburg bei Mittermaier-Liepmann, Schwur- und Schöffengerichte I, 180.

bonds, 213 ff.). Bei der Autopsie stellten die Ärzte auch eine „folie incontestable" fest. Der Vorsitzende, der am meisten sich gegen die Annahme der Unzurechnungsfähigkeit gesträubt hatte, tröstete sich mit den sehr charakteristischen Worten: „Ach was, man kann nicht die zum Tode Verurteilten sezieren, bevor man sie hinrichtet! (Débats parlementaires, Chambre des Députés, 1908, 2023). Schließlich unsere Juristen. Ich kenne aus eigener Beobachtung einen Lustmordprozeß, bei welchem die ganze Stadt (eine norddeutsche Großstadt) infolge mehrjähriger Untaten desselben Täters in einen Fieberzustand der Erregung geraten war, der bei sämtlichen Beteiligten — Berufsjuristen, Sachverständigen und Geschworenen zum Ausdruck kam. Der Vorsitzende, der im übrigen mit glänzender Ruhe und Geschicklichkeit die sechstägigen Verhandlungen leitete, verlor nur bei einer Gelegenheit, dann aber auch jedesmal in auffallender Weise die Fassung. Wenn nämlich der Verteidiger die Bekannten und Verwandten des Täters (eines gänzlich verkommenen Burschen, der den weitaus größten Teil seines Lebens in Strafanstalten zugebracht hatte) nach solchen Umständen fragte, die auf eine geistige Störung des Angeklagten schließen ließen und die wider Erwarten bejaht wurden. Sello hat mit Recht einige Äußerungen der Staatsanwälte herausgehoben, die „allzu charakteristisch für die Stellung der Juristen den psychiatrischen Sachverständigen gegenüber" seien, „als daß sie der Vergessenheit anheim fallen" dürften [273]). „Gerade diejenigen, — so hat ein Hamburger Staatsanwalt im Fall Döpke (Lustmord) 1878 erklärt — die auf der Straße umherliegen und Verbrechen begehen, sind solche, die von den Sachverständigen für unzurechnungsfähig erklärt, in die Irrenhäuser kommen und von dort wieder entlassen werden. Darum habe ich geglaubt, in diesem Falle Front gegen derartige Gutachten machen zu müssen. Wenn wir solche Leute, wie Döpke freisprechen, dann dürfen wir uns nicht wundern, wenn ein Vater den Mörder seines Kindes, wie einen tollen Hund niederschießt, dann müssen wir unseren Kindern statt der Butterbrotdose einen Revolver mit in die Schule geben." [274]) In dem Fall des italienischen Königsmörders Passanante (1878) hat der Staatsanwalt in seinem „von Empörung über den Verbrecher und von Loyalität gegen das Königshaus überströmenden Plädoyer sich stark darüber entrüstet, daß

[273]) Sello, Die Irrtümer der Strafjustiz und ihre Ursachen. Bd. 1: Todesstrafe und lebenslängliches Zuchthaus in richterlichen Fehlsprüchen in neuerer Zeit 1911, 123, Anm.

[274]) Sello, a. a. O. 128; vgl. auch im Falle Teßnow, 179/180.

man Passanante zu einem unzurechnungsfähigen Fanatiker und zu einem Wahnsinnigen stempeln wolle. Wie viele Verbrecher, rief er aus, hat man schon für wahnsinnig ausgegeben, um sie der wohlverdienten Strafe zu entziehen!"[275]) Man sieht also, daß gerade die bei solchen Delikten aufgewühlten Vergeltungsinstinkte auch bei Gebildeten und Berufsjuristen ein starkes Gegengewicht gegen die objektive Prüfung der Zurechnungsfähigkeit abgeben, so daß die Möglichkeit der Verurteilung eines Geisteskranken hier sehr nahe liegt.

II. Bis hierher habe ich lediglich die Möglichkeit eines Justizirrtums klarzulegen versucht und weiß wohl, daß diese Tatsachen Kahl ebenso wie v. Staff nicht unbekannt sind. Und ich gestehe, daß für mein Urteil die bloße aus psychologischen Erwägungen und Erfahrungstatsachen, d. h. aus Prämissen, deren Richtigkeit nicht zu bestreiten ist, deduzierte Möglichkeit eines irreparablen Justizirrtums zur Ablehnung der Todesstrafe genügt. Aber das ist eben nicht die Meinung jener Anhänger der Todesstrafe: sie wollen Fakta aus moderner Zeit, sie haben den Zweifel, ob „so etwas jetzt noch passieren könne", und solange dieser Zweifel nicht durch historisches Material widerlegt ist, halten sie ihre Position für unerschüttert. Wo sind die Tatsachen? Nun schon damals war Material genug in den Schriften von Philips, Mittermaier, Holtzendorff, Romilly, Lucas, Olivecrona, in den Jahrgängen des Neuen Pitaval, von Hitzigs Annalen der Rechtspflege, Goltdammers und H. Groß' Archiv und ungezählten anderen Schriften angesehenster Autoren zu finden. Heute möchte ich insbesondere auf das Buch des Italieners Rebaudi, der Franzosen Lailler und Vonoven, des Deutschen Sello verweisen[276]). Ich bin gewiß, daß mich das Studium der beiden letzten Bücher zum Gegner der Todesstrafe gemacht haben würde, wenn ich

---

[275]) Sello, a. a. O. 441; vgl. dagegen die sehr charakteristischen Fälle, in denen Geisteskranke verurteilt sind, bei Pactet, Aliénés méconnus et condamnés par les Tribunaux, 1891, Pactet u. Colin, Les Aliénés devant la Justice (Aliénés méconnus et condamnés) (ohne Jahreszahl); Dubuisson und Vigouroux, Responsabilité pénale et Folie. 1911, und Farese, Selezione e pena di morte in ,,La scuola positiva, III (1893), 1087, ferner die oben Anm. 271 zitierte Literatur.

[276]) Rebaudi, La pena di morte e gli Errori giudiziari, 1888; Lailler-Vonoven, Avocats a la Cour d'Appel, Les erreurs judiciaires et leurs causes; Sello, a. a. O.

bis dahin ihr Anhänger gewesen wäre. So überzeugend wirkt diese Dokumentensammlung gerichtlicher Irrtümer, so stark ist der Eindruck menschlicher Unsicherheit gerade in Fällen, in denen ein Menschenleben auf dem Spiele steht. Ich bin ferner überzeugt, daß insbesondere Sellos inhaltsreiche Ausführungen eine Wirkung auf jeden ausüben werden, der sich unbefangen ihrem Studium hingibt.

Aber freilich, wer unter dem Einfluß starker gefühlsmäßiger Anhänglichkeit an die Todesstrafe steht, der ist durch Gründe nicht leicht zu überzeugen. Dafür ist Löfflers Rezension der Selloschen Schrift[277]) ein betrübender, andrerseits so klassischer Beleg, daß es nottut, zu ihr ausführlich Stellung zu nehmen.

Löffler erklärt, er habe „mit Bangen das umfangreiche Buch zu lesen begonnen, mit einiger Erleichterung" aber „es aus der Hand gelegt"; die Resultate seien „nicht so schlimm", man müsse sogar die „Betriebsgefahr der Justiz" eine „sehr geringe" nennen. (192.)

Dieses beruhigende Ergebnis gewinnt Löffler durch folgende Argumentationen: 1. Nach alter schlechter Rezensentenmanier stürzt sich Löffler auf die Schwächen des Buches [278]) und vergißt darüber die überaus großen Vorzüge, die gewissenhaft-gründliche Arbeit, das oft sehr mühevolle Zurückgehen auf die besten Quellen, den Verzicht auf jedes unsachliche Pathos hervorzuheben. Gewiß, das Buch Sellos hat Schwächen. Insbesondere bei der Darstellung der Auslandsfälle hätte er sich größere Zurückhaltung auferlegen sollen und dem Zweck seines Buches besser gedient, wenn er alle nur auf mündliche Überlieferung, ohne nähere Verbürgung des Tatbestands wiedergegebenen Tatbestände gestrichen hätte [279]). Aber die hiervon betroffenen Fälle sind verschwindend im Verhältnis zu den geschichtlich gesicherten Funden, und vor allem durften sie nicht so einseitig beleuchtet werden, wie dies Löffler tut. Er tadelt z. B., daß sich Sello bei der Darstellung englischer Justizirrtümer auf die „populäre Tendenzschrift" von Dymond stützt, der „schreckliche englische Fälle berichtet aus den Erinnerungen seines Vaters

---

[277]) Löffler in der von ihm herausgegebenen Österreichischen Z. f. Strafrecht, Bd. 3 (1912), 183 ff.

[278]) Unsere Rezensenten sollten des Wortes von Winkelmann gedenken, daß der Kenner eines Kunstwerks zuerst seine Vorzüge, der Laie dagegen zuerst seine Schwächen hervorhebt.

[279]) Ebenso Stooß in der Schweizerischen Z. f. Strafrecht (1911) Bd. 24, 230 ff.: der aber Sellos Buch im übrigen voll gerecht wird: es sei „einzig in seiner Art", es enthalte „eine Fülle von wertvollem Material".

und andrer Gentlemen". (188.) Dabei wird nicht erwähnt, daß Sello diejenigen Fälle, die Dymond „nur nach Hörensagen" berichtet, selbst als „geschichtlich nicht verbürgt" bezeichnet, daß er bei „nicht wenigen andern" dieser Fälle „infolge der Dürftigkeit des Berichts und dem Mangel an Quellenangaben" die Bildung eines eigenen Urteils ablehnt (287), — daß aber anderseits ein Teil der hier berichteten Fälle durch zuverlässige Gewährsmänner überliefert ist [280]). Auch hätte Löffler seinen Lesern sagen sollen, daß Sello die dreißig Fälle „zweifelhafter" Todesurteile von Dymond nur als einen Fall in seiner Sammlung zählt: Beweis genug, daß er ihnen keineswegs unkritisch zu viel Wert beilegt. Weiter spottet Löffler, daß Sello auf den bloßen „Bericht eines Herrn Heinrich Neumann im Berliner Lokalanzeiger", ohne Zeit und nähere Quellen angeben zu können, einen „prächtigen Schulfall" bringt. Er wirft ihm daraufhin den Fehler jener Staatsanwälte und Richter vor, welche „von naivster Leichtgläubigkeit sind gegenüber Aussagen, die ihnen in den Kram passen" [281]). Auch hier wird eine durchaus irreführende Kritik geübt. Sello erwähnt den Fall zwar, fügt aber hinzu, er sei ihm leider „zu spät" zu seiner Kenntnis gekommen, als daß er „weitere Nachforschungen nach seiner Geschichtlichkeit hätte anstellen können"! (481.) Schließlich findet Löffler in einem Fall, der nach Sello den „unverkennbaren Stempel der Geschichtlichkeit trage" (a. a. O. 67), den „unverkennbaren Stempel phantastischer Erfindung". (187.) Leider stützt er dieses Verdikt auf nichts weiter, als daß Sello den Fall nur dem von ihm selbst für schlecht gehaltenen Buch von Dr. Karl Löffler [282]) entnommen habe, und daß Sellos sorgfältigste Nachforschungen nach andern Quellen ergebnislos gewesen wären. Auch hier verschweigt der Rezensent die wichtigsten Argumente Sellos: daß sein Gewährsmann wiederholt „die Aktenmäßigkeit der Darstellung" versicherte, daß die Geschichtlichkeit des Falles nirgends

---

[280]) Mittermaier nennt das Buch „eine aus den besten Quellen geschöpfte Schilderung" in Holtzendorffs Strafrechts-Z. 1865 (Bd. 5), 554: „Die Erfahrungen Englands in bezug auf die Frage über Aufhebung der Todesstrafe".

[281]) „Wir können auch an ihm beobachten — so doziert Löffler — daß die scheinbar objektive Verstandestätigkeit des Menschen — ihm unmerklich — von Gefühls- und Willensströmungen beeinflußt wird. ‚Was man will, das glaubt man gern', sagt ein altes Sprichwort" (187). — De te fabula narratur!

[282]) Die Opfer mangelhafter Justiz, 2. Aufl. 1875.

angezweifelt sei, obwohl das K. Lößlersche Werk nicht unbeachtet geblieben sei, ja, es bis zu einer zweiten Auflage gebracht habe, daß der Fall „ohne jeden pseudopsychologischen, novellistisch-sentimentalen Aufputz" trocken und exakt technisch behandelt werde und daß Sello daher den Bericht Löfflers seinem überwiegenden Inhalt für „ein wortgetreues Referat aus zeitgenössischen Gerichtsakten" halte. (67.) Daß dieses Urteil nicht übertrieben ist, sondern von jedem Unbefangenen bestätigt werden muß, möge der Leser selbst prüfen.

2. Löffler scheidet eine Reihe von Justizirrtümern aus der Liste Sellos aus, weil sie für uns keine Bedeutung hätten. Er meint, daß die Fälle aus dem alten geheimen Inquisitionsprozeß nur noch historisches Interesse hätten: sie gäben „keine Nutzanwendung für die Gegenwart mehr". (185.) Diese Ansicht wäre nun, wie zuzugeben ist, richtig, wenn in jenen Fällen aus der Vergangenheit Fehler begangen wären, die heute nicht mehr möglich sein würden — zeigen sie dagegen Mängel in der richterlichen Psyche, haben sie es mit dem Typus des einen Unschuldigen genau belastenden hysterisch verlogenen Zeugen, oder mit den Trugschlüssen eines Indizienbeweises zu tun, so wissen wir: solche Fälle sind unabhängig von jeder Technik des Strafverfahrens. Sie sind, wie gerade Sellos Sammlung zeigt, genau so unter dem mündlichen Akkusationsverfahren der Gegenwart möglich. Mit Recht betont Sello aus Anlaß des von Löffler als antiquarisch hervorgehobenen Falles Wendt, daß vieles, was an dem damaligen, „fast möchte man sagen, tückischen Verfahren des damaligen Inquirenten und an den überspitzfindigen Ausführungen des Göttinger Spruchkollegiums" sachlich zu tadeln sei, leider auch für uns noch lange nicht einer toten Vergangenheit" angehöre: „Nur die Formen ändern sich. Man prügelt den ‚Inquisiten' nicht mehr: wozu auch? Hat man doch zeitgemäße Mittel genug, ihn mürbe zu machen" (49, Anm.) Gerade Löfflers Untersuchungen über die Geschichte der Schuldformen haben uns gezeigt, welch reiche Nutzanwendung wir aus der geschichtlichen Betrachtung für die Gegenwart ziehen können — sollte bloß für die Geschichte der menschlichen Irrtümer in der Strafrechtspflege etwas Anderes gelten??

Ferner will Löffler die Auslandsfälle ausscheiden: „Für die leichte Beweglichkeit der Gemüter französischer Geschworener und für die schwere Beweglichkeit des verknöcherten englischen Prozesses ist die deutsche Justiz nicht mit haftbar [283]); wenn man sie anklagt, wird man sich auf Fälle aus der deutschen Gegenwart beschränken müssen". (188.) Dieser Ansicht liegt ein doppelter Irrtum zugrunde. Erstens ist Sellos Buch gar keine Anklage gegen die deutsche Justiz, sondern höchstens gegen die Justiz überhaupt. Ihr Hauptzweck aber zweitens besteht nicht in einer Anklage, sondern in der Aufklärung, in der erfahrungsgemäßen Feststellung der ungeheuren Herrschaft, die der Irrtum auf dem Gebiete der Strafjustiz in alten wie in neuen Tagen geübt hat" [284]). (1.) Sie will uns vor einer Überschätzung unserer Fähigkeiten warnen, vor jener Hybris, die da glaubt, wir brauchten in der Strafrechtspflege heute keine Furcht mehr vor dem Justizirrtum zu haben! Dieser Hybris aber macht sich Löffler schuldig und er tut nicht gut, sie durch einen Appell an die nationalistischen Instinkte zu rechtfertigen. Man hat leicht die Hörer, aber nur selten die Wahrheit auf seiner Seite, wenn man behauptet, daß englische und französische Justizirrtümer „im Gebiete der deutschen Kultur" undenkbar seien. Denn die Quellen der Justizirrtümer, von denen Sello berichtet, sind von den Besonderheiten der nationalen Eigenart unabhängig: sie liegen tief in der menschlichen Psyche begründet und sind — leider — weder an die Technik des Gerichtsverfahrens noch an Rasseneigentümlichkeiten gebunden [285]).

3. Löffler engt den Begriff der Justizirrtümer in erheblicher Weise ein. Er will solche Fälle ausscheiden, in denen der ordentliche oder außerordentliche Instanzenzug oder auch die Gnadeninstanz das Fehlurteil der unteren Instanz richtig stellt, ehe es noch zu einer Strafverbüßung kam. Man könne in solchen Fällen wohl von Irrtümern einzelner Richter, aber nicht von Irrtümern der „Strafjustiz" sprechen. (185.)

---

[283]) Derselbe Grund findet sich schon bei Pfotenhauer, Eine Rede des niederländischen Justizministers Moddermann gegen die Todesstrafe 1882, 31.

[284]) Vgl. auch S. 2: „ich halte es für eine nützliche und notwendige Aufgabe, daß wir uns über die hauptsächlichsten Quellen klar werden, woraus diese verhängnisvollen Irrtümer fließen, und über ihren Ursprung, ihre Wirkungen und Folgen unterrichten und so den Weg zur Besserung des gegenwärtigen Zustandes suchen.....".

[285]) Daß es neben diesen allgemein menschlichen Justizirrtümern auch solche geben kann, die überwiegend nationalen Einseitigkeiten zur Last zu legen sind, ist natürlich nicht zu verkennen. So betont Sello selbst, daß er eine Affäre Dreyfuß bei uns in Deutschland für unmöglich halte, weil es „unserem Volke zu sehr an der elementaren Reizbarkeit des gallischen Geblüts mangle" (427).

Es ist ein verführerisches Sophisma, welches diese Beweisführung schafft. Wenn ein Urteil aufgehoben wird, weil das höhere Gericht den Verurteilten für unschuldig hält, so will es damit offenbar nicht den Irrtum eines einzelnen Richters, sondern des Gerichts wieder gut machen, es will also die Strafjustiz vor einem definitiven Irrtum bewahren. Man kann also nur sagen, daß der Justizirrtum wieder gut gemacht ist, aber wenn er jetzt nicht mehr besteht, so folgt daraus doch, daß er bestanden hat. Nach der Logik Löfflers müßte man von einem aus dem Wasser gezogenen Menschen bestreiten, daß er im Wasser gelegen habe! Ganz willkürlich ist ferner bei ihm die Abgrenzung nach der Strafverbüßung. Löffler erkennt nur dann einen Justizirrtum an, sobald es zu Unrecht zu einer Strafverbüßung kommt. Wenn aber vor Beginn der Verbüßung der Fehler noch gut gemacht wird, so hat doch jedenfalls, wenn auch nur vorübergehend, die Verurteilung eines Unschuldigen und damit ein Justizmord vorgelegen. Sonst wäre ja die Verurteilung eines Unschuldigen, der vor der Verbüßung an einer Krankheit zugrunde geht, niemals ein Justizirrtum, auch wenn dem Andenken des zu Unrecht Verurteilten niemals eine Rehabilitation zuteil würde.

Dazu kommt etwas weiteres. Löffler meint, Fälle, in denen, wie in dem „Rheinischen Fall" (1831), Sello, 50 ff., die den König informierenden Oberbehörden die Bestätigung eines Todesurteils verhinderten und die völlige Freisprechung bewirkten, gehörten in das „Ehrenbuch der deutschen Justiz, nicht in das Buch ihrer Schwächen". (186.) Man wird gut tun, den so gerühmten Fall näher zu betrachten. Die E. F., eine unverheiratete Schwester der Ehefrau des M. P., sieht ihrer Entbindung im Dezember 1831 entgegen: am 20. Dezember wird sie ohne vorausgegangene Krankheit tot im Bett aufgefunden. Der sofort hinzugerufene Kreiswundarzt konstatiert einen Schlagfluß und berichtet dem Bürgermeister, daß die Beerdigung ohne Anstand stattfinden könne, da „keine Spur eines gewaltsamen Todes" vorhanden sei. Der unter den Dorfbewohnern ausbrechende Verdacht, die Gestorbene sei eines gewaltsamen Todes gestorben, bewirkt indes die Ausgrabung und Sektion der Leiche. Die Obduzenten finden die überwiegenden Beweise für eine durch einen andern ausgeführte Erdrosselung als „einzige und unbedingte Todesursache". Jetzt lenkt sich der Verdacht auf den M. P.: man vermutete, er sei der Schwängerer gewesen und habe die Entdeckung wegen Ehebruchs zu befürchten gehabt, außerdem habe die Gestorbene mit ihrer Schwester einen Anteil an dem gemeinschaftlich bewohnten Hause gehabt, so daß M. P. von ihrem Tode wirtschaftliche Vorteile erhofft hätte. Zu dem Motiv fanden sich schnell die gesuchten Indizien. Er sei am Abend vor dem Todesfall mit der E. F. und seinen drei Kindern allein im Hause gewesen, er habe seine Frau an dem Abend veranlaßt, in ein anderes Haus zum Spinnen zu gehen, und habe ihr, als sie bei der Rückkehr — gegen 12 Uhr nachts — nach dem in der Wiege liegenden jüngsten Kind sehen wollte, das sich regelmäßig in dem Schlafzimmer der Schwester befand, zugerufen: sie brauche nicht dorthin zu gehen, er habe das Kind in seine Kammer genommen, da es geschrien hätte. Daraufhin (!) wurde M. P. am 4. Januar verhaftet: er leugnete jede Schuld. Die Voruntersuchung wurde am 7. Januar (!) abgeschlossen, am 28. März wurde er, nachdem das Gutachten der Obduzenten von dem Kreiswundarzt und drei andern Ärzten bestätigt wurde, zum Tode verurteilt; sein Kassationsgesuch im Juli desselben Jahres verworfen. Da es an einem direkten Beweis fehlte, empfahl der Gerichtshof in einem Bericht dem Justizminister Umwandlung der Todesstrafe in lebenslängliches Zuchthaus.

Der Oberprokurator in Trier hatte aber inzwischen den ihm im Verwaltungswege zugeschickten Obduktionsbericht für so zweifelhaft gehalten, daß er aus eigenem Antrieb — ohne daß prozessual dazu eine Handhabe gegeben war — das Medizinalkollegium zu einer Begutachtung aufforderte. Dieses bezeichnete den Obduktionsbericht als eine „durchaus leichtsinnige Arbeit". Die für die gewaltsame Erdrosselung angeführten Daten enthielten auch nicht ein einziges bestimmtes Zeichen des gewaltsamen Erstickungstodes, sie paßten viel eher auf einen natürlichen Erstickungstod. Man begriffe nicht die „Verwegenheit", mit welcher die Obduzenten ein Urteil bestimmt dem Gericht vorlegen konnten, und man erschrecke vor dem Unfug und der ungerechten Prozedur, „wozu solche leichtfertige Gutachten Anlaß geben können". Diesen Bericht schickt der Oberprokurator dem Justizminister ein, der nun eine Begutachtung des Falles durch den Kriminalsenat des Kammergerichts anordnete. Das Gutachten des Kammergerichts kommt mit größter Gründlichkeit zu dem Ergebnis, daß erhebliche Gründe für den natürlichen Tod der E. F. sprächen, und daß selbst für den Fall der Annahme eines Verbrechens keinerlei wirkliche Indizien für die Täterschaft des M. P. sprächen. Auf diesen Bericht hat der König dem Todesurteil die Bestätigung versagt und die Freisprechung als nicht zweifelhaft angeordnet [286]).

---

[286]) Vgl. Sello, 50 ff. und seine Quelle in Hitzigs Annalen der deutschen und ausländischen Kriminalrechtspflege.

Will Löffler wirklich an diesem Fall die Schwächen der Justiz verkennen? Sachverständige, die als Hilfsorgane der Justiz sich in ein Gutachten verrennen, das grobe Verstöße gegen die Lehren der gerichtlichen Medizin enthält, ein Gerichtsarzt, von dessen Arbeit das Kammergericht erklärt, es „verrate weniger den forschenden Arzt, als den supponierenden, konjekturierenden, ja phantasierenden Polizeimann" (Sello, 52), ein Gericht, welches auf ein solches Gutachten und gänzlich vage Indizien hin eine 4 tägige Voruntersuchung führt, ein Kassationshof, der trotz so unzuverlässiger Fundamente das Urteil glatt bestätigt?? Und darf man das Vorgehen des Oberprokurators ein im Bereich des ordentlichen und berechenbaren Instanzenzuges liegendes Vorgehen nennen? Ganz gewiß nicht, sondern es ist eine außergewöhnliche, die Justiz beschämende, aber sicherlich nicht entlastende Verwaltungstätigkeit. Und ebenso kann es nicht als Normalfall bezeichnet werden, sondern ist höchst atypischer, glücklicher Zufall, wenn Medizinalkollegium und Kammergericht auf Grund der Akten die Fehler und Trugschlüsse der unmittelbaren Beobachtung aufzudecken in der Lage waren.

So ist gerade der von Löffler herausgehobene Fall durchaus gegen seinen Optimismus beweiskräftig. Aber auch wenn die Dinge nicht so grob belastend für die Justiz liegen, so ist jedenfalls das Zutrauen auf die Gnadeninstanz zur Korrektur begangener Justizirrtümer ohne feste Stütze — man darf sagen: der unsicherste Boden für eine Rechtfertigung der Todesstrafe. Denn — um eine zu anderm Zweck verwertete Argumentation Löfflers heranzuziehen — das Gericht ist in einem „weit besseren, unmittelbaren Verfahren" informiert worden, während die Gnadeninstanz „in einem sehr schlechten, mittelbaren Verfahren" zu ihrem definitiven Urteil kommen muß. Wo liegen die Garantien dafür, daß dieses Urteil das Richtige trifft? Ein geheimes, jeder Kontrolle entzogenes Verfahren, das, abgesehen von der Gewissenhaftigkeit sämtlicher Beteiligten bei ihnen allen die ungewöhnliche Fähigkeit voraussetzt, sich auf Grund von Berichten ein richtiges Urteil zu bilden, aus den Akten heraus ein sinnlich klares und der Wahrheit entsprechendes Bild von einem Menschenschicksal zu gewinnen! Ein Verfahren, dessen Ergebnis schließlich nicht bloß aus juristischen und menschlichen Erwägungen herauswächst, sondern das notwendig auch realpolitischen und gelegentlich staatspolitischen Rücksichten folgt. Man denke sich zwei aufeinanderfolgende Mordtaten derselben

Gegend, bei denen die Gnade die Vollstreckung verhindert hat. Nun kommt in ganz kurzer Zeit ein dritter Fall, bei dem die Erregung über die neue Tat verstärkt wird durch die noch wache Erinnerung an die vorausgegangenen. Wer birgt dafür, daß unter dem Druck dieses Gefühls die Schwächen des Belastungsbeweises ebenso gewogen werden, wie in den vorausgegangenen Fällen, daß nicht jetzt die Gnade versagt wird, obwohl vielleicht mehr Gründe für sie vorlagen, als in den früheren Fällen? Dabei wird von solchen Fällen abgesehen, in denen die Versagung der Begnadigung dem Souverän abgerungen wird mit Rücksicht auf die Volksleidenschaft, wirkliche oder vermeintliche gouvernementale Notwendigkeiten oder wo politisches oder konfessionelles Vorurteil der Gnadeninstanz — ihr selbst unbewußt — die Feder führt. So ist die Gnade niemals ein berechenbarer Instanzenzug, ja man muß sogar sagen: sie ist überhaupt unberechenbar. Aber auch der Instanzenzug selbst bietet keine Grundlage zu einer optimistischen Beurteilung der Justizirrtümer. Der Laie pflegt zwar seine Hoffnung stets auf die höhere Instanz zu setzen und ihren Wert zu überschätzen. Der Jurist aber weiß — oder müßte es wissen — daß gerade in Kapitalsachen diese Hoffnung ein trügerischer Wahn ist. Handelt es sich doch in Mordprozessen nur um das ordentliche Rechtsmittel der Revision, das außerordentliche der Wiederaufnahme (oder Kassation). Und beide bieten nur wenig Chancen zu einer Aufklärung des Irrtums. Bei der Revision ist eine erneute Beweisaufnahme und Beweiswürdigung in aller Regel ausgeschlossen: daher ist der Zugang zu der weitaus wichtigsten Fehlerquelle für das Strafurteil versperrt. Insbesondere kann der deutsche Richter nicht einmal, wie bei der außerordentlichen Revision des österreichischen Rechts (StPO. 362) prüfen, ob „erhebliche Bedenken gegen die Richtigkeit der dem Urteil zugrunde gelegten Tatsachen“ vorliegen, er kann das Urteil nur aufheben, wenn das Verfahren an einem Formfehler leidet. Mit Recht höhnt Sello, daß der höchste Gerichtshof bei uns „Sklave einer nicht von ihm getroffenen Beweiswürdigung“ sei, auch wenn er die feste „Überzeugung ihrer Unrichtigkeit habe, daß er dagegen der Revision nachgeben könne, wenn der Gerichtsschreiber vergessen hat, zu protokollieren, daß ein untergeordneter Zeuge vereidigt worden ist“. (Sello, 221, 461.) Auch diese Möglichkeit aber ist ausgeschlossen, wenn der Verteidiger einen solchen Revisionsgrund zu rügen unterläßt. So wurde in dem traurigen Justizirrtum Ziethen das Opfer, die eigene Ehefrau Ziethens, obwohl ihr Schädel die schwersten Verletzungen, die Hirnmasse erhebliche Zerstörungen aufwies, und ihr Bewußtseinszustand wiederholt aufs Äußerste getrübt war, für vernehmungsfähig gehalten und auf ihre Ziethen belastende Aussage vereidigt, ohne auf das Recht der Eidesverweigerung aufmerksam gemacht zu sein. Dieser zweifellose Revisionsgrund wird vom Verteidiger nicht gerügt, — das Urteil bleibt unanfechtbar [287])! So ist es keineswegs eine Übertreibung, sondern ein Urteil, das jeder erfahrene Praktiker unterschreiben wird, daß die Revision gerade in schwurgerichtlichen Fällen ein „reines und häufig genug recht unwürdiges Zufallsspiel" ist. (Sello, 461.) Ist aber das Urteil erst rechtskräftig geworden, so ist der Wiederaufnahme des Verfahrens ein noch viel engerer Spielraum gesetzt worden. Setzt sie, um den Hauptfall ihrer Anwendung zu nennen, doch „neue Tatsachen oder Beweismittel" zugunsten des Verurteilten voraus. Ist also der Beweisstoff in dem früheren Verfahren erschöpft, aber unrichtig gewürdigt worden [288]), so versagt sie von vornherein. Dabei sind bisher nur die juristischen Voraussetzungen des außerordentlichen Rechtsmittels erwähnt worden. Nicht die Widerstände, die reinpsychologisch der rechtskräftig entschiedenen Sache entgegengestellt werden. Allen denen, die hierüber nichts wissen, kann nur der Rat von Lailler und Vonoven gegeben werden, ihr Buch zu lesen. „Sie werden dann sehen, welchen verzweifelten und zum Verzweifeln bringenden Widerstand die ganze Hierarchie der Gerichte Wiederaufnahmeanträgen entgegenstellt; sie werden sehen, welche Koalition von Interessen oder wenn man will von Überzeugungen und Eigendünkel sich notwendig gegen den unschuldig Verurteilten bildet; sie werden beachten, daß seine Rehabilitation wie eine Art Niederlage erscheint für den Richter, der das Urteil gesprochen, den Staatsanwalt, der es gefordert, den Untersuchungsrichter, der es vorbereitet hat; sie werden konstatieren, daß der Unglückliche gegen sich alle hat, welche an seinem Prozeß mitarbeiteten, bis zu dem Gendarm, der ihn ergriffen, dem Zeugen, der gegen ihn ausgesagt hat; sie werden erschrecken über den gewaltigen Berg von Vorurteilen und Präsumtionen, der vor der Tür seiner Zelle lastet; sie werden begreifen, wie stark der Zweifel sein muß, der diese verschlossene Tür aufsprengt, wie mächtig die Wahrheit zum Durchbruch kommen muß, bevor das Gefängnis sich öffnet." [289])

---

[287]) Fraenkl, Der jetzige Stand des Rechtsfalles Ziethen, 1902, 24.

[288]) Sello, 462.

[289]) Lailler-Vonoven, 14.

Für einen Franzosen, der die Fälle Lesurques, Vaux und Dreifuß[290]) kennt, enthalten diese Ausführungen keine Übertreibung. Aber auch wir können, wenn wir an die Fall Ziethen[291]), den ostpreußischen Fall von 1893[292]) und den Fall Klein von 1907[293]) denken, uns zum Bewußtsein bringen, daß ganz gewiß gar kein Grund zu pharisäischer Überhebung vorliegt.

4. Schließlich sucht Löffler die Fälle der Selloschen Sammlung wegzudisputieren, in denen Unzurechnungsfähige verurteilt sind. Er meint, „korrekt entschieden" (192) seien die Fälle, in denen nach dem Stande der damaligen Rechtswissenschaft und der Psychiatrie der Zeit die Zurechnungsfähigkeit zu bejahen war, — auch wenn der fortgeschrittene Zustand der Wissenschaft uns heute zu dem Bekenntnis nötigen müsse, daß damals ein Unzurechnungsfähiger verurteilt und wie im Falle Nehring[293a]), auch hingerichtet worden sei. „Denn — so heißt es bei ihm (186) — die einfachste Überlegung zeigt, daß es kein Justizirrtum sein kann, wenn die Justiz vorgeht gemäß der Kultur ihrer Zeit; insbesondere nach der Psychiatrie der Zukunft können wir uns auch heute nicht richten, sonst müßten wir die Gerichtssäle sperren, bis wir überzeugt sind, daß die Psychiatrie sich nicht weiter entwickeln werde."

Man sieht, zu welchen Gedankensprüngen den scharfsinnigen Gelehrten sein Vorurteil treibt! Kein Justizirrtum, wenn die Justiz vorgeht gemäß der Kultur ihrer Zeit? Ob der Historiker Löffler dabei wohl an die Hexenprozesse des Mittelalters gedacht hat? Ob er ernsthaft vertreten will, daß jemand zu Recht verurteilt wäre, der einen Mord zwar nicht begangen hatte, dessen Kleider aber Blutspuren aufweisen, die nach der Chemie der Zeit zu Unrecht für Menschenblut gehalten wurden und der daraufhin verurteilt worden ist? — Dann würde also aus einem Un-

---

[290]) Über alle drei unterrichtet Sello, 327 ff., 374 ff., 413 ff.; über Vaux auch Lailler-Vonoven, 560 ff.

[291]) Über das Wiederaufnahmeverfahren berichtet genauer als Sello die oben zitierte Schrift von Fraenkl 39 ff. Von den wiederholten Anträgen auf Wiederaufnahme war einer erfolgreich gewesen: das Landgericht Elberfeld ordnete die Wiederaufnahme zugunsten Ziethens an — infolge der sofortigen Beschwerde des Ersten Staatsanwalts, die der Oberstaatsanwalt in Köln durch eine besondere Eingabe unterstützte! — hob das Oberlandesgericht Köln die landgerichtliche Entscheidung auf. (40 ff.)

[292]) Sello, 165 ff.

[293]) Sello, 186.

[293a]) Sello, 79 ff.

schuldigen kraft falscher wissenschaftlicher Methoden ein Schuldiger werden!! Oder soll das elementarste Postulat der Strafrechtspflege: „nur ein Schuldiger (und damit zugleich Schuldfähiger) darf verurteilt werden", lediglich bei der Psychiatrie von der Wissenschaft der Zeit abhängig bleiben? Offenbar nimmt das Löffler an und kommt zu dieser Meinung, weil er die Tatsache des Justizirrtums mit der Frage verwechselt, ob er dem Gericht zur Last gelegt werden könne [294]). Es ist klar, daß die Richter nicht die Schuld dafür trifft, wenn eine Hilfswissenschaft der Strafrechtspflege, wie die Psychiatrie, noch nicht den Grad der Vervollkommnung erreicht hat, um eine — vorhandene — hochgradige psychische Störung zu erkennen. Aber deshalb behält doch das Faktum seine Richtigkeit, daß in solchen Fällen jemand verurteilt ist, der nach unseren forensisch wie sozialethisch fundierten Grundanschauungen nicht verurteilt werden durfte. Genau so wie ein Kranker infolge eines Operationsfehlers des Arztes auch dann zu Tode operiert wird, wenn dem Arzt nach dem augenblicklichen Stande der Wissenschaft kein Kunstfehler vorgeworfen werden kann! Die Schlußfolgerung aus dieser Erkenntnis ist also ganz gewiß nicht die absurde Meinung Löfflers, daß wir unsere Gerichtssäle „sperren müßten, bis wir überzeugt sind, daß die Psychiatrie sich nicht weiter entwickeln werde". Wohl aber die Mahnung zur Bescheidenheit und Skepsis gegen die Fähigkeiten der Justiz, die Wahrheit zu finden, die Warnung, nicht unsere unzulänglichen und dem Irrtum allezeit ausgesetzten Erkenntnismittel zur Entscheidung über irreparable, jede Korrektur des Irrtums ausschließende Strafen zu verwenden.

Übrigens liegen — wie ich noch beiläufig bemerken möchte — die Tatsachen in den „korrekt entschiedenen Fällen" keineswegs so, daß die Schuldfrage hinsichtlich des Gerichts unbedingt zu verneinen wäre. In dem Fall des Steiner — eines hochgradig-psychopathischen Querulanten — hatte sein Hausarzt die naheliegende Möglichkeit, der Stadtgerichtsarzt die Gewißheit von „partiellem fixem Wahnsinn" in Verbindung mit „wahnsinniger Schwermut (Melancholie)" bekundet, ebenso das Medizinalkollegium begutachtet, daß dem Steiner die Tat infolge „melancholischen Wahnsinns" „nicht zugerechnet werden könne". Das Obermedizinalkollegium hatte allerdings nur eine Minderung

---

[294]) Derselbe Trugschluß findet sich bei Amschl in einer Besprechung Sellos, H. Groß' Archiv Bd. 45 (1911), 80 ff. Auch er meint, daß es sich im Falle Steiner und ähnlichen um einen Irrtum der Medizin, nicht der Justiz gehandelt habe. „Ich glaube nicht, daß man hierfür die Justiz verantwortlich machen kann". (86.)

der Imputationsfähigkeit angenommen. Trotz dieser Gutachten hatte der Appellationsrichter die Verurteilung zum Tode ausgesprochen [295]). Noch gravierender liegen die Tatsachen in dem Fall Nehring. Auch hier handelte es sich um einen geisteskranken Querulanten, der einen Richter, der ihn zu Unrecht wegen eines Diebstahls verhaftet hatte, nach 17 jährigem Kampf um Entschädigung und Rehabilitierung niederschoß. Infolge seines Verhaltens und seiner Eingaben wurde er bereits im Jahr 1848 durch Gerichtsurteil (das niemals aufgehoben wurde) für „wahnsinnig" erklärt, in demselben Jahr wegen einer Mißhandlung seines „Todfeindes" aus demselben Grunde freigesprochen — er ist dann ein Jahr in der Irrenanstalt geblieben. Obwohl der Wahn seitdem der gleiche blieb und nur immer phantastischere Formen annahm, wurde er doch wegen Mordes im Jahre 1854 verurteilt: weil die Beobachtungen im Gefängnis die Ärzte zur Bejahung seiner Zurechnungsfähigkeit führten. Dasselbe Urteil fällte die „wissenschaftliche Deputation für das Medizinalwesen", — freilich ohne daß ein einziges ihrer Mitglieder eine eigene Beobachtung für nötig hielt, und obwohl die Prämissen dieses Gutachtens geradezu den Schluß auf die Unzurechnungsfähigkeit forderten [296]). Darauf ist Nehring hingerichtet worden — auch bei ihm hat z. B. Pelman keinen Zweifel an der Geisteskrankheit! —

Aber noch nach einer andern Richtung sucht Löffler den Eindruck der Verurteilung Unzurechnungsfähiger abzuschwächen. Er meint, es sei in erster Linie eine Frage staatlicher Zweckmäßigkeit, nicht der Psychiatrie allein, „ob wir eine besondere Königsmördermonomanie als Schuldausschließungsgrund anerkennen sollen". (190.) „Königsmördermonomanie" — das ist so recht ein Ausdruck, der in einer Volksversammlung auf Zustimmung rechnen und Stimmung zugunsten „vernünftig denkender" Juristen gegen die bösen Psychiater machen kann. Leider aber enthält er eine Verdrehung des Tatbestandes. Denn so unvernünftig ist heute kein Psychiater, daß er eine besondere „Königs-

[295]) Sello, 36—38. Erst auf Grund erneuter Beobachtungen des Gerichtsarztes und der Gefangenwärter wurde in der zweiten Instanz auf Grund der Annahme verminderter Zurechnungsfähigkeit die Todesstrafe in Zuchthaus umgewandelt. — Der Fall ist insofern noch interessant, als sich Feuerbach in seiner „Aktenmäßigen Darstellung merkwürdiger Verbrechen", Bd. 2 (1829), 292 ff. mit fanatischer Heftigkeit und — man muß es sagen — Verblendung für die Zurechnungsfähigkeit des Steiner eingesetzt hat. Heute zweifelt kein Psychiater, daß wir in ihm den Typus des „geisteskranken Querulanten" zu sehen haben. Vgl. Pelman, Psychische Grenzzustände 161.

[296]) Ebenso Sello, 90.

mördermonomanie" annehmen und daraus die Unzurechnungsfähigkeit des Täters deduzieren wollte. Sondern sie stützen ihre These auf einen ganzen Komplex somatischer und psychischer Störungen, und wenn oft ihr mutiger Kampf gegen die empörten Volksinstinkte, deren Resonanz auch aus manchen Juristenäußerungen erklingt, erfolglos geblieben ist, die Sektion oder im — Falle der Begnadigung — die Erfahrungen in der Strafanstalt haben ihnen noch bisher stets Recht gegeben. „Wenn jemals irgend eine Postmortem-Untersuchung das Vorliegen von Wahnsinn dargetan hat", so heißt es bei Spitzka, dem sich heute jeder Psychiater anschließt, „so ist dieser Zustand im Falle Guiteau klar bewiesen"[297]). Und im Falle des Mörders von Mac Kinley, Czolgosz, in den Fällen des Passanante[298]), Caserio, Luccheni ist die Psychiatrie regelmäßig zu dem Ergebnis gelangt, daß es sich bei ihnen allen um die Taten eines „magnicide dégéneré et irresponsible" gehandelt hat [299])!

Können sich die Kriminalisten nicht mehr diesen Tatsachen verschließen, so haben sie noch einen letzten Ausweg zur Verfügung und befinden sich auch hier mit dem sogen. gesunden Menschenverstand der Masse im Einklang. Sie sagen: Was liegt daran, wenn wirklich in solchen Fällen eine unzurechnungs-

[297]) Vgl. die näheren Angaben über den Fall und seine psychiatrische Beurteilung bei Sello, 322/23 und 501.

[298]) Vgl. über Passanante, Pelman 78 und Farese in La scuola positiva III (1893), 1087.

[299]) Régis, Arch. d'anthropologie criminelle 10, 59 ff. und Régis-Labame, ebenda Bd. 22 (1907), 217 ff. Vgl. folgende Schilderung der „régicides": „Ils ont en effet pour la plupart des tares héréditaires, des malformations intellectuelles et somatiques, un trouble des diverses sensibilités — le plus souvent sensibilité morale un excès à côté d'anesthésie et d'analgésie marquées, — des tendances impulsives à caractère: obsédants, et par dessus tout, un défaut d'équilibre qui avec des apparences intellectuelles plus ou moins brillantes, en fait en réalité des anormaux, incapables de résister aux sollicitations qui les attaignent", Régis, Les régicides dans l'histoire et dans le présent, Arch. d'ant ropologie criminelle, Bd. 5 (1890), 11 ff. Vgl. auch Aubry, La contagion du meurtre, 1896, 250 ff. Schließlich den charakteristischen Ausspruch Bismarcks: „in einem Punkte gebe ich dem Lombroso Recht, nämlich darin, daß er die Anarchisten für Geisteskranke erklärt. Wenn ein Geisteskranker mich attackiert, so erwidere ich nicht Gleiches mit Gleichem, es sei denn, daß ich mir nicht anders helfen kann, sondern ich suche ihn unschädlich zu machen", d. h. „hinter Schloß und Riegel zu setzen" (zitiert bei Seuffert, Anarchismus und Strafrecht, 1899, 7/8.

fähige und gemeingefährliche Bestie ihren Kopf einbüßt? Nur die „Femininen und Sentimentalen" [300]) können sich darüber aufregen, wenn hier die Gesellschaft das für sie allein unfehlbare Schutzmittel gegen solche unverbesserlichen Gemeingefährlichen anwendet!

Wer so urteilt, denkt gemeinverständlich und begreiflich, aber er denkt nicht weit. Nicht dem Menschen, dessen gemeingefährliche Instinkte mit einem Schlage vernichtet werden, gilt unser Interesse, — er mag sterben, ob er nun unzurechnungsfähig ist oder nicht. Wohl aber gilt es der Strafrechtspflege. Für diese ist es allerdings eine Existenzfrage, ob die Strafe reine brutale Staatsgewalt oder eine durch unsere ethischen Werturteile geforderte und sanktionierte Reaktion gegen das Verbrechen sein soll. Wenn wir die Bändigung gemeingefährlicher Geisteskranker und die Bestrafung von Verbrechern für gleichwertig halten, dann sollten wir uns auch klar machen, daß dann Schuld, Pflichtwidrigkeit und jede ethische Wertung im Strafrecht ihren Sinn verlieren und zu Werten ohne Inhalt herabsinken. Auch solche Auffassung ist möglich, ja sie ist — wieder einmal in der Geschichte — zur Modeforderung geworden. Aber freilich, sie ist weder durchführbar noch auch realpolitisch klug. Jenes nicht, weil das Strafrecht aus dem Zusammenhang mit den allgemeinen geistigen Kulturanschauungen einer Zeit nicht zu lösen ist, und deshalb den Gedanken einer irgendwie ethisch fundierten Verantwortlichkeit nur in der Theorie, nicht in der Wirklichkeit einbüßen kann. Dieses nicht, weil wir mit der Auffassung, daß Verbrechen nicht pflichtwidrige, schlechte, sondern nur noch schädliche Handlungen sind, die stärksten Hemmungsvorstellungen aus den Herzen der Menschen reißen. Und hier gibt es kein Ausweichen. Wenn wir uns dabei beruhigen, daß ein gemeingefährlicher Geisteskranker „von Rechts wegen" hingerichtet wird, dann büßt unser Strafrecht sein festestes Fundament ein, dann wird sein ethischer Feingehalt zur Lüge. So ist die Hinrichtung eines Unzurechnungsfähigen eine capitis diminutio maxima für die Rechtspflege.

Wie aber wenn die Gesellschaft sich nicht anders als durch Elimination vor einem gefährlichen und unverbesserlichen Verbrecher schützen kann, wenn Wärter und Aufseher vor lebensgefährlichen Angriffen der Internierten nicht sicher sind? Wer die Todesstrafe damit rechtfertigen

---

[300]) Löffler, 190.

will, möge sich klarmachen, daß sie dann nichts anderes ist, als „eine Unzulänglichkeitserklärung seitens der Gefangenenpflege in ihrer einfachsten, sozusagen rein mechanischen Aufgabe, — einen effektiven Gesellschaftsschutz herbeizuführen“ [301]). Diese Unzulänglichkeitserklärung wäre aber keine Rechtfertigung der Todesstrafe, sondern nur eine Anklage gegen die Gefangenenpflege, oder besser: die staatlichen Internierungsmaßregeln. Wenn selbst in einfachen Irrenhäusern bei genügender Vorsicht und Schulung des Personals Angriffe auf dieses zu den verschwindendsten Seltenheiten gehören, so kann es nicht unmöglich sein, feste Häuser zu bauen und wenn es sein muß, durch Fesselung und anderes Einrichtungen zu schaffen, die uns gegen Angriffe von Menschen ebenso sicher schützen, wie gegen Überfälle von Raubtieren in Menagerien [302]). Damit ist der Beweis erbracht, daß der Eindruck des Selloschen Buches nicht die von Löffler versuchte Abschwächung verdient. Und Sello hat auch Recht, daß sehr viele Justizirrtümer nicht in die Öffentlichkeit dringen. Die psychologischen Gründe dafür sind mannigfach. Einmal weist Sello selbst auf das „verständliche, aber beklagenswerte Bestreben der Justizbehörden“ hin, „das Bekanntwerden von Fehlsprüchen eher zu unterdrücken als zu fördern“. So hat ihm nicht bloß das Mecklenburgische Ministerium, sondern auch der Hamburger Senat die Einsicht in die Akten zweier Justizirrtümer verwehrt.

Ferner charakterisiert uns Deutsche in besonders hohem Maße ein Sichabfinden mit Dingen, die nicht mehr zu ändern sind. So ist bei uns die Teilnahme für Justizirrtümer erstaunlich gering. Selbst ein so erschütternder Fall wie der des Ziethen hat ein sehr geringes Interesse in Deutschland gefunden. Dazu kommt, daß zum Bekanntwerden solcher Fälle stets eine Persönlichkeit gehört, die sich mit aller Kraft und leidenschaftlichen Energie um die Aufdeckung solcher Justizirrtümer bemüht. Solcher „Advokaten für verlorene Sachen“ — so nannte sich Voltaire mit Stolz, — gibt es aber bei uns nur in sehr geringem Maße. Wir sind leider nur allzu geneigt, das — unbequeme — Auftreten solcher Persönlichkeiten zu bespotten oder geringzuschätzen: wir nennen Skandalmacher nicht selten solche Männer, die die Aufdeckung eines Skandals erstreben, wir suchen leicht einen Hang zur Sensation oder Wichtigmacherei auch

---

[301]) Frey Svenson, Psychopathische Verbrecher in H. Groß' Archiv Bd. 45 (1912), 271/72.

[302]) Vgl. auch die Angaben der Strafanstaltsdirektoren unten S. 757 ff, die uns zeigen, daß diese Gefahr gerade bei den Mördern überaus gering ist!

dort, wo in Wahrheit ein ideales Eintreten für das Recht vorliegt. Dazu kommt noch, daß der Regel nach ein Justizirrtum solche Menschen trifft, die schon vorher anrüchig geworden sind. Es sind vielfach Menschen, die durch Brutalität und unsittliches Verhalten sich hervorgetan haben und die gerade deshalb einem trügerischen Indizienbeweis zum Opfer fallen. Und dann verbindet sich mit der Neigung zur Bequemlichkeit noch der Unwille der Menschen, „für solche Kerle einzutreten". Das war z. B. im Falle Ziethen ein sehr entscheidendes Moment für die Indifferenz der Massen. So hören und wissen wir erstaunlich wenig von Justizirrtümern — ein so lehrreicher Fall wie der „ostpreußische" 1893 (Sello, 165 ff.) ist erst nach 16 Jahren, rein zufällig, durch Sello aufgedeckt worden, der klassische Fall der Hinrichtung eines Geisteskranken (Döpke, 110 ff.) aus dem Jahre 1878 ist auch bisher nirgends in der Literatur bekannt geworden [303]). Und das Interesse für Kriminalfälle, das noch zu Schillers und Feuerbachs Zeiten sehr groß war, ist in der Gegenwart, namentlich in den Kreisen intellektuell Hochstehender, fast vollständig erkaltet — es wird nicht wesentlich höher eingeschätzt, als das Interesse an Schundromanen.

Die Folge davon ist naturgemäß, daß nur wenig von den wissenswerten Fällen in die Öffentlichkeit dringt [304]), und sehr vieles schon nach

---

[303]) Sello, 110 ff., 459 ff.

[304]) Das zeigt sich auch in den von mir eingeholten Berichten der Strafanstalten. Da ein nicht geringer Teil der lebenslänglich Inhaftierten im zweifellosen Widerspruch mit den Tatsachen allmählich zu der Autosuggestion der Unschuld, dem sogen. Unschuldswahn gelangt, ist es begreiflich und menschlich, wenn die Strafanstaltsbeamten derartigen Erklärungen und Darstellungen der Gefangenen im allgemeinen nur Skepsis und Gleichgültigkeit entgegenbringen. Um so beachtlicher sind unter diesen Umständen Bekundungen von ihnen, die selbst Zweifel an der Richtigkeit des Urteils enthalten. Ich hebe 3 Fälle hervor. Ein nach 29jähriger Strafzeit verstorbener lebenslänglich Internierter hatte nicht bloß von Anfang an fortdauernd seine Unschuld behauptet, sondern auch erklärt, er müsse auf Freilassung verzichten, wenn er diese nur durch ein Schuldbekenntnis in einem Gesuch um Begnadigung erkaufen könne — die Strafanstaltsdirektion bezeichnet den Gefangenen „als still, fast sanftmütig, so daß die Begehung seiner Bluttat geradezu rätselhaft erscheint". — Nach Zurückweisung von drei Gnadengesuchen und eines Antrages auf Wiederaufnahme wird ein anderer wegen Mordes lebenslänglich Begnadigter nach 15 Jahren vollkommen begnadigt, auf Empfehlung des Direktors der Strafanstalt, weil diesem Zweifel an der Schlüssigkeit des Falles gekommen waren. Auch hier war die Schuld von dem Gefangenen aufs Energischste bestritten worden, die Erhebung eines Alibibeweises gefordert und erklärt

einem Jahrzehnt völlig der Vergessenheit anheimfällt. Namentlich eine Gruppe von Fällen kommt sozusagen niemals zur Kenntnis weiterer Kreise. Diejenigen, in denen jemand zum Tode verurteilt und auch hingerichtet wird, obwohl in Wahrheit nur Totschlag vorlag oder obwohl genug Momente zugunsten einer Umwandlung der Strafe gesprochen hätten. Auch diese Fälle sind echte Justizirrtümer. Ich kenne einen Fall der letzteren Art, bei dem dies von allen Kundigen ohne weiteres zugestanden wird, — sogar ein leidenschaftlicher Anhänger der Todesstrafe hat mir den Fall auf mein Befragen so charakterisiert. Mit wievielen Fällen dieser Art die Praxis der Strafgerichte belastet ist, kann keine Sammlung feststellen. Nach alledem ist kein Zweifel, daß die Zahl der in Vergessenheit geratenden Justizirrtümer nicht gering ist [305]).

Steht die Möglichkeit und Wirklichkeit sehr erheblicher Justizirrtümer in Kapitalsachen somit fest, so fragt es sich nun weiter, welchen Einfluß dieses Faktum auf die Entscheidung unserer Frage beanspruchen darf. Wir haben bereits oben die Antwort Bismarcks auf diese Frage gegeben. Es läge kein Grund vor in einer Zeit, die Menschenleben in Fabriken und Bergwerken, auf Eisenbahnen und Schiffen aufs Spiel setze, den Wert des Menschenlebens nur bei der Frage der Todesstrafe als entscheidenden Grund anzuführen. Auch diese Erwägung hat etwas populär Einleuchtendes. Nur wird dabei vergessen, daß eine Rechtseinrichtung doch nicht gerade gerechtfertigt erscheint durch den Vergleich mit — Unglücksfällen! Und noch nach einer andern Richtung ist der Vergleich bei genauerem Zusehen keineswegs glücklich. Denn Wassers- und Feuersnot sind Wirkungen von Naturgewalten — die Verhängung von Todesstrafen aber ist unser eigenes, ist Menschenwerk. Daher fehlt uns hier das Recht, die Verantwortung

---

worden, er müsse auf Begnadigung verzichten, wenn diese von der Ablegung eines Schuldbekenntnisses abhängig gemacht würde. In der ersten Instanz nur wegen Totschlages zu 15 Jahren Zuchthaus verurteilt, hatte er „im behaupteten Bewußtsein seiner Unschuld" trotz Abratens seines Verteidigers die Revision des Urteils durchgesetzt. Dieser hatte ihn auf die — nachher verwirklichte — Möglichkeit hingewiesen, daß im Falle erfolgreicher Revision und Zurückverweisung in die erste Instanz in der zweiten Verhandlung auf Todesstrafe erkannt werden könne. — Schließlich wird mir von einem Gefangenen berichtet, er sei „nur deshalb schon (!) nach 25 Jahren begnadigt worden, weil die Staatsanwaltschaft keine volle Gewißheit von der Schuld des Gefangenen hatte"!! —

[305]) Löffler, a. a. O. 184 bestreitet das natürlich, aber wie gezeigt ist, zu Unrecht.

von uns abzuschieben, während wir es dort können, sobald wir unser Bestes zur Verhütung von Unglücksfällen getan haben. Außerdem können und müssen wir Unglücksfälle etwa zur See in Kauf nehmen, weil wir uns über das „navigare necesse est" keinen Zweifel machen können. Ob aber das Köpfen und Hängen auch notwendig ist, das ist ja eben gerade die Frage, die die rein verstandesgemäße wissenschaftliche Untersuchung heute verneinen muß! Kein gewissenhafter Techniker wird eine Einrichtung befürworten, deren Notwendigkeit nicht feststeht, wenn ihre Durchführung die ernste Möglichkeit eines Unglücksfalles bietet, kein gewissenhafter Arzt wird eine lebensgefährdende Operation vornehmen, solange er den geringsten Zweifel hat, ob das Leben des Patienten nicht auf andere Weise zu retten sei [306]). Genau so steht die Sache mit der Todesstrafe. Man darf nicht ausgehen von ihrer Unentbehrlichkeit, die ja doch erst das thema probandum bildet, und unter dieser Voraussetzung die Möglichkeit eines Justizmordes in Kauf nehmen, — sondern man muß sagen, solange auch nur zweifelhaft ist, ob die Rechtsordnung ohne Todesstrafe auskommen, sicher aber, daß sie sich bei ihrer Verhängung irren kann, besteht kein Recht für sie, über Leben und Tod zu richten. In diesem Sinne gilt allerdings der Satz: „la justice criminelle n'a pas le droit de se tromper". [307])

Daher sind auch die weiteren Schlußfolgerungen Bismarcks hinfällig. Ich weiß nicht, ob man wirklich die „Furcht vor der Verantwortlichkeit" mit Bismarck als eine Krankheit unserer Zeit hinstellen darf.

---

[306]) Man hat auch gerade den Vergleich mit der Medizin herangezogen und gemeint, „medizinische oder chirurgische Irrtümer, welche den Tod eines Kranken herbeiführen", seien viel häufiger als Justizirrtümer — und doch dächte niemand daran, chirurgische Operationen zu verbieten. Garraud, Traité théoretique et pratique du droit pénal français, 2. Aufl. (1898 ff.), Nr. 332. Ähnlich auch Schüle, Der Kampf um die Todesstrafe in H. Groß' Archiv Bd. 45, 298. Gewiß nicht. Nur dienen chirurgische Operationen den Interessen des Betroffenen, der Arzt greift ein, um dem Kranken das Leben zu retten — das Werk des Henkers aber dient jedenfalls niemals dem von ihm behandelten „Patienten", sondern höchstens den Interessen der Andern. Und nun führe man den Vergleich durch. Dann muß es heißen: Darf der Arzt eine Operation vornehmen, die sicher den Betroffenen tötet, wenn sie vielleicht oder sogar notwendig der Erhaltung Anderer dient, darf er den Pestkranken aus der Welt schaffen, wenn er damit zugleich die Ansteckung für Andere aus der Welt schafft??

[307]) Lailler-Vonoven, a. a. O. 3.

Es gibt nicht wenige Gebiete unseres öffentlichen und namentlich politischen Lebens, in denen gerade umgekehrt die Skrupellosigkeit herrscht. Das aber scheint mir sicher, der Richter oder Geschworene, der nicht die Scheu vor der Verantwortung eines Todesurteils hat, handelt ruchlos. Denn er übt mit diesem Urteil eine Tätigkeit aus, die über alle Grenzen menschlicher Macht weit hinausgeht.

Aber, wird uns gesagt, diese Verantwortung ist bei jeder Strafe, die wir verhängen, gegeben? Auch eine achttägige ungerechte Einsperrung kann die ganze Existenz des Menschen in andere Bahnen drängen? Wer nicht schlechthin jedem Wort Bismarcks blinden Glauben und Gefolgschaft schenkt, wird in diesen Ausführungen unmöglich etwas anderes sehen können, als eine grobe Übertreibung[308]). Gewiß kann auch eine Erkältung den Tod eines Menschen herbeiführen, aber niemand wird sie deshalb dem Typhus oder der Cholera gleichstellen wollen. Zudem wäre die Konsequenz aus den Prämissen Bismarcks eine ganz andere, als er selbst entwickelt. Wenn jeder auch der kürzesten Freiheitsstrafe der Fluch der Irreparabilität droht, so wird dadurch das Verantwortungsgefühl des Richters gewiß nicht gemindert, sondern in höchstem Maße gesteigert: er muß sich schon bei jeder Freiheitsstrafe, die er verhängt, zum Bewußtsein bringen, daß er einen vielleicht unersetzlichen Schaden anrichtet. Jene „Schwäche der Zeit" wäre also nur ein klares und volles Bewußtsein der wirklichen Verantwortung, nicht eine Scheu vor ihr.

Schließlich: sind wirklich die Gegner der Todesstrafe die Ängstlichen oder nicht vielmehr ihre Anhänger? Ist es nicht schwächlicher, in den Gleisen der Vergangenheit weiter zu gehen und die Erhaltung einer Strafe zu fordern, welche dem Instinkt der Massen von jeher entsprochen hat, — als die Verantwortung dafür zu übernehmen, daß unser Stand der Zivilisation die Todesstrafe nicht mehr nötig hat? Mit Recht hat der alte ehrwürdige Abolitionist Lucas Bismarck auf dessen Rede geantwortet: „darf man in der Vergangenheit und Gegenwart als feste Geister diejenigen bezeichnen, welche, sich beugend unter die Herrschaft der Tradition, eine Strafe nicht aufzugeben wagen, die zu gebrauchen sie sich an-

---

[308]) „Endlich kann man — heißt es bei W. Mittermaier in dem Handwörterbuch der Schweizerischen Volkswirtschaft s. v. „Todesstrafe" — die großen Bedenken der Irreparabilität der Todesstrafe nicht verkennen; es ist töricht, diesen Mangel auch für die Freiheitsstrafe anführen zu wollen."

gewöhnt haben?"[309]) „Es ist nicht schwer — hat Briand vor der französischen Kammer ausgerufen — einen Menschen dem Scharfrichter zu überliefern. Wenn die öffentliche Meinung erregt ist, wenn sie gebieterisch Blut fordert, — ihr zu gehorchen, c'est un geste commode. Viel schwerer ist die Verantwortlichkeit, wenn es sich darum handelt, gegen den Strom der öffentlichen Meinung zu schwimmen. Es gehört mehr Mut dazu, ihr Widerstand zu leisten, als sich von der Blindheit der Masse beherrschen zu lassen."[310])

Ich fasse zusammen: es ist kein Wunder, daß sich eine ererbte, tief eingewurzelte Gefühlsrichtung durch Verstandeserwägungen nicht leicht verdrängen läßt, kein Wunder, daß daher auch der Gedanke der Irreparabilität der Todesstrafe mit allen Künsten der Dialektik verwischt werden soll. Aber diese Künste sind machtlos. Sie haben nicht wegdisputieren können, daß Justizirrtümer nicht bloß möglich, sondern in sehr realem Maße wirklich sind. Und es ist auch nicht gelungen, die Gewalt dieses Bedenkens abzuschwächen. Gewiß verlangt das erbarmungslose Leben das Leben manches Unschuldigen, aber die Justiz soll eine Macht der Ordnung und Vernunft sein: sie verliert jeden Kredit, mehr noch, sie wird zur Lächerlichkeit, wenn sie sich durch den Hinweis auf blinde Naturgewalt entschuldigen will.

Aus den bisherigen allgemeinen Betrachtungen ergibt sich also, daß die Furcht vor einem Justizirrtum kein „Gespenst", sondern eine erschreckende Wirklichkeit ist. Diese allgemeine Grundstimmung soll nunmehr noch festgehalten werden durch einige speziellere Daten. Nicht um daraus eine Anklage gegen die Justiz zu entwickeln. Vielmehr ist das gerade das Erschreckendste in unserer Frage: auch bei einem besseren Gerichtsverfahren und tüchtigen und gewissenhaften Richtern können die Fehlerquellen für den Richterspruch ihr unheimliches Werk treiben. Daher sollen auch nicht extreme Fälle hier in den Vordergrund gerückt

[309]) Lucas, Eine Antwort an den Grafen Bismarck, Strafrechts-Z. Bd. 10 (1870), 190.

[310]) Débats parlementaires, Chambre des Députés, 1908, 2216. Vgl. die Rede des sächsischen Staatsministers Schneider in der Kammersitzung vom 7. April 1868: „ist das Weichlichkeit, wenn man das Blut seiner Nebenmenschen nicht unnütz vergießen will, oder ist es Weichlichkeit, wenn jemand einen Mörder bloß aus Angst, weil er fürchtet, es könnte ihm sonst etwas Ähnliches passieren, hingerichtet wissen will?" Holtzendorffs Strafrechts-Z. Bd. 8 (1868), 261.

werden. Die traurigen Fälle, in denen gewissenlose, übereifrige und verblendete Polizeibeamte, verbissene, überhebliche Richter und Staatsanwälte, bornierte oder fanatisierte Geschworene, also die Organe der Justiz selbst Schuld an dem Fehlspruch tragen, sollen hier nicht in erster Linie betont werden. Gewiß sind auch das keineswegs Kapitel aus der Geschichte der menschlichen Justiz, die nur noch der Vergangenheit angehören, — aber wir können doch im allgemeinen einen großen Fortschritt in der Entwicklung erkennen und hoffen, daß unserer Justiz Rückschläge in die Zeit der Unwissenheit und Barbarei erspart bleiben. Auch ist gewiß, daß wir in der Kunst der forensischen Menschenbeobachtung in der Feststellung von Schuldindizien noch erheblich weiter kommen werden. Nur gibt uns diese Hoffnung noch kein Recht zu irgend welchem selbstzufriedenen Glauben an die Sicherheit unserer Strafrechtspflege. Wir haben gewiß niemals Formeln zu erhoffen, die uns die Ableitung der Schuld eines Menschen mit Denknotwendigkeit gewährleisten könnten, und ebensowenig Röntgenstrahlen für den polizeilichen oder strafrichterlichen „Erkennungsdienst" zu erwarten. Auf keinem Gebiete der Rechtspflege wird uns der Erdenrest der Unsicherheit jemals erspart bleiben. Besonders angebracht aber ist, wie wir gezeigt haben, der Skeptizismus hinsichtlich unserer Fähigkeiten, wenn es sich um Kapitalverbrechen handelt. Im folgenden wird zu zeigen sein: weder Geständnisse noch Zeugen noch Sachverständige noch gar Indizien können uns hier das beruhigende Gefühl verschaffen, daß ein Irrtum ausgeschlossen sei.

1. Geständnisse[311]): daß der alte Satz „confessio est regina probationum" eine Übertreibung enthält, wissen heute einige wenige geschulte Kriminalisten. Ganz gewiß aber werden auch sie im allgemeinen das Zugeständnis eines Schuldigen von einem begangenen Morde für wahr halten, denn: „nemo auditur perire volens, nemo auditur propriam turpitudinem allegans." [312]) Die Geschichte lehrt aber, daß auch bei dem schwersten Delikt Geständnisse Unschuldiger vorkommen, die mit allen lebensvollen Einzelheiten die Wahrheit so vortäuschen, daß auch der einsichtigste Richter dem Schein erliegt. Aus der alten Zeit

[311]) Vgl. zu folgendem noch außer den angeführten Werken: Lohsing, Das Geständnis in Strafsachen 1905; Cuaz, L'aveu en matière pénale 1908; Garraud, Traité théorétique et pratique d'instruction criminelle et de procédure pénale, Bd. 2 (1909), Nr. 457 ff., sowie die Aufsätze von Haußner und von Amschl in H. Groß' Archiv Bd. 13, 360 ff.

[312]) Vgl. zu dieser Maxime Cuaz, a. a. O. 48 ff.

sind hier zunächst Geständnisse zu nennen, die durch Surrogate der Folter erpreßt sind. Man lese den pommerschen Fall von 1834, wo jemand auf Grund seines eigenen Geständnisses — und stark belastender Indizien — unschuldig enthauptet wurde. Am Tage vor der Hinrichtung widerrief er (ohne Erfolg) sein Geständnis und erklärte, warum er gestanden hatte: „Sie wissen nicht, was ich in N. (im Untersuchungsgefängnis) gelitten habe, wüßten Sie es, so würde es Ihnen schon erklärlich sein. Man hat mich zu sehr gequält, bei Tag und bei Nacht, man hat mich nicht wie einen Menschen, man hat mich ärger als einen Hund behandelt. Ich habe vor Frost nicht schlafen können, dazu mich nicht satt gegessen, und ohne Unterlaß wiederholte man mir, ich sollte doch bekennen, dann würde es mir besser gehen. Und da dachte ich mir, ich wolle nur sagen, was sie von mir gern zu hören wünschten und sagte zu allem „ja", besonders da ich von dem Gefangenwärter B. hörte, daß man mich dann in das Inquisitoriat zu J. abgeben würde, wo es geheizte Gefängnisse und satt zu essen geben würde."[312a]) Daß Mittel solcher Art, insbesondere Prügel auch heute noch in der Stille des Polizeigewahrsams vorkommen können, wird man nicht bestreiten können[313]). Auch liegt es mir fern, die Schuld eines solchen Gendarmen pharisäisch zu übertreiben. Sein Beruf nötigt ihn dazu, körperliche Gewalt als Mittel zur Durchsetzung der ihm gestellten Aufgaben anzusehen, — die gräßliche Tat steht mit allen ihren Einzelheiten sinnenfällig vor seinem Auge, sie trübt den Blick und erhitzt sein Blut: das lebhafte Bewußtsein der Pflicht, den für schuldig Gehaltenen zu überführen, wird zur „überwertigen Idee", die alle Hemmungsvorstellungen verdrängt. Die Gefahr solcher „Geständnisse" liegt in einem Doppelten. Einmal führen sie den über die Entstehungsgeschichte zumeist nicht unterrichteten Richter dazu, Indizien und Spuren, die sonst als trügerisch erkannt sein würden, einen entscheidenden Wert beizulegen. Und zweitens ist das Mißtrauen gegen den Widerruf eines Geständnisses gerade in Mordsachen noch größer, wie das Vertrauen in ihre Wahrheit. „Das strenge Gesetz der Kriminaljustiz führt dazu — so hat schon Daguessau gesagt, daß man den Angeklagten glaubt, wenn sie sich anklagen und nicht glaubt, wenn sie sich für unschuldig er-

---

[312a]) Sello, 65: Der Inquirent hatte schon, aber vergeblich, zu Protokoll genommen: „Inquisit von beschränkten Begriffen, hat offenbar sein Geständnis nur abgelegt, um dadurch die ihm so langweiligen Verhandlungen früher zu beendigen." 64.

[313]) Vgl. den österreichischen Fall Ritter aus dem Jahre 1881 bei Sello 218 ff.

klären." [314]) Beide psychologische Tatsachen treten in erschreckender Weise zutage in dem Fall der „Femme Doise" [315]). Ein Bauer Martin Doise wird in seiner Wohnung ermordet aufgefunden. Der Verdacht fällt auf seinen Schwiegersohn und dessen Frau Rosalie. Die Zeugen, Nachbarn und Verwandte wissen von dem Haß der Beschuldigten gegen den Ermordeten und mannigfachen Drohungen und Gewalttätigkeiten zu erzählen, deren sich insbesondere die Tochter schuldig gemacht hätte. Rosalie Doise wird in eine ungewöhnlich enge Zelle, ohne Licht und Luft gebracht, sie beteuert fortgesetzt ihre Unschuld und bittet, man möge sie doch aus dem „schwarzen Loch" herausnehmen: sie ist schwanger und fürchtet namentlich für die Gesundheit ihres Kindes. Immer wieder hört sie: gestehen Sie, dann kommen Sie in eine andere Zelle. Nach zwei Monaten gesteht sie endlich und erreicht nun die Erfüllung ihrer Bitte. Das Kind kommt zur Welt, stirbt nach wenigen Tagen — und nun widerruft sie ihr Geständnis. Sie erklärt ihr Geständnis aus ihrer Notlage und beschwört, nichts von dem Mord zu wissen, sie bestreitet mit Entrüstung die Äußerungen des Hasses und die Gewalttätigkeiten, die ihr die Zeugen zur Last legen. Es ist menschlich vollkommen begreiflich, daß ihr weder Richter noch Geschworene glauben. Ihr werden mildernde Umstände zugesprochen, und sie wird lebenslänglich verurteilt. Nach einem Jahre werden die Schuldigen gefunden und so überführt, daß sie gestehen müssen. Sie erklären, die Doise nie gesehen zu haben. Jetzt hat plötzlich das Geständnis an Kraft verloren und damit schwindet auch die Sicherheit der belastenden Aussagen aus der ersten Verhandlung: die Zeugen erklären sich jetzt viel unbestimmter und ziehen manche Äußerung als unwahr zurück. Auch das ist psychologisch zu erklären. Das Gerücht hatte die schlechten Beziehungen zwischen Vater und Tochter vergrößert, es treibt zu Aussagen, denen die frei fälschende Phantasie in dem Augenblick jede Unsicherheit nimmt, in welchem die Zeugen von dem Geständnis der Angeklagten hören. Ohne dieses Geständnis wären dem Gericht diese Aussagen vielleicht als Klatsch erschienen — zumal jedes objektive Indiz für die Schuld der Doise fehlte — beide vereint stützen sich und schaffen die „conviction intime" von der Schuld der Unschuldigen [316]). Schließlich

---

314) Lailler-Vonoven 133.

315) Lailler-Vonoven 350 ff.

316) Löffler wolle übrigens nachlesen, mit welcher Energie der Generalprokurator nach Entdeckung der Schuldigen sich weigert, die Schuldlosigkeit der Doise anzuerkennen: Lailler Vonoven 354 ff.

noch ein Fall von erpreßtem falschen und später erfolglos widerrufenen Geständnis aus dem Jahre 1881 [317]). Die sechzehnjährige schlecht behandelte Stieftochter des Johann Gawenda verschwindet spurlos. Nach einiger Zeit entsteht der Verdacht, der brutale Stiefvater habe sie beseitigt, um ihr Vermögen sich anzueignen. Die siebenjährige Schwester der Verschwundenen macht genaue Angaben, wonach Gawenda mit einem Nachbarn gemeinsam die Schwester getötet habe. Der Nachbar leugnet, Gawenda aber gesteht dem Gendarm. In der Hauptverhandlung widerruft er: das Geständnis sei ihm durch Mißhandlungen erpreßt worden — ein Gemeindebeamter bekundet, der Gendarm habe jenem außerdem versichert, ihm werde nichts geschehen, da die Tat bereits vor 3 Jahren begangen sei! Die siebenjährige Schwester verweigert ihr Zeugnis vor Gericht. Trotzdem Verurteilung zum Tode. Nach einem Jahre findet sich die Entschwundene in einem entfernten Dorfe: sie sei dem Gawenda fortgelaufen, da sie die schlechte Behandlung nicht habe ertragen können. —

Eine zweite Kategorie von falschen Geständnissen wird — fürchte ich — gerade in der Gegenwart an Bedeutung zunehmen; es sind die Geständnisse der Psychopathen. Es sind die „auto-accusateurs“, deren Geständnisse „das Werk kranker Einbildungen, der Träume von Alkoholikern, von fixen Ideen und krankhaften Zwangsvorstellungen“ darstellen [318]). Oft werden solche Selbstanklagen so abenteuerlich vorgebracht, daß sie nur die Überweisung des Kranken an den Psychiater bewirken. Bisweilen aber wird die Tat so glaubhaft geschildert, mit einem solchen „luxe de détails dans l'exposition et le récit souvent dramatique des faits“ [319]), daß niemand auch nur die Möglichkeit der geistigen Störung erkennt. Der Kranke wird dann verurteilt, bisweilen, ohne daß die Tat überhaupt begangen ist. In der französischen Literatur sind mehrere solcher Fälle bekannt geworden [320]). Hier sei zunächst aus Österreich der Fall Bratuscha erwähnt. Ohne die Einzelheiten des Falles anzugeben, die man bei Sello [321]) nach-

---

[317]) Sello 223 ff.

[318]) Vgl. Cuaz 57 und Garraud, a. a. O. Nr. 459.

[319]) Cuaz 62.

[320]) Vgl. die Darstellung bei Cuaz 60 ff. und die dort angegebene Spezialliteratur.

[321]) Sello, 246 ff., vgl. ferner H. Groß in der Deutschen Juristen-Z. 1904, 143 ff.; Nemanitsch in H. Groß' Archiv Bd. 7, 300; Lohsing, a. a. O. 132

lesen möge, nur so viel: Bratuscha gesteht, sein eigenes Kind getötet zu haben, mit Hilfe seiner Frau, dann die Leiche zerstückelt und im eigenen Ofen verbrannt zu haben: einzelne Stücke habe er zurückbehalten, gebraten und gegessen, weil er in einem Buch gelesen habe, daß wilde Völker Menschenfleisch essen und davon nicht sterben. Die Frau gibt anfangs ihre Mitwirkung bei dem Vorfall zu, leugnet sie dann und räumt sie nach Ablegung der Beichte wieder ein. Das Geständnis hat Bratuscha dem Gendarm, dann dem Bezirksgericht, dem Untersuchungsrichter, dem Schwurgericht, und nach der Verurteilung noch dem Vorsitzenden abgegeben. Dem Untersuchungsrichter läßt er sich aus freien Stücken vorführen und ergänzt seine Angabe freiwillig durch die angegebene Schilderung, was er mit der Leiche des Kindes angefangen habe. Der Staatsanwalt, der die Anklage vertrat, Nemanitsch, versichert in seinem Bericht, Bratuscha habe sein Geständnis vor dem Schwurgericht in „ruhiger, reuevoller Weise wiederholt". Nach dem Ausspruch der Gerichtsärzte wird er als „geistig vollkommen normal" bezeichnet. Da außerdem das Geständnis durch eine Reihe von schwerwiegenden Indizien, auch durch das Geständnis der eigenen Frau bestätigt wird [322]), — so war seine Verurteilung wegen Mordes zum Tode [323]) — man darf sagen — selbstverständlich. Trotzdem lebte das angeblich ermordete und verbrannte, von dem eigenen Vater zum Teil aufgegessene Kind, und wurde nach zwei Jahren 1903 beim Bezirksgericht Gurzfeld in Krain bei einem Bauern im Dienst aufgefunden. Es war seinen Eltern entlaufen und hatte, um die Entdeckung zu verhindern, einen falschen Namen angenommen. Die zur Untersuchung von Bratuschas Geisteszustande nun herangezogenen zwei Grazer Professoren erklärten nach genauer Beobachtung, er habe sich „während des ersten Verfahrens in einem Zustande gestörter Geistestätigkeit befunden, der noch andauere; seine falschen Angaben ständen damit in direktem Zusammenhang und seien nicht bewußte Lüge, sondern Erinnerungsfälschungen". — — Der Leser wird vielleicht einwenden, was denn aus einem so exorbitanten, durchaus atypischen Fall folgen solle? Ich meine, er beweist, erschreckend und unweigerlich, daß es Fälle gibt, in denen ein Gericht gänzlich schuldlos zu einem unrichtigen Todesurteil kommen kann. Und wir können auch keinen

322) Man vgl. die Aufzählung dieser Belastungsmomente bei H. Groß a. a. O. 147.

323) Die Frau wurde wegen Beihilfe zu 3 Jahren schweren Kerkers verurteilt.

Zweifel haben, daß der Mann bei uns in Deutschland nach der herrschenden Begnadigungspraxis hingerichtet worden wäre: nach dem „festgestellten" Tatbestand lagen keinerlei Milderungsgründe vor, und Bedenken wegen seines Geisteszustandes waren keinem der bei der ersten Verhandlung Beteiligten gekommen [324]. —

Ebenfalls auf geistige Erkrankung ist meines Erachtens der Fall Siegel aus dem Jahre 1849 zurückzuführen. Siegel [325], ein mehrfach vorbestrafter Dieb, wegen Diebstahls und Landstreicherei wieder einmal in Untersuchungshaft gezogen, bezichtigt sich „aus freien Stücken, um seine schwerbelastete Seele durch ein reumütiges Geständnis zu erleichtern", dreier Delikte, darunter zweier Kapitalverbrechen, genau, mit allen Einzelheiten, die durch die angestellten Untersuchungen im wesentlichen bestätigt werden. Er wurde zum Tode verurteilt und das Urteil, gegen das Siegel kein Rechtsmittel einlegte, rechtskräftig. Während die Akten beim Justizministerium lagen, zur Einholung der königlichen Bestätigung, kam durch einen Zufall zutage, daß er am Tage, wo er angeblich eine Scheune in Brand gesteckt haben sollte, fern vom Tatort in Haft gewesen war, und ebenso wurde daraufhin ein zweifelloses Alibi für die beiden andern Delikte festgestellt. Seine Unschuld war damit sicher erwiesen, „der einzige, der sie bestritt, war — Siegel" [326]. Als er sie schließlich zugeben mußte, gab er als Grund seines falschen Geständnisses an: es sei ihm von einem Mitgefangenen erzählt worden, daß er infolge seines wiederholten Rückfalles eine langjährige Zuchthausstrafe zu erwarten habe; er hätte aber lieber sterben als ins Zuchthaus kommen wollen. — — —

Der dritte erwähnenswerte Fall ist der aus Ostpreußen vom Jahre 1893 berichtete. Durch einen Nachbarklatsch kommt die Ehefrau eines Arbeiters in Verdacht, ihr Kind unmittelbar nach der Niederkunft beseitigt zu haben. Es gelingt dem Gendarm, ein bis in Einzelheiten gehendes Geständnis zu erzielen. Indizien bestätigen den „durchaus glaubwürdigen Eindruck" dieses Geständnisses [327]. Die Angeklagte wird zum Tode verurteilt, ihre Revision verworfen. Zwei Tage danach

---

[324] Die Menschenfresserei fiel deshalb für diesen Punkt nicht ins Gewicht, weil Br. in der Tat zu Hause ein Buch über Kannibalismus hatte, und als ungewöhnlich abergläubisch charakterisiert wurde.

[325] Vgl. GoltdArch. Bd. 2, 738 ff. und jetzt Sello, 72 ff.

[326] Sello, 165 ff.

[327] Der Eindruck war so stark, daß selbst der Verteidiger lediglich auf Totschlag mit mildernden Umständen, nicht auf Freisprechung plädierte.

beantragt der Verteidiger Wiederaufnahme, da sich inzwischen Beweise für ihre Geisteskrankheit gefunden hätten. Die späteren Vorgänge dieses Verfahrens zeigen, daß sich die Staatsanwaltschaft jeder Wiederaufnahme aufs äußerste wiedersetzte, erst auf wiederholte psychiatrische Gutachten und ärztliche Beobachtungen gelang es, das Gericht zu einem Freispruch zu bestimmen. — Daß sie geisteskrank war, geht aus den Akten mit absoluter Sicherheit hervor, dagegen ist nicht sicher festzustellen, ob sie aus diesem Grunde freigesprochen worden ist. Vielmehr scheint es, als wenn eine andere Tatsache entscheidend war. Es sprachen nämlich sehr viele Momente dafür, daß sie die fragliche Tat gar nicht begehen konnte — weil sie wahrscheinlich damals überhaupt nicht geboren hatte!! [328])

2. Zeugen: Wir haben bereits oben darauf hingewiesen, daß gerade bei Mordprozessen die Erregung der nächsten und weiteren Kreise immer neue Möglichkeiten für Klatsch und trügerische Suggestionen bietet. Es gibt keinen einzigen Kriminalfall in Mordsachen, bei dem nicht der erfahrene Untersuchungsrichter und Staatsanwalt alle Kräfte aufbieten müssen, um diesen schwersten Feind der Wahrheitsfeststellung erfolgreich zurückzudrängen. Es ist nicht möglich, an dieser Stelle alle die Fälle aufzuzählen, in denen meineidige Zeugen, Mitbeschuldigte oder der wirkliche Täter, Lügner und Getäuschte durch ihre Aussagen einen Justizirrtum verschuldet haben. Zählt man nur die — zuverlässig festgestellten — Fälle der Selloschen Sammlung [329]), so sind allein 26 Tatbestände zu nennen, in denen auf Grund falscher Zeugnisse jemand zu Unrecht zum Tode (oder zu lebenslänglicher Zuchthausstrafe) verurteilt ist. Ein trauriges Bild menschlicher Minderwertigkeit und Torheit ergibt sich aus ihnen, zugleich aber auch ein Bild der Gefahren und Fallstricke, die der Strafjustiz drohen.

Eine solche Gefahr sind die Zeugen, die mit Sicherheit den Täter wiedererkennen. Der wiederholt wegen Diebstahls vorbestrafte böhmische Tagelöhner Skarke begeht einen Raub und Mordversuch an dem Trnawski — wird dann flüchtig und bleibt etwa 15 Jahre verschollen. 1893 erscheint in dem Wiener „Interessanten Blatt" das Bild eines in Untersuchungshaft befindlichen Landstreichers, der sich Wallenburg nannte. Acht Personen erkannten in dem Bild den

---

[328]) Man vgl. den ähnlichen französischen Fall Gaillard bei Lailler-Vonoven 474/75.

[329]) Schon aus dem Buch von Lailler-Vonoven 49 ff. läßt sich erkennen, daß damit keineswegs alle wirklichen Fälle von Justizirrtümern auf Grund dieser Fehlerquelle erschöpft sind.

gesuchten Skarke. Und zwar waren es Skarkes Stiefschwester, die jahrelang mit ihm zusammen gewohnt hatte, eine Nichte und ein Neffe von ihm, die ihn von Jugend auf kannten, ein Altersgenosse und Schulkamerad, ein weiterer Schulkamerad, der 6 Jahre mit ihm zusammengelebt hatte, der Direktor einer Hutfabrik, in der Skarke 6 Jahre gearbeitet hatte, schließlich ein weiterer Zeuge. Trotzdem der Wallenburg durchaus bestritt, der Gesuchte zu sein, blieben die Zeugen trotz wiederholter Gegenüberstellung und Befragung bei ihren Bekundungen. Man höre die Skala ihrer Sicherheit: „mit Bestimmtheit", „nicht der kleinste Zweifel", „es wäre ein Wunder, wenn Wallenburg nicht Skarke wäre", „nicht eine Faser habe sich an ihm geändert". Kein Wunder, daß den so mit der denkbar größten Gewißheit Rekognoszierten die Strafe des lebenslänglichen Kerkers traf. Und doch wurde im Wiederaufnahmeverfahren unzweifelhaft festgestellt, daß er nicht der Gesuchte war [330]. — Oder man denke an den berühmten Fall Lesurques aus dem Ende des 18. Jahrhunderts, der mit der größten Bestimmtheit als Mittäter an einem räuberischen Mordanfall von nicht weniger als 7 erwachsenen Personen erkannt wurde. Obwohl drei der Mittäter wiederholt, noch auf dem Schafott ihre Schuld, aber die Unschuld Lesurques versicherten, unzweifelhaft nicht weniger als 5 Personen mit andern verwechselt waren, ein schlüssiger Alibibeweis zugunsten Lesurques angetreten war — die Massensuggestion und leidenschaftliche Parteilichkeit des Präsidenten bewirkten die Verurteilung und Hinrichtung Lesurques! [331]

Eine zweite Gruppe bilden die phantastischen Lügner und Lügnerinnen, die durch ihre hysterische Suggestibilität oder weil sie selbst ihre Schuld zu verdecken haben oder weil sie andere Pläne verfolgen, immer mit neuen Belastungsmomenten kommen. Aus der alten Zeit ist hier das Narrengewebe in dem Prozeß gegen die Mörder des Fualdès — dem „Prozeß des Aberwitzes" [332], — zu nennen, dem drei Unschuldige zum Opfer gefallen sind, oder der deutsche Fall Wendt. Der Hauptbelastungszeuge, der seinen Lehrherrn in immer

[330] Sello, 214 ff. Vgl. auch den engl. Fall Beck, der die Veranlassung zu der Einführung des Appeal gegen Schwurgerichtsurteile wurde, bei Mendelssohn-Bartholdi, Englisches Richtertum im Court of Criminal Appeal 1909, 23 ff.

[331] Sello, 327 ff. Vgl. auch die sehr interessanten falschen Rekognitionen bei Lailler-Vonoven 75, Anm., und 77 ff.

[332] Sello XXII und 356 ff. (Vgl. auch die Schilderung bei Wassermann, die Schwestern: Clarissa Mirabel.)

detaillierteren Schilderungen der Vergiftung der eigenen Frau bezichtigt, wird nach 7jähriger Dauer des Prozesses als der Schuldige erkannt. Obwohl seine lügnerischen Beschuldigungen in einer Reihe der wichtigsten Punkte aufgedeckt werden konnten und fast nirgends eine objektive Bestätigung fanden — ein Zeuge auch seine völlige sittliche Verderbtheit und lügnerische Verstellungskunst bekundete — fand dieser jugendliche Teufel nach Sellos Worten doch Glauben, Glauben bei dem Inquirenten, Glauben „bei den sämtlichen Mitgliedern der Göttinger Juristenfakultät, die auf seine Beschuldigung hin den Angeklagten Wendt einstimmig zum Tode durch das Rad verurteilten". (46/47.) Ein trostloses Beispiel für die Unzuverlässigkeit der Zeugenaussage ist der Fall Busse-Ziegenmeyer (1854)[333]. Frau und Dienstmädchen des Steuereinnehmers Hartmann sind in ihrer Wohnung ermordet worden. Der Nachtwächter des Ortes gibt immer detailliertere Angaben über die Beschuldigten. Sie seien um die Zeit des Mordes in der Nähe des Hauses gewesen, später sagt er: er habe sie herauskommen sehen. Er habe unter Ziegenmeyers Fenster gehört, wie dieser seiner Frau von der durch ihn und Busse begangenen Mordtat erzählt habe; das eigene Kind des Ziegenmeyer gibt einem Bekannten eine genaue Schilderung der Tat der Beiden, und schließlich findet sich noch ein Zeuge, dem Ziegenmeyers Frau direkt die Tat der Beiden gestanden haben soll. Ein Jahr danach wird der wirkliche Täter gefunden: der Nachtwächter hatte die ausgesetzte Belohnung verdienen wollen! — Aus der neueren Zeit sind die Fälle Ritter (1881), Hilsner (1899)[334], Borras (1877) Moraud (1888), Cauvin (1891)[335] zu nennen. Immer wieder dasselbe Bild: die Justiz wird in das Lügengewebe verbrecherischer oder verblendeter Zeugen hineingezogen und vermag nicht mehr die Wahrheit zu erkennen. —

Zu den allergefährlichsten Verleitungen zu Justizirrtümern gehören schließlich die Zeugenaussagen, die von dem Opfer selbst etwa noch erzielt werden können.

Volk und Richter glauben mit einem „rudimentären Mystizismus" an die letzten Bekundungen eines Sterbenden. Sie fragen sich nicht, woher der Sterbende eine solche Kraft der Unterscheidungsfähigkeit gewinnen kann, die doch oft dem gesündesten Zeugen fehle. Sie beunruhigen

---

[333]) Sello, 92 ff.

[334]) Sello, 218 ff., 239 ff.

[335]) Sello, 394 ff., 400 ff.; Lailler-Vonoven 537 ff., 427 ff.

sich nicht mit der Frage, ob denn die Annäherung des Todes eine Art von Unfehlbarkeit verschaffen könne [336]). Typisch für diese unberechtigte Suggestionskraft ist der Fall Borras (1887) [337]). Ein altes Ehepaar, das auf einem Pachtgut das Wohnhaus zu bewachen hatte, findet man mit schweren Verletzungen in der Wohnung vor: die Frau bereits tot, der Mann aus vielen Wunden blutend, völlig erschöpft und bewußtlos. Als er sein Bewußtsein wiedererlangt, schildert er genau den Überfall durch zwei spanische Arbeiter, von denen der eine vor kurzem auf dem Gut gearbeitet hatte. Den einen nennt er mit Namen — und es stellt sich später heraus, daß er hier den wirklichen Schuldigen erkannt hat, den andern beschreibt er zunächst nur, dann aber nennt er — unter dem Einfluß des Volksgerüchts — auch den Namen: Borras. Es gelingt auch, ihm beide Verdächtigte gegenüber zu stellen, und er bleibt bis zu seinem Tode, 14 Tage nach dem Mordattentat, fest in seiner Beschuldigung. Borras kann durch Zeugen einmal ein Alibi nachweisen, anderseits daß ein anderer — inzwischen flüchtig gewordener — spanischer Arbeiter der Täter sei. Die Mitbeschuldigten, Guillaumet und ein Gehilfe Villarubia, erklären, Borras sei nicht der Täter, Guillaumet gibt sogar zu, daß er die Tat mit dem von den Zeugen genannten entflohenen Arbeiter begangen habe. — Es hilft nichts: diese Entlastungsbeweise traten erst in der Hauptverhandlung zutage, und jetzt sind Staatsanwalt und Vorsitzender nicht mehr von ihrer vorgefaßten Überzeugung abzubringen. Die naheliegende Meinung, daß der in Todesangst um sein Leben kämpfende, schwer Verwundete sich irren, daß der tödlich Verwundete, mit hinschwindenden körperlichen und geistigen Kräften, seine Eindrücke nicht mehr richtig wiedergeben könne, vermag sich nicht mehr durchzusetzen. Also müssen die Entlastungszeugen „lügen", also müssen sie zugunsten von Borras „gekauft" sein [338]), die Versuche der Verteidigung, eine Aussetzung der Verhandlung zu bewirken, um weitere Nachforschungen nach dem angegebenen Täter anzustellen, scheitern, Borras wird verurteilt. Ein Jahr später stellt sich heraus, daß die Entlastungszeugen Recht hatten, und nach zwei weiteren Jahren gelingt es den unausgesetzten Bemühungen nicht der Juristen, sondern selbstlos handelnder Privat-

---

[336]) Lailler-Vonoven 33.

[337]) Lailler-Vonoven 537 ff.; Sello, 394 ff.

[338]) Vgl. die ausführliche Wiedergabe der Verhandlungen bei Lailler-Vonoven, 542 ff.

personen eine Begnadigung durchzusetzen[339]): eine Begnadigung; denn eine offizielle Freisprechung, auf die der unschuldig Verurteilte doch einen Anspruch hatte, war „aus prozeßtechnischen Gründen" nicht mehr zulässig! —

Auch wir haben einen ähnlichen Fall zu beklagen. Nur daß hier der Fehler nicht mehr gutgemacht ist. Ich meine den Fall Ziethen. Auch hier muß ich die Tatsachen — wenn auch in ganz verkürztem Maßstab und nur soweit sie auf die hier behandelte Fehlerquelle Bezug haben — sprechen lassen. Die Frau des Barbiers und Schankwirts Ziethen, die von dem brutalen, heftigen Manne oft mißhandelt war — wird mit furchtbaren Schädel- und Gehirnverletzungen[340]) bewußtlos aufgefunden. Während der Mann, nachdem er die Hausbewohner alarmiert und einen Polizisten herbeigerufen hat, auf dem Wege zu einem Arzt ist, fragt sie der Wachtmeister, — also in Abwesenheit des Ehemannes — wer sie mißhandelt habe[341])? Sie antwortet: „der Anstreicher Roßbach"[342]). Der eifrige Polizeimann will ihrem Gedächtnis aufhelfen und fragt nunmehr: „Frau Ziethen, wer hat Sie mißhandelt? Roßbach oder ihr Mann?" Frau Ziethen antwortet nicht, erst als die Frage wiederholt wird, kommt die Antwort „Ziethen, mein Mann". Diese Antwort wird auf zwei weitere Fragen in der gleichen Weise gegeben. Bei seiner Rückkehr in das Haus wird Ziethen von dem Wachtmeister „als Mörder" verhaftet. Der Lehrling Wilhelm springt dazwischen „mein Meister ist unschuldig", erreicht dadurch aber nur, daß er ebenfalls festgenommen wird. — Die nunmehr eintreffenden beiden Ärzte, Kreisphysikus Berger und Herdtmanni versuchen, die Befragung fortzusetzen. Sie richten ihre Fragen nach der ihnen vom Wachtmeister angegebenen Fährte ein, bekommen zwar auf die Frage: „hat ihr Mann Sie geschlagen?" ein „Ja" zu hören, aber auf die Frage: „hat ein anderer Mann Sie geschlagen?", ebenfalls „Ja", und auf die Frage des zweiten Arztes: „wer hat Sie geschlagen",

[339]) Auch dieser Prozeß zeigt, welche formalen und psychologischen Schwierigkeiten jeder Versuch der Aufdeckung eines Justizirrtums zu überwinden hat; daher ist er wieder ein Argument gegen Löfflers Optimismus!

[340]) Das Obduktionsprotokoll führt u. a. an: eine Öffnung des Schädels von 14 cm Tiefe, 11 cm Breite, eine Zerstörung der vorderen Gehirnhälften von 5—6 cm Länge und Breite bis zu 2 cm in die Hirnsubstanz hinein.

[341]) Im folgenden sind diejenigen Antworten der Frau Ziethen, die ihre gestörte Hirntätigkeit zeigen, gesperrt worden.

[342]) Roßbach hatte früher im Hause Ziethens gearbeitet und die Frau öfters gegen die Tätlichkeiten ihres Mannes in Schutz genommen.

kommt als Antwort „der Wachtmeister". Am nächsten Tag im Krankenhaus wird der Versuch einer Vernehmung gemacht, aber ohne Erfolg, da Frau Ziethen nur „unartikulierte Laute" von sich gibt [343]). Am nächsten Tag, wo der Krankenhausarzt sie für vernehmungsfähig erklärt, stellt der Polizeikommissar mit ihr ein längeres Verhör an. Sie gibt zunächst an: „sie wisse nicht, wer sie geschlagen habe!", nach längerer Pause sagt sie „mein Herr Gemahl" (!), gibt an, sie sei „mit einem Schlüssel", später sagt sie „mit einem Ochsenziemer" [344]) geschlagen worden. Unmittelbar nach der Vernehmung fängt sie an zu singen und wird unverständlich. Den dritten Tag vernimmt sie der Richter. Man höre: „Wer hat Sie geschlagen?" Mein Herr Gemahl. „Womit hat er Sie geschlagen?" Mit einem Stock. „Wohin hat er Sie geschlagen?" Auf den Rücken. „Hat er Sie vielleicht mit einem Hammer geschlagen?" Nein, mit einem Stock. „Hat er Ihnen mehrere Schläge versetzt?" Nein ich glaube nur einen. „Sind Sie vielleicht nach dem ersten Schlage bewußtlos geworden?" [345]) Das weiß ich nicht, das kann ich nicht sagen. „Wo hat Sie Ihr Mann geschlagen?" In der Wirtsstube, Herr Richter. „War sonst noch jemand bei Ihrem Mann?" Nein [346]). „Hatten Sie, ehe Ihr Mann Sie schlug, Streit mit ihm gehabt?" Nein. „Also schlug er Sie ganz unerwartet?" Ja, er schlug mich ganz unerwartet und ohne Ursache ins Gesicht hinein, ohne etwas zu erwarten, ging das still ab. Etwa eine Minute nach ihrer Vereidigung (!) begann sie Unverständliches zu singen. Zwei Tage danach starb sie.

In der Hauptverhandlung wurde der Beweis dafür, daß das Erinnerungsvermögen und die Verstandestätigkeit der Frau Ziethen noch eine zutreffende Bezeichnung des Täters ermöglichten, einmal entnommen aus den Bekundungen einer Kranken, die auf demselben Zimmer mit Frau Ziethen lag, dann der Wärterin [347]), des vernehmenden Polizei-

---

[343]) Ich zitiere nach der genauesten aus den Akten und eigener Beobachtung geschöpften Darstellung von Fraenkl, 8 ff.

[344]) Bei der ersten Befragung durch den Kreisphysikus hatte sie angegeben, „mit der Faust".

[345]) Eine Frage, die nicht besondere psychologische Fähigkeiten des Richters verrät.

[346]) Dem Polizeikommissar tags zuvor hatte sie erklärt, Wilhelm wäre im Zimmer gewesen und hätte aufgeräumt.

[347]) Obwohl diese auch angab, daß sie, im Zustande völliger Teilnahmslosigkeit dalag, auch andere ihr unbekannte Namen außer ihrem Mann genannt, einmal auch erklärt habe, „nicht mein Mann", schließlich, daß sie meist nach den Antworten gesungen hätte!

beamten, des Untersuchungsrichters und des Geistlichen, der ihr die Sterbesakramente reichte. Dann aber hätten das gleiche auch 4 Ärzte bekundet — zwei davon hatten sie gesehen, zwei andere dagegen *nur auf Grund der Zeugenaussagen ihr Urteil abgegeben*. Zwei Ärzte dagegen hatten auf Grund ihrer *Beobachtungen* der Frau mit Bestimmtheit das Gegenteil bekundet. Und 10 im Wiederaufnahmeverfahren zur Begutachtung von der Verteidigung herangezogene Autoritäten — Psychiater und gerichtliche Mediziner — haben mit vollster Übereinstimmung erklärt, daß den Aussagen der Frau, als einer Sterbenden, Delirierenden, *jeder Beweiswert abzusprechen* sei: „Ihre Aussage: Ziethen, mein Mann — sagt einer von diesen Gutachtern — ist *reine Echosprache*. Mir scheint auf der Hand zu liegen, daß sich ihre Antworten, soweit sie überhaupt an Erlebtes anknüpfen, auf frühere Prügelszenen beziehen. Bei schweren Kopfverletzungen sind *die Erinnerungslücken für die Zeit des Vorfalls und die unmittelbar vor ihm geradezu typisch*." Die Wiederaufnahme des Verfahrens, welche durch das Landgericht beschlossen war, wurde auf sofortige Beschwerde durch das Oberlandesgericht abgelehnt. Zweierlei ist aus dieser Entscheidung hervorzuheben. Einmal die erstaunlich deplazierte Berufung darauf, daß Frau Ziethen ihre Aussage beeidigt habe: „Die Annahme, daß die Ehefrau Ziethen vor dem bevorstehenden Tod die Eidespflicht gebrochen habe, ist ausgeschlossen"[348]). Und zweitens wird den Gutachten, die sich gegen die Verwertung der Aussagen richteten, der Wert abgesprochen, weil die Gutachter die Frau nicht gesehen und beobachtet hätten. Es genügt, gegen diese Beweisführung anzuführen: Daß Medizinalkollegium und „wissenschaftliche Deputation" sehr oft solche Gutachten ohne eigene Beobachtung abgeben, die unter Umständen, nicht selten, geradezu entscheidend für Gericht (oder Gnadeninstanz) sind, — daß zwei von den Gutachtern, die sich für die Verwertbarkeit der Aussagen ausgesprochen hatten, ebenfalls nicht auf Grund eigener

[348]) *Barre*, Der Prozeß Ziethen in Elberfeld, 1893, macht sich denselben Grund zu eigen: „Wenn irgend ein Rest von Bewußtsein in der Frau gewesen ist, mußte (!) sie sich der länger dauernden, dem tö lichen Schlag vorhergehenden Umstände erinnern. Sie hätte also *mit Bewußtsein angesichts ihres Todes ihren Mann fälschlich als Mörder bezeichnet* (!)". Übrigens ist *Barre* der einzige Schriftsteller, der an die Schuld Ziethens glaubt. Seine Darlegungen sind in allen entscheidenden Punkten widerlegt worden. Aber auch abgesehen davon. Wer die kurzsichtige, widerspruchsvolle Schrift aufmerksam liest, wird auch ohne Kenntnis der Gegendarstellungen zum entgegengesetzten Resultat kommen.

Beobachtung entschieden hatten, zwei aber auf Grund solcher Beobachtung zu dem entgegengesetzten Ergebnis gekommen waren, — daß in solchen Fragen Urteile von Laien (Kranke, Schwestern, Polizeimann, auch Richter) gar keine, aber auch schlechterdings gar keine Bedeutung beanspruchen dürfen!

4. Sachverständige kommen für die Frage der Justizirrtümer in zweifacher Weise in Betracht. Einmal indem ihren Ausführungen kein Glauben geschenkt wird. Das ist der Fall, namentlich wenn ihr die Zurechnungsfähigkeit des Täters verneinendes Gutachten in Konflikt gerät mit dem sich für gesund haltenden Menschenverstand des Laien (wozu hierin aber auch die Berufsjuristen zu rechnen sind), gewöhnlich in Verbindung mit erhitzten Vergeltungsinstinkten. Typisch hierfür ist einmal der Fall Döpke[349]). Döpke, der Sohn eines seit 7 Jahren geisteskranken Vaters und Alkoholisten, hatte schon seit seinem 18. Lebensjahr wiederholt Knaben an sich gelockt, und sie unter Gewalt und Drohungen an menschenleeren Orten genötigt, sich zu entkleiden und sie dann unzüchtig betastet. Er war bereits zweimal deshalb bestraft worden — einmal mit 3 Jahren Zuchthaus, hatte aber immer wieder das gleiche getan, allein in Altona mit etwa 30 neun- bis zehnjährigen Knaben. Einer dieser Knaben war von ihm durch neununddreißig Stich- und Schnittwunden ermordet worden. Zwei Sachverständige erklären den Täter übereinstimmend für geisteskrank. Abgesehen von der erblichen Belastung und erheblichen körperlichen Mißbildungen waren bei ihm im Zuchthaus schwere halluzinatorische Wahnideen festgestellt mit ausgebildetem Verfolgungswahn. Der Staatsanwalt trat diesem Gutachten in der oben (S. 703) angeführten charakteristischen Weise entgegen. Er berief sich auf die Aussagen der Zeugen, die keinerlei Geisteskrankheit an ihm bemerkt hätten[350]) — freilich, daß ihn auch ein nichtpsychiatrischer Kenner von Verbrechern, Krohne, damals Direktor in Rendsburg für geisteskrank erklärt und die gleiche Bekundung auch in der Hauptverhandlung gemacht hatte, wurde offenbar wieder für bedeutungslos gehalten. Döpke wurde zum Tode verurteilt und hingerichtet. 1878 in Hamburg! Auf Grund des Sektionsbefundes ist, nach Aschaffenburgs Urteil, der Beweis schwerer degenerativer Vorgänge im Gehirn

---

349) Sello, 110 ff.

350) Vgl. die Aussage des — Kastellans im Untersuchungsgefängnis: „Ich habe Döpke häufig genug beobachtet. Er hat gut geschlafen, gut gegessen, ist arbeitssam — und halte ich ihn für vollkommen geistig gesund." (119.) Wen sollte das nicht überzeugen?

geführt worden — es „könne keinem Zweifel unterliegen", daß Döpke geisteskrank im Sinne des § 51 des StGB. gewesen sei [351]).

Ein Pendant dazu ist der Fall Teßnow. 1898 und 1901 sind beidemal zwei Kinder ermordet auf der Straße aufgefunden worden: verstümmelt und zerstückelt, der Leib aufgeschnitten. Der Täter Teßnow wird zum Tode verurteilt: obwohl vier Sachverständige einstimmig und mit voller Bestimmtheit erklärten, daß seine Taten unter dem Einfluß eines epileptischen Dämmerzustandes begangen worden seien [352]). Als ihm die Vollstreckung des Todesurteils für den nächsten Tag mitgeteilt wird, bekommt er einen schweren epileptischen Anfall. Er bleibt nun von 1903—1906 teils in der Irrenanstalt teils im Gefängnis und erleidet nochmals wiederholte Anfälle. In dieser ganzen Zeit wird er psychiatrisch beobachtet. Auf Grund des Wiederaufnahmeverfahrens wird 1906 eine zweite Hauptverhandlung anberaumt. Sechs Sachverständige — darunter drei neue — ebenso wie das Gutachten der wissenschaftlichen Deputation erklären ihn hier, vollkommen übereinstimmend, für unzurechnungsfähig. Wieder wird er zum Tode verurteilt, diesmal aber zu lebenslänglicher Zuchthausstrafe begnadigt.

Wer sich aus Anlaß dieses Falles über die Unvernunft und Urteilslosigkeit der Geschworenen entrüstet [353]), erkennt das wirkliche Problem nicht. Handelt es sich doch um eine Trübung des Blicks durch blinde Vergeltungsinstinkte, die in genau der gleichen und viel gefährlicherer Weise auch die Berufsjuristen irreführt. „Il n'est pas d'erreur judiciaire qui ne soit imputable à un magistrat" — das ist leider ein gerade für solche Fälle wahres Wort von Lailler und Vonoven (2.)

Eine zweite Gruppe von Fällen sind solche, in denen die Sachverständigen selbst durch ihren Irrtum den Fehlspruch verschulden. Man denke an Schreibsachverständige — diese „personnages de vaudeville", „von denen es heißt, sie könnten sich wie die Auguren nicht ansehen, ohne zu lachen [354]). Oder an Schieß-

[351]) Sello, 125.

[352]) Ein fünfter Sachverständiger nahm nur verminderte Zurechnungsfähigkeit an, mußte aber zugeben, daß er kein Spezialist sei.

[353]) So Aschaffenburg bei Mittermaier-Liepmann, Schwurgerichte und Schöffengerichte I, 113; ebenso Knecht in MSchrKrimPsych. III, 719.

[354]) Lailler-Vonoveu 99. Sello erwähnt außer dem Fall Dreifuß noch ein Fehlgutachten dieser Sachverständigen in dem oben geschilderten Fall Starke S. 216, in den Fällen Jacquemin 349 und Seyfert 77.

sachverständige[355]), Chemiker, Apotheker, Ärzte usw. Auch hier können nur einzelne Fälle herausgehoben und auch sie nur gestreift werden.

Erinnert sei z. B. an den österreichischen Fall Braun, wo die Annahme einer Arsenikvergiftung durch 3 Ärzte bejaht, durch Gerichtschemiker, die Wiener Medizinische Fakultät, den bekannten Chemiker Fresenius aufs schärfste verneint wurde[356]), oder den ebenfalls österreichischen Fall Ritter[357]), in welchem die Obduzenten elementarste Fehler gemacht, z. B. Luft- und Speiseröhre miteinander verwechselt hatten. Aus Frankreich ist besonders zu erwähnen der Fall Druaux (1887). Eine übelberüchtige Frau Druaux wird wegen Vergiftung ihres Mannes und ihres Bruders verurteilt. Die Sachverständigen finden in in den Leichen zwar keinerlei mineralische Gifte, nehmen aber Vergiftung durch ein animalisches Gift, Cantharidin, an. Erst nachdem mehrere Personen in derselben Wohnung unter den gleichen Vergiftungserscheinungen gestorben waren, fand man als wahre Todesursache Kohlenoxydgas, das von einem benachbarten Kalkofen durch die undichte Mauer in die Wohnung eingeströmt war[358]).

5. Schließlich Indizien: Nach Glaser geben englische Richter den Geschworenen in der Rechtsbelehrung („charge") folgende Anweisung: „In Fällen, wo niemand die Tat sah, und ein Angeklagter derselben überführt werden soll, müssen alle Umstände mit der Voraussetzung seiner Schuld sich vertragen können. Allein das genügt nicht. Es muß mindestens ein Umstand vorhanden

---

[355]) Vgl. den Fall Loth (1883), wo jemand auf Grund falscher Bekundungen der Ärzte über die Art wie die tö lichen Schüsse gefallen sein sollten, zum Tode verurteilt wurde — und lediglich auf Grund der Initiative eines Zuhörers der Hauptverhandlung durch ein privates Gutachten dieser Irrtum aufgehellt und die Wiederaufnahme des Verfahrens erwirkt wurde.

[356]) Sello, 209 ff.

[357]) Sello, 219.

[358]) Lailler-Vonoven, 404 ff., auch Sello, 397 ff. Vgl. auch den im neuesten Jahrgang von H. Groß' Archiv Bd. 46 (1912), 1 ff. berichteten Fall. Es handelte sich um die Feststellung, ob die am Hemd des Verdächtigten vorgefundenen Blutflecken mit Sicherheit von einer spritzenden Arterie herrührten. Die erste Instanz hatte die Frage mit ebenso großer Bestimmtheit bejaht, es sei ausgeschlossen, daß die Blutflecken von einer anderweit gen Verletzung der Hand herrühren können, wie die medizinisch Fakultät in Wien und die Gutachter Straßmann, Puppe, Dittrich sie in der zweiten Instanz verneint hatten. „Gerade dieser Fall zeigt — so heißt es bei Langer, Der Mord an Helene Jursche, a. a. O. 64 — wie gewagt, ja gefährlich es ist, wenn ein Sachverständiger mit dem Terminus ‚ausgeschlossen' arbeitet."

sein, welcher mit jeder irgend denkbaren Theorie von der Unschuld des Angeklagten unvereinbar ist. Nur wenn solche Umstände vorhanden sind, welche keine vernünftige Annahme der Unschuld des Angeklagten aufkommen lassen, sollen die Geschworenen schuldig sprechen" [359]).

In diesen Worten steckt sehr feine Menschenerfahrung und ein durchaus angebrachtes Maß von Skepsis. Würden sie von unseren Gerichten stets zur Norm genommen werden, so wäre die Geschichte unserer Justizirrtümer nicht so reichhaltig. Denn es ist kein Zweifel, daß das gerade bei Mordfällen besonders heftige Bedürfnis nach Strafausgleichung oft Indizien vortäuscht und wirklichen Indizien ein Übermaß von Vertrauen schenkt. Aber auch die Fälle sind nicht selten, — und wiederum besonders instruktiv gegen jeden Quietismus — in denen ein wahrhaft teuflisches Zusammentreffen von Umständen selbst dem gewissenhaften und kritischen Richter die Überzeugung von der Schuld des Belasteten abnötigt, und doch ein Unschuldiger der Justiz zum Opfer fällt.

Man findet z. B. neben dem Ermordeten im Walde eine blutbefleckte Hacke. Ihr Eigentümer wird festgestellt und außerdem, daß er mit dem Ermordeten in Feindschaft gestanden, am Morgen der Tat in den betreffenden Wald gegangen und kurze Zeit danach verstört zurückgekommen sei. Trotz Leugnens wird — begreiflicherweise — der so Belastete zum Tode verurteilt. Den nächsten Tag meldet sich der wirkliche Täter, ein Bruder des Verurteilten. Er habe die beiden im Walde beim Holzfällen getroffen, sei mit dem Ermordeten in einen heftigen Wortwechsel geraten und habe ihn mit der Hacke — seines Bruders erschlagen [360]). Oder der Fall Steiner! Eine Prostituierte Balogh wird erwürgt aufgefunden. In demselben Hause neben ihr wohnt eine andere Prostituierte, die Steiner, eine Person von gewalttätigem Wesen und ungebändigter Wildheit. Sie war auf die Getötete in hohem Maße eifersüchtig gewesen, hatte sie auch aus Anlaß von Zänkereien wiederholt mit dem Leben bedroht, sich „auffällig bei der Entdeckung des Mordes [361]) be-

---

[359]) Glaser, Beiträge zur Lehre vom Beweis im Strafprozesse, 1883, 191/92.

[360]) Rosenblatt, GoltdArch. 31, 450 ff. Sello, 212.

[361]) Dieses „auffällige Verhalten" ist ein ganz plumpes Requisit aus der alten Zeit inquisitorischer Unfähigkeit und hat schon manchen Unschuldigen zu Fall gebracht. Als wenn sich nicht jeder Mensch, in dessen unmittelbarster Nähe ein Mord vorgekommen ist, auffallend benehme — zumal wenn er Spür-

nommen und sich bei ihren Aussagen in Widersprüche verwickelt" [362]). Sie hatte Furcht, seit dem Tode der Balogh allein zu sein, schrie im Traum auf — natürlich konnte das nur das böse Gewissen sein! — und da sie sich in der Hauptverhandlung schließlich herausfordernd und frech benahm, so wurde sie verurteilt. Nach vier Jahren stellte sich der Täter der Justiz, ein Geisteskranker. Man glaube nicht, daß die Leichtgläubigkeit der Geschworenen diesen Justizirrtum verschuldet hatte — Generalprokurator und Richter beider Instanzen haben dem Verteidiger Neuda stets versichert: „es sei nach reiflicher Erwägung des Falles und nach eingehendem Studium der Akten ihre unerschütterliche Überzeugung, daß niemand anders als die Steiner den Tod der Balogh verschuldet habe" [363]). —

1883 wird in Küßnacht (Kanton Zürich) ein Ehepaar in ihrem Bett beraubt und ermordet aufgefunden. Mehrere Personen gaben eine genaue Beschreibung von dem Täter, den sie unmittelbar vor der Tat bei dem Hause gesehen haben. Man findet bald danach in Ulm einen Vagabunden, der wenige Tage nach der Tat von Küßnacht dorthin gekommen war und Geld bei sich trug, das sowohl nach Betrag wie Geldsorten ziemlich mit dem Geraubten übereinstimmte. Er kann über die Herkunft dieses Geldes nichts sagen. Die Zeugen erkennen ihn bestimmt wieder. Nach der Verurteilung konnte er sein Alibi nachweisen: das Geld stammte von einem in Zürich vorgenommenen Einbruchsdiebstahl [364]). —

Die Juliane S. [365]) wird erschlagen aufgefunden. Die „Volksstimme" bezeichnet sofort — und wie man sagen muß, mit großem Anschein von Berechtigung — den Gregor A. als Mörder. Er stand mit ihr seit Jahren, obwohl er verheiratet war, in Verkehr: sie hatte bereits vier Kinder

---

handlungen der Polizei gegen sich gerichtet fühlt. Geradezu gemeingefährlich aber wird eine Justiz, die ihre Nachforschungen und Überzeugungen danach einstellt, daß sie den Verdächtigen „seinem Charakter nach der Tat für fähig hält." So in dem deutschen Fall Klein (Sello, 184 ff.). Mit Recht nennt Sello solche Überzeugungen „das Unzuverlässigste, was es auf psychologischem Gebiete überhaupt geben mag". (191.)

[362]) Auch hiervon gilt das gleiche wie von dem „auffälligen Benehmen". Denn wir wissen, daß bei ganz unverdächtigen Zeugen, die nichts von dem Prozeß zu befürchten haben, gerade bei causes célèbres Widersprüche durchaus das Normale darstellen — ist es wunderbar, daß Beschuldigte, die um ihre Existenz kämpfen, dem gleichen Fehler verfallen?

[363]) Sello, 213/14.

[364]) Sello, 159 ff.

[365]) Sello, 226 ff.

von ihm und erwartete das fünfte. Sie war von dem rücksichtslosen und gewalttätigen Manne wiederholt mißhandelt worden, ja sogar mit dem Tode bedroht worden — man erfuhr, daß sie von ihm angestiftet war, seinen hochversicherten Meierhof in Brand zu setzen, und daß sie mit ihren Geldansprüchen an ihn unersättlich war. Sie hatte ihm gerade in der letzten Woche ihres Lebens mit Anzeige wegen Brandstiftung gedroht, wenn er ihr nicht Geld gebe. Am Abend der Tat war ein heftiger Zank zwischen ihnen in der Wohnung des Gregor A. ausgebrochen, — die eigene Schwiegermutter des A. hatte noch einen plötzlichen Schrei von der Stimme der Juliane S., wie es schien, herrührend gehört. Dann war alles still geworden. Niemand hatte sie seitdem lebend gesehen.

Die Leiche fand man mit einem alten Männerrock des A. bekleidet, der, wie festgestellt wurde, noch den Abend der Tat in seinem Besitz gewesen war. An diesem Abend waren A. und seine Frau mit der Juliane allein in der Wohnung. — Der einzige dort wohnende Hausgenosse war an dem Tag abwesend, die Kinder von der Frau des A. zur Großmutter geschickt worden. Die Sachverständigen nahmen an, daß die Juliane S. nicht an der Fundstelle getötet sei, da nur geringe Blutspuren hier zu finden waren. Daß man in dem Hause des A. keine Blutspuren trotz gründlichster Untersuchung auffand, war der einzige negative Befund zugunsten des A. — aber dafür wußte eine Nachbarin zu erzählen, daß die Frau des A. bald nach ihrer Mitteilung von dem Mord schleunigst das Haus verlassen hatte, und am Bach heimlich und höchst eilig etwas wusch. — Alles in Allem: man muß sagen, eine große Fülle von Indizien, so daß die Verurteilung begreiflich erschien. Der wahre Mörder begeht nach drei Jahren einen Selbstmordversuch und erleichtert sein Gewissen durch ein Geständnis. Es war ein schwächlicher und schüchterner Bursche K. von 16 Jahren. Die Juliane S. hatte ihn zu einem Liebesverhältnis verleitet und ihm unter der Vorspiegelung, daß sie von ihm schwanger sei, derartig mit Erpressungen und Einschüchterungen zugesetzt, daß er sie bei einem Rendezvous dort, wo man die Leiche fand, erschlagen hatte. Der zu Unrecht Verurteilte hatte in der Hauptverhandlung gegen ihn erklärt, daß die S. am Abend der Tat ihn verlassen habe, mit der Mitteilung, daß sie mit dem K., wie schon öfter, im Garten eine Zusammenkunft verabredet hatte. — Aus Schutz gegen die Kälte habe er ihr auf ihr Verlangen seinen alten Rock gegeben. Diese Erklärung des Angeklagten erschien allen in der ersten Verhandlung denkbar unglaubwürdig. Der im ganzen Dorf als bescheiden und sittenrein gekannte halbwüchsige Geselle von 16 Jahren sollte ein Liebesverhältnis mit dieser allgemein verschrieenen

Dirne haben?? Der Fall ist deshalb so instruktiv, weil er zeigt, daß selbst eine geschlossene Kette durchaus glaubhafter Indizien keineswegs die Wahrheit, und noch so unglaubwürdige Indizien keineswegs die Unwahrheit zu enthalten brauchen![366]) —

Und damit breche ich ab. „Wir urteilen als beschränkte Wesen, wir strafen, als wenn wir unfehlbar wären!" Das Wort Benthams wird wahr bleiben, solange wir eine Todesstrafe in unseren Gesetzen haben. —

§ 6. Die „Lebenslänglichen".

Erfahrungen über Eigenart und Verhalten lebenslänglich Verurteilter oder Begnadigter sind für unsere Frage aus verschiedenen Gesichtspunkten notwendig,

1. weil an die Stelle der Todesstrafe, jedenfalls für die schwersten Fälle, und solange man sich zu dem Experiment der Deportation nicht entschließen kann, lebenslängliche Zuchthausstrafe treten würde, und man daher

2. ein Urteil haben muß, wie diese Strafe auf die Gefangenen wirkt, und in welchen Beziehungen eine Reform ihrer Vollstreckung zu fordern wäre,

3. weil wir hier ein wertvolles (leider noch nie verarbeitetes) Material haben, das uns ein zuverlässiges Urteil über die Menschen ermöglicht, denen wir die schwerste Strafe auferlegen, ein „Stück lebendiger Menschenkunde und Erfahrung", wie es in dem Bericht einer süddeutschen Strafanstalt heißt. Es ist klar, daß wir im Nebel unsern Weg suchen, wenn wir uns auf die einzelnen und sehr vorübergehenden Eindrücke über Mörder beschränken wollen, über die uns Richter, Staatsanwälte und Verteidiger auf Grund ihrer Erfahrung berichten, wenn wir jede nur aus Büchern zusammengelesene Weisheit unserer theoretischen Juristen als Meinung von Sachverständigen einschätzen, oder gar — um Stimmung zu machen — Enqueten „führender Geister" aus dem Bereich unserer Künstler und Gelehrten außerhalb der Jurisprudenz anstellen: in dieser Frage kann uns wirklich der klassische Philologe oder Chemiker nicht um ein Haar breit weiter bringen! Was uns hier Not tut, das ist eine gesammelte

---

[366]) Vgl. auch den Fall Gietzinger (1898) bei Sello, 235 ff.: „mir sind nur wenig Fälle bekannt — sagt Sello mit Recht von ihm —, die die Gefährlichkeit eines auf solche Weise zusammengestückten Indizienbeweises so laut predigte wie dieser". (237.) Schließlich soll nur noch an dieser Stelle auf den durchaus brüchigen Indizienbeweis im Falle Ziethen hingewiesen werden und auf die Darlegungen Sellos, 134 ff., die vollständig überzeugend wirken.

Erfahrung gerade aus den Kreisen der Strafvollzugsbeamten, der Strafanstaltsärzte und -Geistlichen, die durch Jahre hindurch Gelegenheit haben, solche Lebenslänglichen zu beobachten. Nur wenn wir diese Arbeit durch längere Zeit fortgesetzt haben, werden wir wissen; was es für Menschen sind, die wir als Mörder verurteilen, wieviele von ihnen „unverbesserlich" sind oder eine Einordnung in die menschliche Gesellschaft vertragen können, ob wir hier nur die Hefe des Verbrechertums finden, oder ob die Täter der schwersten Verbrechen keineswegs auch nur überwiegend die schwersten Verbrecher sind? Derartige Erfahrungen fehlen uns, und wir können schon jetzt erkennen, sobald wir den Versuch eindringlicher Menschenbeobachtung bei Gefangenen anstreben, wieviel wir aus solchen Beobachtungen gewinnen können für die richtige Behandlung und Beurteilung unserer Verbrecherwelt.

Man sage nicht, daß eine Enquete über die „Lebenslänglichen" uns gerade nicht über solche Verbrecher unterrichten könne, die die Todesstrafe zu erleiden verdienten, daß hier nur solche Elemente in Frage kämen, deren Tat oder Persönlichkeit soviel an Milderungsgründen aufweise, daß sie durch Gnadenakt der schwersten Strafe entzogen seien. Denn einmal finden sich bei den im folgenden berücksichtigten Ländern, in Holland und Belgien auch die schwersten Verbrecher unter diesen „Lebenslänglichen", weil in diesen Staaten ja die Todesstrafe (gesetzlich oder bloß faktisch) nicht mehr besteht. Dann weisen aber auch in Deutschland und Österreich die zu lebenslänglichem Zuchthaus Begnadigten keineswegs bloß die milderen Fälle auf. Es werden Begnadigungen gerade auch bei den grauenhaftesten Mordtaten dann ausgesprochen, wenn Zweifel an der Zurechnungsfähigkeit der Täter sich nicht abweisen lassen und die Gnadeninstanz gerade deshalb vor der Vollstreckung der Strafe zurückschreckt. Weiter sind auch solche Fälle nicht selten, in denen die Begnadigung nicht etwa erfolgt, weil Tat oder Täter Milde verdienen, sondern weil Zweifel an der Geschlossenheit des Indizienbeweises zurückbleiben oder Wiederaufnahmeanträge zwar abgelehnt wurden, aber doch der Verdacht sich nicht ganz verjagen läßt, daß dem Täter Unrecht geschehen sein könne. Schließlich wird ja in manchen Staaten (Österreich, Baden, Bayern) vom Begnadigungsrecht gegenüber Todesurteilen ein überaus reichlicher Gebrauch gemacht, ein Gebrauch, der zwar einen Schluß auf den Widerwillen gegen die Vollstreckung der Todesstrafe, keineswegs aber auf die geringere Schwere der Tat oder weniger intensive Gemeingefährlichkeit der Täter zuläßt. So finden sich unter diesen Lebenslänglichen durchweg Fälle der schwersten Untaten.

Eine Scheidung zwischen lebenslänglich Verurteilten und solchen, die zu lebenslänglicher Strafe begnadigt sind, habe ich nicht gemacht. Die psychologischen Unterschiede zwischen Mord und Totschlag sind sicherlich nicht zu halten, und die Praxis verwischt sie vollständig, es gibt Mörder, die als Totschläger und Totschläger, die als Mörder verurteilt werden — entscheidend dafür ist in den seltensten Fällen die Legalinterpretation, sondern meist eine Fülle von imponderabilen Momenten: Abneigung der Geschworenen gegen ein Todesurteil oder umgekehrt gesteigertes, blind machendes Vergeltungsbedürfnis, Mängel der Rechtsbelehrung, der Eindruck, den das Verhalten des Angeklagten in der Hauptverhandlung, den das Auftreten von Staatsanwalt, Verteidiger und Vorsitzender, Belastungs- oder Entlastungszeugen auf die Geschworenen machen usw. Es läßt sich also niemals feststellen, daß und ob überhaupt ein psychologisch haltbarer Unterschied in der Persönlichkeit zwischen den beiden Kategorien der Lebenslänglichen auf Grund des Urteils oder der Begnadigung besteht. Und nun zur Darstellung der von mir erstrebten Erkundigungen.[367]) Ich habe mich mit einem bestimmten Fragebogen an eine große Anzahl deutscher und ausländischer Strafanstalten gewendet und erhielt

I. aus Deutschland das Material von 20 Strafanstalten [368]) über 552 Lebenslängliche, zum Teil aus einer 20 Jahre langen und darüber gehenden Beobachtungszeit,

II. aus Österreich aus 4 Männerstrafanstalten von 227 Lebenslänglichen, außerdem darunter einen Bericht ohne Angabe der Zahlen,

III. aus Belgien für die Zeit von 1890—1910 von 308 Lebenslänglichen,

IV. aus Holland von 6 Lebenslänglichen,

V. aus Italien von 1167 Lebenslänglichen aus dem Ergastolo in Santo Stefano und Portolongone,

VI. aus der Schweiz von dem 80jährigen Direktor der Strafanstalt Lenzburg (Aargau) v. Hürbin über 38 Lebenslängliche in Fortsetzung seines wertvollen Aufsatzes [369]).

[367]) Ich habe den Ministerien ebenso zu danken wie den Verfassern der Gutachten, die zum Teil von überaus großer Feinheit und Menschenkunde zeugen. Da einzelne Anstaltsdirektionen ausdrücklich gebeten haben, die Bezugsquelle nicht anzugeben, und ich keine Unterschiede machen möchte, werde ich bei den deutschen Gutachten auf jede Namhaftmachung verzichten. Jedenfalls verdanke ich diesen Berichten eine ganz erhebliche Anregung und Förderung.

[368]) Meine Anfrage war an mehr Anstalten gerichtet, die Beantwortung wurde aber zum Teil abgelehnt, zum andern Teil — nur versprochen.

[369]) Hürbin, Die todeswürdigen Verbrecher in der Strafanstalt, Schweiz. Z. f. Strafrecht VI, 433 ff.

Außerdem verdanke ich Anregungen der gründlichen Arbeit des Psychiaters Rüdin über die geistigen Erkrankungen von „Lebenslänglichen", die er auf Grund langjähriger Beobachtung von 50 Lebenslänglichen veröffentlicht hat[370]), und schließlich einer brieflichen Auskunft vom Medizinalrat Leppmann. Naturgemäß ist das Material ganz ungleichmäßig in Ausführlichkeit und Nachprüfbarkeit und kann schon aus dem Grunde nur zum Teil berücksichtigt werden, zum andern Teil verbietet Fragestellung und Zweck dieses Gutachtens eine erschöpfende Verwertung [371]).

Wichtig erscheinen mir für unsere Frage vor allem die folgenden Gesichtspunkte:

I. Die Eigenart der Lebenslänglichen. Darüber sind sich alle Beurteiler einig, daß sie „keinen festen Typus" darstellen; abgesehen von der bei allen schweren Verbrechern häufigen hochgradigen Minderwertigkeit finden sich bei ihnen „recht große Verschiedenheiten". Wir hören von „verschlossenen, hinterlistigen und gewalttätigen Individuen", von „tierisch rohen, fast gefühllosen Menschen", von Mördern, die „aus untersten Volksschichten kommen", ohne alle Erziehung und völlig vernachlässigt aufgewachsen sind, — von Menschen, „deren moralisches und intellektuelles Existenzminimum kaum geringer sein kann", deren „Gott der Magen ist" und die „ohne jegliches geistiges Interesse seit lange auf Lektüre verzichtet" haben. Aber sobald man näher zusieht, erscheinen sogar diese scharfen Unwerturteile vielfach in milderem Licht. Von dem zuletzt genannten, „durch und durch als Egoisten bezeichneten" Gefangenen heißt es, daß er einem Menschen „freundliche und warme Gefühle" bewahrt, „seiner Mutter". Von einem 24jährigen Mörder heißt es: „er war in der Erziehung vollständig vernachlässigt worden und wegen seiner geschlechtlichen Mißgeburt (männlicher Zwitter) und der Behandlung der Mitmenschen immer mehr verbittert worden und schließlich ganz vertiert — schon nach einem Jahre Strafhaft konstatiert der Strafanstaltsdirektor ein Fortschreiten in „sittlicher und religiöser Vertiefung". Ein Direktor sagt von seinen 45 Lebenslänglichen: sie stammten „fast

---

370) Rüdin, Über die klinischen Formen der Seelenstörungen bei zu lebenslänglicher Zuchthausstrafe Verurteilten (Münchner Habilitationsschrift 1909).

371) Es scheint mir dringend wünschenswert, daß solche Untersuchungen durch unsere deutschen Justizverwaltungen gefördert und durch unsere Kriminalisten in erheblichem Maße in Angriff genommen werden. Ein unschätzbares Material wartet hier der wissenschaftlichen Ausbeute!

ausnahmslos aus untersten Volksschichten und traurigen Verhältnissen, genossen schlechte Erziehung und waren keine gelernten Arbeiter". Und bei jenen tierisch rohen und gefühllosen Exemplaren heißt es dann einmal, der Strafanstaltsdirektor habe sie stets für „Psychopathen" gehalten, oder eine voll entwickelte Geisteskrankheit sei nach wenigen Jahren ausgebrochen. Finden wir doch nach Rüdins Beobachtungen, die von dem erfahrenen Leppmann voll bestätigt werden, gerade unter den Mördern Menschen, „die aus moralisch und gesundheitlich erschreckend zerrütteten Familienverhältnissen stammen und wohl unter einer Summe von ungünstigen Zeugungsmomenten in die Welt kamen, wie man sie anderswo in der Bevölkerung doch nur ganz ausnahmsweise findet. Denn schon aus der recht unvollständigen Befragung geht hervor, daß jeder fünfte Vater unserer im Strafhause geistig erkrankten Lebenslänglichen ein notorischer Trinker und jeder dritte Vater ein Trinker, Geisteskranker oder so abnormer Charakter war, daß er selbst auf dem tiefen moralischen Niveau der Umgebung als solcher auffiel" [372]). Mit diesem Urteil des Arztes deckt sich das Urteil des Direktors einer großen süddeutschen Strafanstalt: er nennt die Lebenslänglichen „fast durchgehend erblich-familiär mit Nerven- oder Geistesstörungen oder mit Alkoholismus mehr oder minder belastet", mit dem Gepräge der psychopathischen Konstitution; zum mindesten seien sie „sozial entartete" „Defektmenschen". So zeigt sich, daß das, was wir mit moralischem Pathos als tierische Roheit oder Gemeinheit werten, sehr oft die Wirkung eines pathologischen Zustandes ist [373]).

Aber wir bekommen auch ganz andere Bilder entworfen. Wir hören — und zwar wiederholt — von Mördern, die jahrelang im Zuchthaus als Krankenwärter verwendet wurden, die sich mit „Hingebung und wahrer Selbstverleugnung der Kranken angenommen", sich große Verdienste dadurch um ihre Mithäftlinge erworben haben, so daß sie von den im Zuchthause Verstorbenen „wiederholt zu Erben ihrer Ersparnisse eingesetzt" wurden. Wir hören von der seltenen „Bravour und Pflichttreue" eines solchen „Krankenwärters" gegenüber einem plötzlich aggressiv werdenden Geisteskranken, der mit einem Schemel jeden niederzuschlagen drohte: „obwohl ziemlich schwer verletzt, machte er von dem Rechte der Notwehr keinen Gebrauch, sondern entwaffnete

[372]) Rüdin, a. a. O. 6; vgl. auch S. 4.

[373]) Ein Strafanstaltsarzt rechnet unter 71 Lebenslänglichen **22**, welche zweifellos schon beim Eintritt „psychopathisch minderwertig" waren.

den Kranken in schonendster Weise". Andere Lebenslängliche charakterisieren Direktoren auf Grund jahrzehntelanger Erfahrung in folgender Weise: einen „unglücklichen Mann", dem man die Sympathie nicht versagen könne, eine „bedauernswerte Persönlichkeit", einen „hochintelligenten Menschen, der in seinen Mußestunden mit Erfolg sprachliche und Malstudien getrieben hat" und „voll sittlich gesundet" ist, er hat sich „durch privaten Fleiß eine umfassende Bildung angeeignet, eine Bildung des Herzens und des Geistes". Wir hören von einer Mörderin, daß sie Jahre hindurch eine „Vertrauensperson" der Anstalt war, deren Fehlen nach ihrem Tode „merklich empfunden wurde".

Die gleichen Variationen treten uns entgegen, wenn wir die Ursachen ihres Verbrechens erforschen. Wir finden „einen ganz harmlosen Bauernburschen, den nur die suggestive Kraft dreier Frauenzimmer und die Hörigkeit gegenüber seiner Geliebten nach langem Zögern dahin bringen konnten, den dieser oktoyierten ungeliebten Ehemann zu erdrosseln, — einen Menschen, der nie mehr töten wird", anderseits einen rachsüchtigen Psychopathen, der aus unbedeutendem Wortwechsel heraus wiederholt zu Mordtaten schreitet, „geistig Rüstige, die nach einem wohl ausgedachten Plan handelten und Lustmörder, die ebenso gut (oder besser: ebenso schlecht) für die Irrenanstalt geeignet wären, wie für das Zuchthaus; Zielbewußte und Impulsive, die der Tat später verständnislos gegenüber stehen, Raubmörder, die wegen einiger elender Pfennige ein Menschenleben opfern und Affektmörder, die sich gescheut hätten, je auch nur einen Heller zu veruntreuen". So zeigen diese Verbrecher ein „bizarres Nebeneinander von Raffinement und Naivetät, von Gut und Böse, Stumpfheit und Erreglichkeit, Beeinflußbarkeit und Eigensinn". Und alle sollen der gleichen Strafe unterworfen werden?? —

II. Wir werden uns nicht wundern, daß die Wirkung einer solchen Strafe auf diese mannigfach gearteten Individuen auch durchaus verschieden ausfällt. „Menschen, die wie Katzen immer auf die Füße fallen, überall zu Hause sind, allem die beste Seite abgewinnen, Philosophennaturen, die mit stoischer Ruhe alles tragen, werden auch im Zuchthause am besten durchkommen." Dieser Schilderung eines Strafanstaltsarztes entsprechen Beispiele aus verschiedenen Strafanstalten. Wir hören von Gefangenen, die „gleichgültig" dahin leben und sich „wie zu Hause fühlen [374]), von einem durch den Trunk völlig

[374]) Von der oben erwähnten Mörderin, die sich bis in ihr hohes Alter große leibliche und geistige Frische bewahrte, heißt es: „die Arbeit war ihr Vergnügen, sie freute sich ihrer Fortschritte und machte Pläne, wie sie sich dem

heruntergekommenen Mörder, der „ohne seelische Depression" durch „ungeheures Phlegma und unerschütterlichen Gleichmut" auffällt: er fühlt sich im Zuchthaus nach seinen eigenen Worten „körperlich viel besser als früher", und konstatiert „mit Befriedigung", daß sein früheres Leben viel schlimmer gewesen sei.

Solcher Art sind die Naturen, deren Gesundheitszustand auch durch die längsten Strafen nicht erschüttert wird, und die ein erstaunlich hohes Alter aufweisen. Fast alle Berichte weisen solche Zahlen auf, sowohl die aus dem Inland wie die Auslandsberichte. Im italienischen Ergastolo hören wir von Gefangenen, die 70 Jahre und darüber alt werden (einer 81, ein anderer 85 Jahre!), obwohl sie 20 bis 30 Jahre interniert waren. Ein holländischer Gefangener ist 35 Jahre in der Strafanstalt „stark und gesund" geblieben und mit 71 Jahren gestorben. Ebenso werden uns aus den belgischen, österreichischen und deutschen Strafanstalten solche Fälle berichtet [375]). Aber es wäre sehr einseitig, aus solchen Angaben etwa den allgemeinen Schluß ziehen zu wollen, daß die Lebensdauer und der körperliche und seelische Zustand durch die lebenslängliche Strafe nicht ungünstig beeinflußt werden, wie es in dem einen Bericht heißt. Denn jene hohen Ziffern sind nur Ausnahmen, sie finden sich fast nur unter solchen Lebenslänglichen, welche ohne geistige und seelische Interessen auch schon vor ihrer Einlieferung lediglich animalische Bedürfnisse hatten, und deren Gesundheitszustand nun durch Abstinenz und vollkommene Regelmäßigkeit günstig beeinflußt wird. Denn neben jenen Naturen finden sich nun, und zwar durchgängig, solche, die „voll ungestümen Freiheitsdranges, wie das frisch gefangene Raubtier, gegen die Gitter rasen, sich in Auflehnung gegen den unerträglichen Zwang und Ausbruchsversuchen verzehren", bald „geistig zusammenbrechen oder freiwillig aus dem Leben scheiden". Aber auch dort, wo solche Explosionen fehlen, entwickeln sich doch bei den meisten

Hause, in welchem sie sterben wollte, nützlich machen könne". Freilich waren dieser Abklärung Jahre des „furchtbarsten" Seelenkampfes vorausgegangen, in denen sie „wie eine Wahnsinnige um sich schlug" und „wiederholt den Wunsch aussprach, hingerichtet zu werden".

375) Vielleicht sind solche Zahlen aus einer Reihe deutscher Strafanstalten von Interesse. Von 71 Lebenslänglichen sind 15 im Alter von 56—60, 6 zwischen 61 und 65, 1 über 71 Jahre alt. Von 45 Lebenslänglichen werden nach 20 bis 27 jähriger Haft Lebensalter von 83, 81, 77, 75, 70, 69, 67, 66, 65 Jahren genannt. Unter 41 Gefangenen befinden sich 2 im Alter von 73 und 74, vier im Alter von 64—65 Verstorbenen. Von 68 Gefangenen starben im Alter von 82, 78, 74, 70, 69, 62 Jahren je einer.

infolge des „monotonen, deprimierenden Haftlebens, durch fortgesetzte wunschhafte Revidierung ihres Lebens und ihres Strafprozesses" physische und seelische Veränderungen, die durch ererbte oder erworbene Minderwertigkeit in körperlicher oder geistiger Beziehung beschleunigt werden. Im allgemeinen findet man in allen ausführlicheren Berichten das Urteil eines Direktors bestätigt [376]), „daß jahrzehntelange, hoffnungslose Haft bei durchschnittlich allen solchen Menschen eine langsam fortschreitende Einengung der geistigen Persönlichkeit, eine Abnahme der intellektuellen Sphäre und der normalen Gefühlsbetonungen und Willensantriebe im Sinne eines Verblödungsprozesses zur Folge hat". Denken wir weiter an die Monotonie dieses Lebens, den Mangel an Bewegung und die starken depressiven Wirkungen der Strafe, so können wir uns nicht wundern, wenn uns von Verkalkung der Blutgefäße in frühen Jahren und vorzeitigem Altern wiederholt berichtet wird, oder uns das Zerstörungswerk der Tuberkulose deutlich entgegentritt. Von 53 Lebenslänglichen einer Anstalt sind 30 an Tuberkulose verstorben, und von diesen ist die Erkrankung, nach sicherer Ermittlung, bei 18 erst in der Haft aufgetreten. Von einem 48jährigen, der bislang 27 Jahre inhaftiert war, heißt es, er ist ein „müder, völlig gebrochener Mann und sieht aus, als sei er mindestens 70 Jahre alt"!

Naturgemäß ist die Wirkung der Strafe von den allerverschiedensten Momenten abhängig: von dem Lebensalter bei der Einlieferung — ein sehr erheblicher Prozentsatz ist unter 30 Jahren. Von 45 Lebenslänglichen einer Anstalt begingen 78 % ihre Tat „im jugendlichen Alter von 20 bis 32 Jahren", nur 9 % waren älter als 40 Jahre alt. Ferner davon, ob der Einzelne körperlich und seelisch robust und abgestumpft ist oder labil und erregbar, ob er unter der Schwere seiner Tat oder bloß den Beschränkungen der Strafe leidet usw. Das bedarf keines Nachweises im einzelnen, so interessant und wertvoll auch die Beobachtung der individuellen Bilder erscheint. Dagegen lassen sich bestimmte, allgemein zu beobachtende Strafwirkungen konstatieren. Die Berichte zeigen drei verschiedene Stadien dieser Strafwirkung. Die erste Zeit zu Beginn der Strafe ist namentlich im Anfang ein Stadium hochgradiger Erregung. Wochen und Monate vorher haben diese Lebenslänglichen unter dem Eindruck ungünstigster seelischer Einflüsse gestanden. „Von der Tat ab bis zur Entdeckung und von da bis zur Verurteilung waren sie den stärksten Spannungsaffekten ausgesetzt." Und nun schließt sich hinter

---

[376]) Auf Grund vierzehnjähriger Beobachtung von 68 Lebenslänglichen!

ihnen die Zuchthaustür. Der furchtbare Ernst des Gedankens, daß dies für immer geschehe, drängt sich ihnen sehr bald mit solcher Kraft auf, daß etwa 50 % aller Gefangenen — nach dem Urteil eines Direktors — in diesem Anfangsstadium die Gefahr einer geistigen Erkrankung durchzumachen haben. Diese starke Gefühlserregung verbunden mit der Unfähigkeit, sich den völlig veränderten und tief deprimierenden Lebensbedingungen im Zuchthause anzupassen, die psychischen Nachwirkungen der Affekte und Willensdispositionen aus dem Leben in der Freiheit, die nunmehr fortgesetzt durch die Anstaltsdisziplin bekämpft werden, Sehnsucht und Hoffnungslosigkeit, Erbitterung und Verzweiflung, die in der Seele des Gefangenen wiederklingen — alles das schafft schwer zu ertragende Exzitations- und Depressionszustände. Daher ist in diesem Anfangsstadium „vorsichtige und vielfach schonende Behandlung durch alle Beamten des Strafvollzuges" zum Ausgleich der den Lebenslänglichen drohenden Gefahren dringend notwendig. Geschieht das nicht, so tritt vielfach schon in ganz kurzer Zeit ein Zusammenbruch der geistigen Kräfte der Gefangenen ein. Dazu kommt, daß überall da, wo diese Rücksicht nicht genommen wird, gerade in der ersten Zeit sehr leicht schwere Disziplinwidrigkeiten durch jenen abnormen, krisenhaltigen Bewußtseinszustand ausgelöst werden. Bei richtiger Behandlung der Gefangenen tritt dagegen, sofern es sich nicht um schwer psychopathische oder körperlich intensiv geschwächte Personen handelt, nach längerer Zeit von selbst eine Beruhigung ein. Es kommt das zweite Stadium, in dem die Selbsterhaltung einen oft erfolgreichen Kampf gegen die zerstörenden Kräfte des Zuchthauses führt. Dazu ist zunächst bei allen bessern Elementen erforderlich, daß sie über die Erinnerung an ihre Tat hinwegkommen, daß sie die immer aufs neue wiederkehrenden und quälenden reproduzierenden Eindrücke überwinden. Mit Recht nennt ein feinsinniger süddeutscher Strafanstaltsarzt diese Ausschaltung der Reuegefühle eine „Art natürlicher Schutzeinrichtung", weil „ohne sie wahrscheinlich weit mehr Gefangene Schaden an ihrer geistigen Gesundheit leiden" würden. Man könne ebenso wenig ohne Schaden jahrzehntelang bereuen, als man unbegrenzt lange Objekt der „Vergeltung" sein könne.

Mit dieser Ausmerzung der Vergangenheit verbindet sich der Versuch eines seelischen Neuaufbaus. Dieses ist die Zeit, in der die Gefangenen ethischen Einflüssen zugänglich gemacht werden können, neue Vorsätze fassen und betätigen und oft, schon nach wenigen Jahren dem erfahrenen Strafanstaltsbeamten erkennbar, zur sittlichen Gesundung heranreifen. Aber auch bei den gröberen Elementen — ich kann nach dem mir zur Verfügung stehenden Material etwa 70 % dazu rechnen — machen sich beruhigende Einflüsse durch den Selbsterhaltungstrieb geltend.

Kein Mensch kann einen Zustand der Hoffnungslosigkeit längere Zeit ertragen. So bemächtigt sich auch der für immer Eingesperrten durchgängig die Hoffnung. Niemand von ihnen vermag den Gedanken der lebenslangen Haft auszuhalten. Ein jeder hofft darauf, noch einmal die Freiheit wiederzuerlangen. Und diese Hoffnung erhält ihr Leben und bewahrt die meisten vor dem Zusammenbruch. Zugleich aber bringt sie fast alle dazu, ihre besten Kräfte einzusetzen, um durch dauerndes Wohlverhalten sich eine definitive Begnadigung zu erwerben. Unter dem Einfluß dieser Stimmung lernen sie nun „sich willig in die Ordnung des Hauses zu fügen", lernen „ihr Temperament beherrschen" und „gewinnen an sittlichem Halt". Der Direktor einer großen österreichischen Strafanstalt nennt die Lebenslänglichen im allgemeinen „die besten Elemente im Strafvollzug", von einer deutschen Strafanstalt heißt es: „bis auf ganz seltene Ausnahmen ist die Führung der Lebenslänglichen tadellos, sie bilden zum großen Teil Stützen der Verwaltung". Für viele — heißt es in einem andern Bericht — tritt nach Jahren ein Wendepunkt ein: es gibt dann ein Optimum der Strafdauer, wo die guten Vorsätze am wirksamsten werden, der Wunsch, sie in die Tat umzusetzen, sich draußen im Leben nochmals nützlich zu betätigen gegenüber den Angehörigen, nicht nur im Zuchthause zu sühnen, seine größte Kraft erreicht. Nun fühlt der Büßer eine Umwandlung in sich vorgehen, nun sagt er sich auch: „jetzt ist es genug". „Das wäre — so heißt es dann weiter — der rechte Zeitpunkt zur Entlassung des Gefangenen; bei Lebenslänglichen muß er aus kriminalpolitischen Rücksichten wohl meist überschritten werden."

Nach 20 Jahren Strafhaft tritt dann regelmäßig das trübste, dritte Stadium ein. Es leitet sich ein durch „ein Abflauen der guten Affekte": an Stelle der Hoffnungsfreudigkeit tritt dumpfe Resignation; die Enttäuschung schädigt wohl auch das Nervensystem, hypochondrische Befürchtungen nehmen überhand, die Gesundheit leidet vielleicht auch wirklich, der Gefangene fängt an, die Fortsetzung der Strafe als eine zwecklose Härte zu empfinden, er fühlt sich einer langsam zu vollziehenden Todesstrafe ausgesetzt, an Stelle früheren Vertrauens tritt Mißtrauen, Verbitterung, Haß auf die Gesellschaft. „Stiller und trauriger" werden dann viele Gefangene und ziehen sich mit schwindender Hoffnung immer mehr zurück, werden zu Einsiedlern, kommen nicht mehr zum Arzt und antworten auf die Frage nach dem Grunde ihres Fernbleibens wohl „weil ich dieses Leben nicht verlängern will". „Dann beginnt — heißt es in einem andern Bericht — ein grausames Zerstörungswerk des inneren Lebens durch die abtötende Haft. Das Notwendigste und Beste im Menschen, sein Wille, zum Schlechten, aber auch zum Guten wird langsam, aber sicher gewürgt. Es fehlt die den Menschen „heiligende" Freude. Das Vegetieren beginnt und siegt. Die Gefangenen werden stumpf und gefühllos, Maschinen, endlich Ruinen." Das ist der Nährboden für entstehende geistige Störungen. Leppmann meint sogar, „daß die Lebenslänglichen mit der Zeit alle mehr oder weniger als geisteskrank erkannt werden bzw. in Geistesstörung schwereren oder leichteren Grades verfallen" [377]).

In dem Bericht des schon mehrfach erwähnten Strafanstaltsarztes wird dieses Urteil daraus erklärt, daß Leppmanns Material Großstädter, d. h. zahlreichere „Degenerierte, Syphilitische, schwere Alkoholiker" aufweise. Aber auch er meint, daß es im allgemeinen wohl der Wahrheit, wenn nicht entspreche, so doch nahe komme. Diese Störungen sind die Folgen des jahrzehntelang dominierenden und nicht befriedigten Gefühls, der Hoffnung auf Begnadigung, der Sehnsucht nach der Freiheit. Es sind (von andern auch in der Freiheit vorkommenden klinischen Formen abgesehen) namentlich zwei charakteristische Krankheitsprozesse, denen ein nicht geringer Teil der Gefangenen zum Opfer fällt. Einmal dem mit Erinnerungsfälschungen und Sinnestäuschungen verbundenen Unschuldswahn [378]). Aus jenem durch den Selbsterhaltungstrieb geforderten oben erwähnten Streben nach Ausmerzung der Vergangenheit entstehen allmählich durch „Hervorhebung günstiger und verminderte Betonung belastender Momente" tiefgreifende Veränderungen und Fälschungen der Erinnerung. Weil der Gefangene die Begnadigung mit immer stärkerer Sehnsucht herbeisehnt, muß die Tat allmählich im milderen Lichte erscheinen. Es entsteht ein „Reinwaschungsprozeß" (Rüdin), all-

---

[377]) Zitiert bei Rüdin, a. a. O. 4.

[378]) Vgl. die ganz vortreffliche Schilderung bei Rüdin, 8 ff., die durch eine Reihe von Berichten voll bestätigt wird. Dagegen sind manchen Direktoren diese Erscheinungen offenbar nicht bekannt. Wie gefährlich das ist, lehren die aktenmäßigen Darstellungen bei Rüdin, wo schwer pathologische Gefangene jahrelang auf das grausamste disziplinarisch gemartert worden sind, weil man ihr

mählich eine „Unschuldssophisterei“ [379]), die immer allgemeiner und tiefgreifender wird und sich schließlich ins Krankhafte steigert. Die „schuldbeweisenden Vorgänge“ werden — wie ein Strafanstaltsarzt sagt — ganz verdrängt und durch unschuldbeweisende Phantasieprodukte ersetzt: das Individuum verfällt damit dem Unschuldswahn.

Die zweite aus den gleichen psychologischen Prozessen erwachsende pathologische Störung ist der „präsenile Begnadigungswahn“ (nach Rüdins Bezeichnung, 8 ff.). „Da die Bemühungen des Gefangenen, allen Versuchungen des Zuchthauses zu widerstehen, aus der Hoffnung auf dereinstige Begnadigung entspringen, und die Berechtigung so begründeter Hoffnungen ihm auch von den zum Ausharren ermahnenden Beamten fortgesetzt bestätigt wird, — so heißt es in einem Bericht — wird die Assoziation ‘gute Führung — Begnadigung’ unter dem Einflusse des Wunschaffekts bald zum fixen Komplex, der bei geschwächter Kritik überbetont und überwertig zur Wahnidee werden kann.“ Dann tritt, verbunden mit allerhand Sinnestäuschungen und Wahnideen, meistens ganz plötzlich die unerschütterliche Überzeugung von der unmittelbar bevorstehenden oder bereits erfolgten Begnadigung auf. Auf eine nähere Schilderung dieser Krankheitsform muß hier natürlich verzichtet werden. —

3. Es ist nach den bisherigen Schilderungen begreiflich, daß das Verhalten der Lebenslänglichen in den Strafanstalten ebenfalls ganz verschieden ist. Wir brauchen uns nicht darüber zu wundern, daß neben den mehrerwähnten günstigen [380]) auch gelegentlich schroff ungünstige Urteile über ihre Führung auftreten. Ein Direktor nennt sie „unbequeme lebenslängliche Kostgänger des Staates, hartnäckige Zerstörer von Beamtennerven“. Ein derartig generell scharfes Urteil ist freilich sonst nirgends abgegeben worden, und zudem ist mit

---

Verhalten für Simulation und Unbotmäßigkeit hielt. (84/85.) Im allgemeinen aber sind solche schweren Mißgriffe und Roheiten aus Unkenntnis jetzt sehr selten geworden.

[379]) Frey Svenson in H. Groß’ Archiv (1912), 253.

[380]) Vgl. hierzu auch den Bericht von v. Hürbin, Die todeswürdigen Verbrecher in der Strafanstalt, Schweizer Z. f. Strafrecht VI, 433 ff., der das Verhalten der Gefangenen unter genauerer Detaillierung überwiegend mit „gut“ bezeichnet. Keiner habe sich an einem Beamten der Strafanstalt vergriffen. v. Hürbin kommt auf Grund seiner Erfahrungen zu dem Schluß, daß „weder aus Gründen der Detentionssicherheit, noch der Strafhausdisziplin, noch endlich der Abschreckung die Todesstrafe geboten“ sei. (441.)

einem solchen allgemeinen Sentiment auch wenig Greifbares und objektiv Nachprüfbares geboten. Verwertbar erscheinen mir dagegen die Zahlen des belgischen Berichtes. Auf Grund allmonatlicher Konferenzen aller Oberbeamten der belgischen Anstalten[381]) (directeurs, aumoniers, médecins, instituteurs) werden jeden Monat die Ergebnisse persönlicher Beobachtung der Gefangenen ausgetauscht und mit einander verglichen: das Ergebnis ist ein Urteil über das „classement moral des détenus", d. h. über die „appréciation sur leur valeur morale, sur le dégré de leur amendement". Hiernach sind von **308** Lebenslänglichen (zu dieser Strafe teils Verurteilten, teils Begnadigten) mit bon (z. T. assez bon) charakterisiert: **114**, **89** mit moyen, und **104** mit mauvais[382]). Von diesen 104 Personen mit schlechter Führung werden aber nicht weniger als 63 als geistesschwach oder geradezu geisteskrank bezeichnet, welche entweder definitiv oder vorübergehend der Irrenanstalt übergeben waren. Da auch in den deutschen Berichten weit mehr als die Hälfte der unbotmäßigen, widerspenstigen Elemente als geistig gestört oder sehr zweifelhaft in ihrer Zurechnungsfähigkeit bezeichnet wird, scheint mir der Schluß berechtigt, daß sich die Fälle schlechten Verhaltens in der Strafanstalt zum nicht geringen Teil auf geistige Störung der Insassen zurückführen läßt. Zudem ist mit Sicherheit zu behaupten, daß bei der komplizierten, krisenreichen Seelenstimmung der Lebenslänglichen dem Gefangenen leicht eine ungerechte Beurteilung zuteil werden kann: oft wird die Wirkung seelischer und körperlicher Leiden sein, was sich in Widersetzlichkeiten oder andern Verstößen gegen die Disziplin auslöst. Diese Vermutung wird durch die folgenden Betrachtungen zur Gewißheit gemacht.

Ein Punkt, der hiermit im Zusammenhang steht, und der für manche entscheidend ist, die Todesstrafe wenigstens als allerallerletztes **remedium** zu fordern, ist die Furcht vor tätlichen Angriffen Lebenslänglicher gegen das Anstaltspersonal. Ein Direktor nennt den lebenslänglich Verurteilten geradezu „in der Regel eine Gefahr

---

381) Es handelt sich einmal um Louvain (Löwen), wohin jeder Lebenslängliche zunächst gebracht wird. Kann er die hier herrschende Einzelhaft aus Gründen seiner physischen oder geistigen Gesundheit nicht vertragen, oder nach 10 Jahren, falls er es wünscht, so wird er nach Gent transportiert, wo Gemeinschaftshaft besteht.

382) Einer von diesen 308 Inhaftierten, der übrigens sehr bald in die Irrenanstalt überführt wurde, ist nicht beurteilt worden.

für Leib und Leben des Aufsichtspersonals, weil er meistens sich nicht scheuen wird, über die Leiche des Beamten hinweg, die Freiheit zu erlangen" [383]). Aber diese Furcht erweist sich als sehr übertrieben. Jene Anstalt selbst kann von 8 Lebenslänglichen nur einen nennen, der „schon wiederholt Miene" machte (!), gegen das Aufsichtspersonal tätlich zu werden. Manche Anstalten kennen überhaupt derartige Angriffe nicht; trotz jahrzehntelanger Beobachtung. Unter 220 Lebenslänglichen in 9 deutschen und einer österreichischen Anstalt kam kein einziger Angriff vor! Unter 500 Lebenslänglichen aus 10 deutschen und einer österreichischen Anstalt sind im ganzen 32 tätliche Angriffe auf das Personal zu buchen. Belgien kennt unter seinen 308 Fällen nur 2 tätliche Angriffe, Italien unter seinen 1085 Lebenslänglichen 30 Fälle.

Das sind also, zumal wenn man bedenkt, daß ja der Lebenslängliche durch eine sehr lange Beobachtungszeit, 2—3 Jahrzehnte vielfach der Anstalt untersteht, sehr geringe Zahlen. Ferner ist zu betonen, daß unter diesen Zahlen nur ein schwerer Angriff gegen einen Aufseher erwähnt wird, es sich im übrigen dabei fast nur um Disziplinwidrigkeiten handelt, die zwar vom Standpunkt der Strafanstaltsordnung schwer ins Gewicht fallen, keineswegs aber Gefahren von irgendwie erheblicher Art für die Beamten schaffen.

Überwiegend handelt es sich hierbei um Ausbrüche der Erregung über wirkliche oder vermeintliche schlechte Behandlung. Da der Lebenslängliche, wie wir gesehen haben, im Anfang und nach etwa 20 jähriger Haft leicht Erregungszuständen zuneigt, die auf Krankheitsprozesse zurückweisen, so habe ich mir stets angeben lassen, ob die berichteten Tätlichkeiten auf geistige Störung zurückzuführen waren. Von den deutschen Fällen ist dies bei etwa der Hälfte bejaht worden. Es wird berichtet, daß die Exzedenten bald danach geisteskrank wurden und vermutlich schon unter dem Eindruck der später erkennbar gewordenen senilen Demenz mit halluzinatorischer Verwirrtheit gehandelt hätten, daß es sich um einen entschieden „geistig Minderwertigen" handle, daß der Anfall offenbar auf eine geistige Anormalität zurückzuführen sei und ähnliches. Von den 2 belgischen Fällen wird der eine Angriff, von den 30 italienischen

[383]) In dem großen Material, das ich verarbeitet habe, findet sich nur eine gelungene Flucht, bei der übrigens der Entflohene demnächst wieder ergriffen wurde, und nur 7 Fluchtversuche. Ein gelungener Mord an einem Aufseher wird in einem einzigen Falle berichtet, bei welchem es sich um einen der Irrenanstalt unmittelbar danach übergebenen Geisteskranken handelte.

Fällen **7** auf den Einfluß einer geistigen Störung zurückgeführt. Solche pathologischen Attacken werden natürlich nie ganz zu vermeiden sein, sie sind Berufsgefahren, mit denen jeder Strafanstaltsbeamte genau so wie jeder Beamte einer Irrenanstalt zu rechnen hat. Nur daß ein Schutz gegen sie in Zuchthäusern wesentlich leichter zu verwirklichen ist, infolge der Isolierung der Gefangenen und der zur Verfügung stehenden Machtmittel. Und es ist auch kein Zweifel, daß bei genügendem Verständnis des Beamtenpersonals für die in Frage kommenden Zustände und einer Behandlung, welche gegenüber dem pathologisch-reizbaren Lebenslänglichen schonende Rücksicht zum Ausdruck bringt, solche Angriffe in Zuchthäusern genau so verschwindend selten sein werden, wie dies schon heute in gutgeleiteten Irrenanstalten der Fall ist. Die vortrefflichen Berichte über die dem preußischen Ministerium des Innern unterstehenden Strafanstalten weisen darauf hin, wie bei verschiedenen geistig abnormen Inhaftierten „Explosionen" nur dadurch zustande kämen, weil das Aufsichtspersonal die „Leute nicht richtig zu nehmen wußte" [384]), — und daß andrerseits „mancher Exzeß und manche Strafe und demgemäß auch manche Geistesstörung" durch ein „verständnisvolles Verhalten der Beamten vermieden werden könnte" [385]). Insbesondere ist vor schweren oder gar häufigen Arreststrafen bei Lebenslänglichen zu warnen! Es ist kein Zufall, daß der einzige Fall eines schweren Angriffs eines Lebenslänglichen gegen einen Aufseher zu einer Zeit erfolgte, als der Gefangene nach wiederholten Hausstrafen in Dunkelarrest kam, und ihm beide Hände, wie dies schon früher öfters geschehen war, mittels eines Schliesszeuges zusammengeschlossen waren. Wenn dann weiter noch berichtet wird, daß der Gefangene „in hohem Grade zerstörungssüchtig" war und wiederholt in seiner Zelle alles zertrümmerte — das war der Anlaß zu jener Disziplinarstrafe —, so können wir nach den Schilderungen Rüdins den Verdacht nicht zurückweisen, daß es sich hier um die Anfänge einer geistigen Erkrankung gehandelt hat [386]), und daß hier vermutlich nicht

---

[384]) Statistik der zum Ressort des Kgl. Preuß. Ministeriums des Innern gehörenden Strafanstalten und Gefängnisse usw. für das Jahr 1907 (1911), CIXL ff.

[385]) Statistik usw. für das Jahr 1910 (1912) CXIV.

[386]) Dafür spricht auch die von mir erbetene Auskunft des Strafanstaltsarztes, der zwar eine Geisteskrankheit bei ihm „bis jetzt" nicht feststellen kann, aber doch als „auffallend" hervorhebt, daß er sich für unschuldig verurteilt halte und sich auch gegenüber den Disziplinarstrafen meistens unschuldig fühle: „da-

Dunkelarrest und Fesselung, sondern Unterbringung in eine Irrenabteilung die richtige Behandlung gewesen wäre. Scheidet man solche Fälle durch rechtzeitige prophylaktische Maßnahmen aus, so wird das Ergebnis gerade bei Lebenslänglichen ein ungewöhnlich günstiges zu nennen sein. Denn alle diese Gefangenen leben ja von der Hoffnung auf Begnadigung und wissen, daß sie diese lediglich durch fortgesetzte Unterordnung und Gefügigkeit verdienen können. So haben wir jene mehrfach wiederkehrenden rühmenden Beurteilungen des Wohlverhaltens der Lebenslänglichen schon oben erwähnt, und es wird besonders noch auf Fälle hingewiesen, in denen 20, 25 Jahre und länger keine einzige Disziplinarstrafe den Gefangenen getroffen hat. Insbesondere darf nicht erheblich ins Gewicht fallen, wenn der Lebenslängliche in dem ersten kritischen Stadium seiner Strafe sich „schlecht führt". Dagegen ist in dem weiteren Verlauf solche schlechte Führung naturgemäß von „wachsender Bedeutung für die Beurteilung des Gefangenen, weil sie die Widerstandslosigkeit gegenüber immer gewichtiger werdenden Gegenmotiven beweist" [387]). —

4. Eine weitere in den Berichten durch mich angeregte Frage betrifft die unter Vorbehalt des Widerrufs oder definitiv erfolgende Begnadigung Lebenslänglicher. Eine Strafanstalt schlägt eine gesetzliche Regelung der Frage vor, durch welche die vorläufige Entlassung — frühestens nach 15 Jahren — auf Lebenslängliche ausgedehnt werden solle — eine andere Anstalt widerspricht dieser Regelung, weil sie mit dem „Charakter der lebenslänglichen Strafe" in Widerspruch stehe. Die meisten Anstalten befürworten, wenn der individuelle Fall dazu geeignet ist, eine vorläufige Entlassung mit längerer Bewährungsfrist („5 Jahre") nach 20 Jahren, eine Anstalt erklärt die Begnadigung (nach dem „Urteil sämtlicher Oberbeamten")

---

mit begründet er dann sein gewalttätiges Vorgehen und glaubt dabei im vollen Recht zu sein". In den oben erwähnten Berichten über die preußischen Strafanstalten wird wiederholt darauf hingewiesen, „daß die Disziplinarstrafen in den Zuchthäusern von Jahr zu Jahr mehr zurückgingen und daß diese Abnahme lediglich auf ein besseres Verständnis für die Aufgaben des Strafvollzuges zurückzuführen sei". (Statistik, a. a. O. 1912; XCI, XCII, XCIII.)

387) Dabei ist aber nicht zu vergessen, wie der Bericht fortfährt, „daß der jahrelange Aufenthalt im Zuchthause" den Lebenslänglichen nervös und für Affekthandlungen minder verantwortlich machen kann, daß solche und andere disziplinwidrige Handlungen auch Zeichen drohender oder beginnender Geisteskrankheit sein können." — Man sieht, das deckt sich vollständig mit der oben gegebenen Darstellung.

für angebracht frühestens nach 30 Jahren. Eine süddeutsche Anstalt hebt den seit 1905 in Württemberg üblichen Modus hervor, alle Lebenslichen bei guter Führung nach 15—18 Jahren zu 20—25 jähriger Zuchthausstrafe zu begnadigen und sie dann nach Ablauf von 3/4 dieser zeitigen Zuchthausstrafe vorläufig zu entlassen. Eine besondere Auffassung vertritt eine österreichische Anstalt, die zwischen Affektverbrechern, Gewinnsuchtsverbrechern und Unverbesserlichen unter den Lebenslänglichen unterscheidet. Sie befürwortet bei der ersten Gruppe eine Begnadigung „nach höchstens 15 Jahren", für Gruppe 2 einen längeren [388]), aber nicht über 25 Jahre gehenden Zeitraum.

Wiederholt und sehr eindringlich ist die Klage über das in der preußischen Justizverwaltung herrschende Regime, auch die von den Direktionen aufs wärmste befürworteten Gnadengesuche abzulehnen. „Daß den Anträgen in den seltensten Fällen stattgegeben wird, ist bedauerliche Tatsache. Es wäre wirklich zu wünschen, daß dies häufiger geschehe", daß, wie es in einem andern Bericht heißt, „dem Votum der Strafvollzugsbeamten, das sich auf vieljährige Beobachtung und Erfahrung stützt, mehr Gewicht beigelegt werden möchte als den nur aus den Akten des verurteilenden Gerichts exzerpierten Berichten der den ehemaligen Delinquenten persönlich nicht kennenden Staatsanwälte". „Hat die Strafe — so heißt es in einem dritten Bericht — bis zu 25 Jahren eine durchgreifende Wirkung ausgeübt, so möge Begnadigung eintreten. Eine längere Haftzeit bessert nicht ausgiebiger, sondern würde den jetzt noch nützlichen Mann für eine spätere Begnadigung untauglich machen." [389]) Ein erhebliches Hindernis zur Begnadigung besteht in folgendem Umstande. Bei Einreichung eines Gnadengesuches pflegt die Staatsanwaltschaft die Ansicht der Ortspolizeibehörde des Entlassungsortes einzuholen, ob der Wohnsitznahme des betreffenden Gefangenen

---

[388]) Weil hier die Strafe erzieherisch wirken müsse, und es einer sehr langen Zeit bedürfe, um aus einem schon erwachsenen, jedoch von Kindheit an verwahrlosten Manne ein der menschlichen Gesellschaft nützliches Mitglied zu schaffen.

[389]) Auch in den Berichten der preußischen Zuchthäuser wird „jener nicht seltenen Fälle" gedacht, in denen — zu lebenslänglichem Zuchthause begnadigte Mörder während der Haft zu einer echten sittlichen Läuterung gelangen, aber nach Ablehnung von Begnadigungsgesuchen geistig zusammenbrechen und ebenso für den „Strafvollzug wie für eine selbständige Existenz verloren gehen". Daran wird dann der Wunsch geknüpft, daß „solchen Personen die vorläufige Entlassung nach 20 Jahren Strafe ermöglicht werden möchte". Statistik, a. a. O. 1912, CXIV.

Bedenken entgegenstehen. Häufig spricht diese Behörde sich nun ablehnend aus; sie zieht lediglich die längst verflossene Tat in Betracht, ohne der psychischen Veränderung des Gefangenen, wie sie sich nach dem Urteil des befürwortenden Strafanstaltsdirektors ergeben hat, ausreichend Rechnung zu tragen. Ein objektives Urteil kann dort nicht gefällt werden; es würde sich empfehlen, obige Erkundigung zu unterlassen, da hierdurch eine beantragte Begnadigung ohne ausreichenden Grund in Frage „gestellt werden kann". Schließlich eine Äußerung aus dem Schreiben eines Lebenslänglichen selbst, der dem „Begnadigungswahn" sieben Jahre danach zum Opfer fiel: „Auf eine spätere Begnadigung habe ich nie gerechnet; denn ich kenne Lebenslängliche, welche bis 35 Jahre sitzen, haben sehr gute Führung und mit Begnadigung stets abgeschlagen worden, wie sollte ich die Hoffnung hegen, da meine Tat noch größer ist. Ohne Befürwortung der Staatsanwaltschaft hat kein Lebenslänglicher je zu hoffen, einmal wieder in Freiheit gesetzt zu werden. Die Staatsanwaltschaft aber bleibt auf dem ersten Standpunkt stehen, sie urteilt nur, wie die Tat ausgeführt wurde, sie geht nicht weiter, sonst müßte sie sich sagen, nach 25—30 Jahren ist die Gesinnung, ja der ganze Mensch ein anderer geworden"[390].

Diesen Ausführungen ist nichts hinzuzusetzen, sie sprechen für sich. Daß bei einer solchen grausam-vorsichtigen Handhabung des Begnadigungsrechts die Begnadigten im allgemeinen weder rückfällig werden noch auch nur Bedenken in ihre Lebensführung erwecken, ist nicht weiter verwunderlich[391]). Ein vielerfahrener Strafanstaltsdirektor kennt aus seiner 34jährigen amtlichen Tätigkeit keinen Fall, wo ein lebenslänglich Verurteilter nach Begnadigung wieder straffällig wurde, und stellt fest, „daß die gegenwärtig zur Begnadigung Gekommenen sich durchweg wieder vollwertig in das bürgerliche Leben eingefügt haben." Von einem nach 25 Jahren Strafhaft im Alter von 45 Jahren begnadigten Mörder heißt es sogar, daß er sich eine „geachtete Lebensstellung erworben" habe. Überhaupt wird mit Recht in einem Bericht darauf hingewiesen, daß die in jugendlichem Alter Verurteilten am ehesten durch „Zuwachs an sittlichen Gefühlen" gebessert werden. Aber auch der in reiferem Alter Eingelieferte, nicht mehr sittlich zu Bessernde ist für die Begnadigung zu empfehlen, wenn er ungefährlich geworden ist: der „harmlos gewordene Alte werde humaner

---

[390]) Rüdin, a. a. O. 129.

[391]) Vgl. jedoch unten S. 191.

und mit nicht höheren Kosten im Pfründnerheim verwahrt". Wiederholt wird geklagt über Gefangene, die nach Ablehnung der befürworteten Begnadigung geistig zusammengebrochen und körperlich hinfällig geworden seien, so daß sie nunmehr in der Tat für die Freiheit „nicht mehr zu gebrauchen" wären. Ein Zug kurzsichtiger Bureaukratie erscheint es mir, wenn eine „Begnadigung — wie es wiederholt heißt — ein für allemal abgelehnt wird". Da die Direktionen wissen, wie gefährlich es ist, die Gefangenen in solchen Fällen weiter zu vertrösten, so ist es begreiflich, wenn sie diese Generalablehnung den Gefangenen mitteilen. Resigniert heißt es dann in den Berichten: „ist ein gebrochener Mann, seitdem er weiß, daß er keine Hoffnung mehr hat, in die Freiheit zu kommen". — Nur in zwei Fällen ist ein Mißgriff bei einer Begnadigung zu erwähnen. In dem einen Fall wurde ein begnadigter Mörder wegen eines Sittlichkeitsdelikts wieder rückfällig; in dem andern Fall kam der Betreffende in eine Arbeiterkolonie, konnte sich dort nicht mehr zurechtfinden und kehrte nach 6 Monaten freiwillig wieder ins Zuchthaus zurück, zweidreiviertel Jahre danach starb er in tiefer arteriosklerotischer Verblödung.

5. Zuletzt ist mit einigen Worten der Prognose über Verbesserlichkeit oder Unverbesserlichkeit zu gedenken. Ein sicheres Urteil oder gar statistisch befriedigende Zahlen zu geben, ist hier begreiflicherweise unmöglich. Abgesehen davon, daß Prophezeien stets gefährlich ist, spielen hier noch besonders imponderabile Momente eine Rolle. Vor allem weil man ja nie weiß, ob der Gefangene richtig, d. h. seiner Individualität entsprechend behandelt ist, ob nicht das Urteil der Unverbesserlichkeit durch Menschenhaß [392]) gefälscht oder auf Grund zu kurzer Beobachtung [393]) abgegeben wird. Soviel geht jedenfalls schon aus den bisherigen Schilderungen hervor, daß das Material der Lebenslänglichen weder homogen, noch auch nur überwiegend als hoffnungslos zu beurteilen ist. Ich kann daher nur einige Urteile herausheben. Aus einer österreichischen Strafanstalt werden von 40 Lebenslänglichen 82,5 % gerechnet, welche Besserung erwarten lassen. 17,5 % dagegen seien „starrsinnige, jeder Besserung sich verschließende Elemente", „die keinerlei Zeichen von Reue über ihr Verbrechen bekunden oder vermuten lassen, die sich

[392]) Erfreulich ist es, daß solche Stimmungen in den Berichten nur verschwindend zum Ausdruck kommen; immerhin lassen 2 oder 3 Berichte doch eine solche Grundstimmung erkennen.

[393]) Z. B. findet es sich schon nach 2—5 jähriger Beobachtung.

trotz oftmaliger Disziplinierung keines Besseren belehren und deren Umkehr in absehbarer Zeit nicht gewärtigen sei. Doch erfahrungsgemäß habe sich gezeigt, daß im Laufe der Zeit durch die konstant einwirkende Strenge des Gesetzes die anfangs unverbesserlich erscheinenden Individuen allmählich zur Erkenntnis gelangen" — „nur ein ganz kleiner Prozentsatz von wirklich Unverbesserlichen" sei vorhanden. Eine andere österreichische Strafanstalt zählt unter 25 Lebenslänglichen nur 3 Unverbesserliche. Ganz verschieden ist die Beurteilung und das Material in den deutschen Strafanstalten. Eine Anstalt nimmt Unverbesserlichkeit nur bei 3 unter 49 Lebenslänglichen an: von diesen drei ist der eine „schwerer Epileptiker", der andere „geistig nicht normal". Eine andere nennt von 41 Lebenslänglichen 17 positiv gebessert, 10 unverbesserlich, darunter 4 mit schweren geistigen Störungen, der Rest ist zweifelhaft. Eine dritte Strafanstalt bezeichnet von 45 Lebenslänglichen 15 als gebessert, ohne sich über den Rest auszulassen. Dagegen rechnet eine andere Strafanstalt von 32 Lebenslänglichen 17 zu den Unverbesserlichen, darunter 5 mit geistigen Störungen und lediglich 6 als positiv gebessert. — —

Auf Grund dieser Untersuchungen soll nicht ein allgemeines Urteil über den Wert und die Reformbedürftigkeit der lebenslänglichen Zuchthausstrafe gewagt werden. Nur einige Forderungen sollen zum Schluß zur Geltung kommen. Nach einem feinen Wort van Hamels darf man nicht „faire mourir ceux qu'on ne tue pas" [394]). Niemals darf die lebenslängliche Strafe eine langsamer und empfindlicher wirkende Art der Todesstrafe sein [395]). Daher sind Lebensstrafen vom Standpunkt der uns beherrschenden psychologischen Werte der Gerechtigkeit, wie der Vergeltungsempfindung ein — Unrecht. Wenn trotzdem die lebenslänglichen Strafen beibehalten werden sollen, so geschieht es mit Rücksicht auf die im Verbrecher wirksamen Ursachen zu weiteren Verbrechen. Es wird wohl nur einen kleinen Prozentsatz von Unverbesserlichen geben, die bis zum Zusammenbruch ihrer Kräfte eine Gefahr für die Gesellschaft bedeuten. Bei ihnen ist dann die vorläufige Entlassung auszuschließen [396]). Im übrigen aber dürfte nur die Ent-

[394]) van Hamel in der Revue pénitentiaire 1907, 457.

[395]) Aus diesem Grunde bekämpft sie Tallack, Penological and preventive principles, 153 ff. Ebenso Wahlberg mit sehr scharfen Worten: er nennt sie „irrationell und antiökonomisch, wie die Todesstrafe", Die gesetzliche Herrschaft der Todesstrafe usw. Ges. Schrift. I, 179.

[396]) Wohl aber kann eine Unterbringung in eine Irrenanstalt oder ein Siechenhaus in Frage kommen.

scheidung der Strafanstalt maßgebend sein. Daß in dieser Frage nicht diejenigen Männer das letzte Wort haben, die den Gefangenen durch Jahrzehnte hindurch tagaus tagein beobachten konnten, sondern eine Zentralinstanz auf Grund von Aktenberichten — das ist ein Bureaukratismus, dessen Zweckwidrigkeit und Schädlichkeit hoffentlich nicht erst unsere Enkel erkennen werden! — Auch bei der lebenslänglichen Strafe sollte also die vorläufige Entlassung zugelassen werden, wie dies ja auch der österreichische, der Schweizer Strafgesetzentwurf, der deutsche Gegenentwurf (dagegen nicht der Vorentwurf) mit den meisten Staaten anerkennen [397]). Die vorläufige Entlassung soll hier wie bei allen Freiheitsstrafen nicht als Begnadigung, sondern als Mittel für den Strafvollzug in Betracht kommen. Sie soll dem Verurteilten vor Allem eine Hoffnung geben und ihn davor bewahren, unter dem Druck einer hoffnungslosen Strafe zusammenzubrechen. Sie soll ihm ein Ansporn sein, seine Arbeit nicht für nutzlos zu halten, sie soll ihm die Kraft geben, für ein Leben in der Freiheit zu kämpfen. Anderseits darf sie nur vorläufig sein, um ein Ventil gegen den Rückfall zu besitzen.

Gerechtfertigt erscheint die Forderung bei Lebenslänglichen, weil ja die Wirkungen des Verbrechens der Zeit unterworfen sind. Die Einrichtung der vorläufigen Entlassung ist aber weiter nur durchzuführen, wenn die lebenslängliche Freiheitsstrafe — ebenfalls wieder, wie jede längere Freiheitsstrafe — progressiv ausgestaltet wird. Was soll es heißen, fragt der Direktor einer deutschen Strafanstalt, „einen Menschen lebenslang quälen"? Wer sich das klar macht, muß zu der Forderung kommen, „daß auch die lebenslängliche Strafe allmählich von der Strafhaft zur Internierung milderer Art fortschreitet, die mit der Vergeltung beginnen mag, aber ausklingen soll in die Versöhnung" [398]).

Schließlich sollte von der lebenslänglichen Zuchthausstrafe, die ja ein furchtbares Strafmittel bleibt, selbst wenn man sie rationeller und menschlicher ausgestaltet, nur ein seltener Gebrauch gemacht werden. Namentlich würde dem Strafbedürfnis bei Verbrechern bis zu 30 Jahren auch in den schwersten Fällen mit einer Strafe von 20 Jahren vollkommen Genüge getan sein. —

[397]) Vgl. Darstellung des deutsch. u. ausländ. Strafrechts Bd. 4, Allg. Teil: Goldschmidt, 360 ff. und Mittermaier ebenda 507 ff. ferner ÖsterreichE. § 25 und Begründung 57, sowie Gegenentwurf § 55 und Begründung 83.

[398]) So in dem Bericht eines Strafanstaltsarztes.

Ergebnis:

Die mir gestellte Frage beantworte ich für die Zivilstrafgesetzbücher Deutschlands und Österreichs, soweit es sich nicht um Ausnahmszustände der Revolution, des Kriegsrechts oder kolonialer Verhältnisse handelt, mit **„Nein“**.

Als der Entwurf zum norddeutschen Strafgesetzbuch die Todesstrafe beibehielt, rief Heinze aus: „Ich bedaure, daß der Entwurf die vielleicht nicht wiederkehrende Gelegenheit verscherzt, bei dieser Frage die Führung der großen festländischen Gesetzgebungen in ähnlicher Weise zu übernehmen, wie Friedrich der Große 1740 mit Aufhebung der Tortur getan hat. Die Hand aufs Herz, würde der Entwurf die Todesstrafe beibehalten haben, wenn dieselbe in Frankreich abgeschafft wäre?“ [399])

Möge der Deutsche Juristentag, der stets stolz darauf sein konnte, ein Kulturträger zu sein, helfen, dieses Ziel bei dem kommenden deutschen und österreichischen Strafgesetzbuch zu verwirklichen! —

---

[399]) Heinze, Staatsrechtliche und strafrechtliche Erörterungen zu dem amtlichen Entwurf eines StGB. für den Norddeutschen Bund, 1870, 190.

Nachwort.

Der „Deutsche Juristentag" hat gesprochen. Leider zugunsten der Todesstrafe. „Die Beibehaltung der Todesstrafe im künftigen deutschen und österreichischen Strafgesetzbuche entspricht einer volkstümlichen Rechtsüberzeugung, die der Gesetzgeber achten muß. Sie ist aber auf die schwersten Fälle von Mord und Hochverrat zu beschränken und nicht als absolute Strafe anzudrohen. Ihre gesetzliche Abschaffung ist für den Zeitpunkt vorzubehalten, in welchem sich die zweifelsfreie und allgemeine Rechtsüberzeugung von ihrer Entbehrlichkeit gebildet haben wird."

So lautet das Votum des Wiener Juristentages: Die „Abteilung" entschied sich für diese von Kahl aufgestellte und begründete These mit 159 gegen 158, das „Plenum" mit 470 gegen 424 Stimmen. —

Daß dieser Beschluß keinen „Sieg" der Anhänger der Todesstrafe darstellt, daß kein Recht besteht, die Gegner der Todesstrafe als „Besiegte" zu bezeichnen, lehren die Ziffern und ist von Kahl selbst betont worden. Aber freilich nur solange man sich auf diese Abstimmungsziffern beschränkt, ist ein „non liquet" aus dem Wiener Votum zu schließen. Blickt man zurück auf die Entwicklung, welche die Behandlung der Frage in den Kreisen des Deutschen Juristentages seit der Danziger Tagung (1910) durchgemacht hat, geht man weiter auf den Inhalt des Votums ein und die Gründe, auf denen es aufgebaut ist, — so verändert sich das Bild. Der Wiener Juristentag gewinnt dann eine sehr erhebliche Bedeutung in dem Kampf um die Todesstrafe [1]).

Damals in Danzig erschien Gutachtern wie Referenten die Beibehaltung der Todesstrafe in unseren Strafgesetzbüchern ganz selbstverständlich. Der Gegner der Todesstrafe stieß auf eine fast völlige, man muß sagen: naive und nicht selten verletzende Verständnislosigkeit. Die ernsthafte Vorbereitung und Diskussion der Frage wurde als nutzlose und gefährliche Arbeitsstörung angesehen; die „Geschäftsordnung" des

---

[1]) Vgl. zu Folgendem meine Ausführung in der Plenarversammlung und meinen Aufsatz in der „Neuen Freien Presse" vom 8. September 1912: „Der Beschluß des Juristentages über die Todesstrafe".

Juristentages wurde heraufbeschworen, um die Erörterung dieser Frage im Plenum abzulehnen, ja nicht einmal der Antrag, die Frage auf die Tagesordnung des nächsten Juristentages zu setzen, fand die Majorität der erregten Versammlung [2]). Vergleicht man mit diesen Vorgängen die Verhandlungen in Wien, so ergibt sich, einmal rein äußerlich betrachtet, ein völlig geändertes Bild. Die Frage der Todesstrafe bildete einen selbständigen Gegenstand der Beratung, weit über die Kreise der spezielleren Fachgenossen hinaus, aber auch für die Beurteilung der Kriminalisten nahm sie unzweifelhaft das größte Interesse der Abteilungsverhandlungen in Anspruch, ganz selbstverständlich und fast reflektorisch wurde die Beratung der Frage für das Plenum beschlossen und hier begegnen die Verhandlungen einer dramatisch erregten Spannung, wie sie eine Versammlung von Juristen nur selten erlebt.

Dem äußeren Wandel der Anschauungen entsprach aber weiter die sachliche Behandlung der Frage. Auf dem Danziger Juristentag wurde noch der Antrag gestellt, die absolute Androhung der Todesstrafe für den Mord beizubehalten (v. Prittwitz und Gaffron) [3]) — niemand hat es in Wien für nötig gehalten, die Verfehltheit dieses Standpunktes auch nur in der Diskussion noch besonders zu betonen. Ferner hatte damals Olshausen die ausschließliche Androhung der Todesstrafe für die schwersten Fälle des Hochverrats als „staatspolitische Notwendigkeit" gefordert, und eine Reihe von Juristen (Köhler, v. Plehwe, Elsner von Gronow, v. Staff) hatten sich, zum Teil mit großer Lebhaftigkeit zu dem gleichen Standpunkt bekannt. In Wien wurde zwar der gleiche Antrag von den Kriminalisten Gerland, Köhler, Schoetensack gestellt: aber nicht einmal die Antragsteller haben den Antrag zu rechtfertigen versucht, und niemand sonst trat für ihn ein. In durchaus richtiger Wertung der Situation wurde der Antrag wortlos vor der Abstimmung zurückgezogen.

Aber auch in der Behandlung der Hauptfrage hatte sich die Stimmung grundsätzlich verändert. In Danzig wurde die Unentbehrlichkeit der Todesstrafe von Kahl und andern behauptet. In Wien hat Kahl ausdrücklich zugegeben, daß weder die individuelle noch die allgemeine Sicherheit auf dem Spiel ständen, wenn Kulturstaaten, wie Deutschland und Österreich auf dieses äußerste Mittel der Strafjustiz

---

[2]) Vgl. hierüber außer den Verhandlungen des 30. Juristentages Bd. 2, 1911 meinen Aufsatz in der ZfStrw. 31 (1910/11), 665 ff.

[3]) Verhandlungen des 30. Juristentages a. a. O. 423 ff., 428.

verzichten würden. Er hat weiter die Frage, ob der Androhung der Todesstrafe abschreckende Kraft nachzurühmen sei, zwar nicht verneint, aber doch angesichts des in diesem „Gutachten" vorgebrachten Materials von Einzelfällen und Massenbeobachtungen auch nicht bestimmt bejaht[4]); für ihn

[4]) Angesichts der großen empirischen Nachweise, die ich in meinem „Gutachten" vorgelegt hatte, hätte das Schwergewicht der Argumentationen zugunsten der Todesstrafe hier einsetzen müssen. Aber weder bei Finger noch bei Kahl oder Löffler findet sich ein ernsthaftes Gegenargument. Alle drei haben sich auf die schon oben S. 71 charakterisierte Politik der Fragezeichen beschränkt. „Mit Zahlenreihen — führte Kahl aus — kann man einigermaßen anschaulich machen, in welchem Umfange die gesetzliche Androhung nicht abgeschreckt hat, nicht aber, in welchen Fällen sie abgeschreckt habe. Auf wieviele sie positiv abschreckend gewirkt habe, wisse man nicht." Man wisse es nicht? — aber wie kann man denn positiv behaupten, daß sie abschreckend wirke? Und welches Recht haben die Skeptiker der Statistik, die Unentbehrlichkeit der Todesstrafe zu behaupten, wenn nach Abschaffung dieser Strafe in einem Staat eine Steigerung der Mordfälle eintritt? — Selbstverständlich ist die Begehung eines Verbrechens das „Ergebnis einer großen zusammenhängenden Reihe von Verhältnissen" und es ist ebensowenig zu bestreiten, daß mit dem Wegfall einer Strafe gleichzeitig andere die Begehung von Verbrechen beeinflussende „Momente" in Erscheinung treten (Finger, 359). Aber damit könnte man jene Zahlenreihen nur entkräften, wenn sie vereinzelte oder Erfahrungen aus Ländern widerspiegelten, die mit unseren Staatswesen gar keine Berührungspunkte aufweisen. Gewiß sind die kulturellen und politischen Zustände in den einzelnen Staaten verschieden, aber gerade bei Morden handelt es sich überwiegend um allgemein menschliche Motive, nur ganz selten um Faktoren von spezifisch nationaler Färbung, und zudem zeigen ja auch dieselben Staaten und Staaten, die unbestritten in ihrem allgemeinen Volksniveau verwandt sind, das gleiche Bild: ob die Todesstrafe besteht oder nicht, abgeschafft oder wieder eingeführt ist, nirgends läßt sich ein greifbarer Zusammenhang zwischen den Kapitaldelikten und der Existenz oder Nichtexistenz jener erkennen. Und diese hundertfältig beobachteten, unter gleichartigen wie verschiedenartigen Verhältnissen mit derselben Monotonie auftretenden Vorgänge zwingen zu dem Schluß, daß eben die Todesstrafe keinen beachtenswerten Einfluß als Hemmungsvorstellung ausübt. Man mache sich den Widerspruch des Gedankenganges klar. Einmal soll die Todesstrafe ein wesentlicher Faktor zur Verhinderung von Kapitaldelikten sein, anderseits soll man sie aber durch Jahrzehnte hindurch eliminieren können ohne ein erkennbares Wachstum dieser Delikte, weil andere Faktoren diesem Wachstum entgegenwirken? Diese selben Faktoren machen sich doch auch in Staaten mit Todesstrafe bemerkbar — es müßte hier also doch eine wesentlich größere Abnahme der Kapitaldelikte konstatierbar sein? Da das aber nicht der Fall ist — man vergleiche Nachbarstaaten in Amerika und der Schweiz mit und ohne Todesstrafe oder Frankreich auf der einen, Belgien, Italien auf der andern Seite, — so ist der Schluß nicht von der Hand zu weisen, daß jener angebliche „Faktor" erfahrungsgemäß

habe die ganze Erwägung, ob der Todesstrafe eine abschreckende Kraft zuzusprechen sei, nur eine untergeordnete Bedeutung[5]). Auch kann man Kahl nicht mehr, wie er sich selbst noch in Danzig genannt hat, als einen „sehr bestimmten", „sehr energischen" Anhänger der Todesstrafe bezeichnen[6]). Denn er gab zu, daß „vielleicht schon in

ohne Bedeutung ist. Man nimmt an, ein Verbrechen ist das Produkt der bedingenden Faktoren: „a_1, a_2, a_3, a_4 usw." — läßt sich nachweiseu, daß die Rechnung unter gleichartigen Verhältnissen dieselbe bleibt, ob a_1 (Todesstrafe) vorhanden ist oder nicht, so kann dies nicht durch bloße Variierung der übrigen Faktoren, sondern nur dadurch zu erklären sein, daß $a_1 = \pm 0$ ist! Wenn daher Löffler meinte, die „Psychologie der Mörder", lerne man nicht aus „Konstruktionen" und „Lehrbüchern der Psychologie", so trifft dieser Vorwurf gewiß nicht diesen empirischen Nachweis. „Machen Sie — so sagte er — die Menschen von der hemmenden Vorstellung: „wer Menschenblut vergießt, deß Blut soll wieder vergossen werden" frei, und Sie werden sehen, wie das Apachenwesen in zwanzig, dreißig Jahren sich entwickelt." Worauf stützt Löffler diese Prophezeiung? — Die Erfahrung eines ganzen Jahrhunderts widerlegt ihn. Vor allem aber auch der Standpunkt, den er an anderer Stelle, bei einer Besprechung des Buches von Thyrén vertreten hat (Österr. Z. f. Strafrecht 3 (1912), 199: „Die etwaigen üblen Folgen einer Abschaffung der Todesstrafe können sich m. E. erst nach einem Menschenalter zeigen; und dann sind sie unkontrollierbar, weil wir nicht, wie bei einem Experiment, die Wirkung dieses einen Faktors isolieren können." Das heißt: wir behaupten einen Kausalzusammenhang, obwohl wir selbst zugeben müssen, daß er unkontrollierbar, also nicht festzustellen sei! Solche Weisheit lernt man allerdings nicht aus Lehrbüchern der Psychologie — Löffler stützt sie auf die „Abschätzung durch Kenner der Volkspsyche" (a. a. O. 199). Man vergleiche demgegenüber die Urteile von „Kennern des Verbrechertums". Der sächsische Generalstaatsanwalt Schwarze, der „Verteidiger" und „Vorfechter der Todesstrafe" war, aber auf Grund seiner zwölfjährigen praktischen Erfahrungen zu dem Urteil der Entbehrlichkeit der Todesstrafe kam (Holtzendorffs Strafrechtszeitung 8 (1868), 253 — der Chef der belgischen Polizeipräfektur Honorat, den seine längjährigen Erfahrungen in einen Abolitionisten umwandelten (Rev. pénit. 1907, 446) — Charles Brunot, inspecteur général des services administratifs du Ministère de l'Intérieur in Paris, der, bevor er die Verbrecher kannte, von der abschreckenden Kraft der Todesstrafe überzeugt war, die er nach fünfzehnjähriger Erfahrung als „pur préjugé de novice" erkannte (Rev. pén. ebda., 489 ff.). —

[5]) Wenn es daher in dem Bericht von Bartsch über den Wiener Juristentag heißt, daß „Kahl die Todesstrafe wegen ihrer abschreckenden Wirkung für unentbehrlich halte" (DJZ. 17 (1912), 1216, so liegt dem ein schwer begreifliches Mißverständnis zugrunde!

[6]) Verhandl. zum 30. Juristentag, II, 543. Charakteristisch für den Stimmungswechsel war, daß überhaupt die „Anhänger der Todesstrafe" dagegen Verwahrung einlegten, so genannt zu werden (Benedikt, Löffler).

der nächsten Generation" die Abschaffung dieser Strafe durch ein Spezialgesetz beschlossen werden könnte und nannte „glücklich" die Staaten, die heute schon so weit seien. —

Diese Abschwächung ist nun nicht etwa bloß eine persönliche Meinungsäußerung Kahls, sie liegt vielmehr auch dem Votum des Juristentages zugrunde. Auch dieser hat den Standpunkt vertreten: die Todesstrafe sei „zur Zeit", „vorläufig noch nicht" in Deutschland und Österreich abzuschaffen. Nicht etwa weil sie in Wirklichkeit unentbehrlich sei, sondern weil sie jetzt noch nicht für entbehrlich gehalten werde. Nur der Glaube an ihre Unentbehrlichkeit verpflichte den Gesetzgeber, sie beizubehalten, und auch nur so lange, als dieser Glaube die überwiegende und zweifelsfreie Rechtsüberzeugung des Volkes bilde. Hierin — und nicht etwa in der Abschreckung und Sicherung — hat die Majorität des Deutschen Juristentages mit Kahl den „notwendigen und ausreichenden Rechtfertigungsgrund für den einstweiligen Fortbestand der Todesstrafe erblickt".

Mag spätere Legendenbildung diesen Tatbestand abschwächen oder verändern, so viel aber steht fest: diese Begründung ist in Wahrheit der „wohlverdiente Nekrolog" [7]) der Todesstrafe. In der Tat ist damit die Todesstrafe für die wissenschaftliche Betrachtung gerichtet [8]).

---

[7]) Wahlberg in Holtzendorffs Handbuch d. Strafrechts II, 475.

[8]) Es „muß bemerkt werden" — heißt es bei Rechtsanwalt Dr A. Brückmann in der Jur. Wochenschr. 41 (1912), 827 — „daß jedem, der die Ergebnisse der diesmaligen Verhandlungen objektiv und mit Ruhe betrachtet, der Eindruck sich aufzwingt, daß die Tage der Todesstrafe gezählt sind. Diese Auffassung ist weniger der Tatsache zu entnehmen, daß die dritte Abteilung mit einer Stimme und die Vollversammlung lediglich mit 46 Stimmen Mehrheit sich für den Antrag des Berliner Professors Kahl entschieden haben als dem Umstand, daß die Gründe, mit denen Kahl, zwar nicht als Apostel und begeisterter Anhänger, wohl aber als sein beredtester und gewandtester Anwalt, seine Sache vertrat, nach und nach derartig unmöglich und unhaltbar geworden sind, daß man ihnen nicht mehr beitreten kann. Ich persönlich kann von mir sagen — und ich hebe dies deshalb hervor, weil ich von einer Anzahl Juristen erfahren habe, daß sie ebenso denken und daraus schließen kann, daß dies nicht bloß eine Sondermeinung von mir sei, — daß ich bis zu dem diesmaligen Juristentage einen schwerwiegenden Grund, die Todesstrafe abzuschaffen, nicht habe erkennen können. Andern Sinnes wurde ich erst durch die diesmaligen Verhandlungen, weil ich mir sagte, daß, wer heute für den Antrag Kahl stimmt, bis zu einem gewissen Grade auch die Gründe Kahls an der

Denn es ist klar: eine allgemeine Volksüberzeugung [9]) von der Unentbehrlichkeit eines Strafmittels ist niemals seine Rechtfertigung. Kann der Staat nicht vom Standpunkt seiner Aufgaben und seiner geläuterten Rechtsanschauung eine Strafe rechtfertigen, so bedeutet ihre Beibehaltung aus Rücksicht auf die sie fordernde Volksüberzeugung nichts als ein Armutszeugnis für die staatliche Macht. Entschuldbar nur vom Standpunkt der Not, dann nämlich, wenn die Machtmittel des Staates nicht ausreichen, seine reifere Strafauffassung durchzusetzen, wenn er damit rechnen muß, daß die Durchführung seines Willens durch die Sturmflut einer elementaren Massenüberzeugung verhindert werden würde.

Zweifellos lag eine solche Situation zu den Zeiten Beccarias vor, bei einem Stand der Strafrechtspflege, für den die Todesstrafe ein selbstverständliches, oft angewendetes und noch häufiger angedrohtes Strafmittel bildete. Aber heute, wo in Deutschland und Österreich die Todesstrafe nur noch einen verschwindenden Bestandteil ihrer einstigen Herrschaft bildet, wo die meisten todeswürdigen — noch vor wenigen Jahrzehnten todeswürdigen — Delikte mit einfacher Freiheitsstrafe gebüßt werden, ohne daß irgendwo dem Staat eine ernsthafte Erschütterung seines Ansehens droht, heute, wo selbst die letzten Reste der Todesstrafe in Gesetz und Urteil nur selten, in süddeutschen Staaten und Österreich sogar nur verschwindend selten praktisch zur Verwirklichung kommen?? Angesichts dieses Entwicklungsprozesses, dieser allerdings vielen Repräsentanten jener „volkstümlichen Rechtsanschauung" unbekannten Tatsachen ist in der Tat die Behauptung: „Der Staat habe die volkstümliche Forderung der Todesstrafe nur noch beim Mord (dem gemeinen oder politischen) zu respektieren", obwohl er sie bei allen Delikten sonst ruhig und ungefährdet ignorieren konnte, schlechterdings unhaltbar. Was in

Rechtskraft dieser Entscheidung teilnehmen läßt. Und das ist nach meiner und vieler andern Juristen Überzeugung schlechterdings unmöglich. Kahl muß es sich gefallen lassen, wenn ihm von ruhigen und vorurteilsfreien Beurteilern der Sachlage erklärt wird, daß gerade diese seine Begründung es vielen unmöglich macht, sich noch für Beibehaltung der Todesstrafe zu entscheiden." Ebenso A. Brückmann im „Tag" vom 24. September 1912. Mehrere deutsche Richter haben mir in dem gleichen Sinne erklärt, daß sie bis zum Wiener Juristentag Anhänger der Todesstrafe gewesen wären, die Begründung der Kahlschen These ihnen aber die Unhaltbarkeit dieses Standpunktes klar gemacht und sie in Gegner dieser Strafe umgewandelt habe. —

[9]) Vgl. hierzu die Ausführungen oben S. 14 ff.

Norwegen, Holland, ja sogar in Italien möglich war, sollte für Deutschland und Österreich ein gefährliches Experiment sein?

Solange es also nicht gelingt, jene Volksüberzeugung als berechtigte Forderung nachzuweisen, ist der Hinweis bloß auf ihre Existenz ohne alle und jede Beweiskraft. Nun hat Kahl allerdings auch diesen Nachweis, — freilich nur ganz nebenbei — versucht. Er hält den Ruf nach der Todesstrafe für den „Ausdruck des objektiven Gerechtigkeitsempfindens" für das „Verlangen nach innerlich adäquater Sühne".

Es ist charakteristisch für die vielsagende Dunkelheit dieser Worte, daß uns Kahl zwar mehrere Bedeutungen vorführte, die jene Worte nicht haben sollten, aber ihren positiven Sinn nicht angab. Man habe darunter nicht das alte „Auge um Auge" zu verstehen, nicht den Rachetrieb des Verletzten, nicht das Talionsprinzip oder ein absolutes Prinzip der Gerechtigkeit: es sei „der tiefernste Ausdruck der innersten Überzeugung, daß für gewisse schwerste Verbrechen der Tod des Verbrechers die einzige adäquate Sühne nicht sein muß, aber sein kann". —

Offenbar soll hierunter verstanden werden das mit starken Gefühlstönen verbundene und mit emotionalen Bestrebungen auftretende Urteil, welches den Tod des Verbrechers fordert. Der Tod werde hierbei als Befriedigung eines inneren Bedürfnisses empfunden, als ein Mittel, welches allein imstande sei, die durch das Verbrechen geschaffenen psychischen Erregungen auszugleichen und eine Beruhigung zu schaffen für das erregte „Rechtsgefühl". —

Daß dieses Gefühl die Hauptstütze und treibende Kraft für die Anhänger der Todesstrafe bildet, ist an verschiedenen Stellen des „Gutachtens" betont worden. Der Wiener Juristentag hat es aufs Neue bestätigt. Seine Realität im Gesellschaftsleben ist nicht zu bestreiten. Aber wer sich nicht an hohen Worten berauscht, kann auch nicht verkennen, daß dieses Gefühl da am lautesten und elementarsten sich geltend macht, wo es mit dem Gerechtigkeitsempfinden am wenigsten zu tun hat: wo es nur der Schrei der Erregung des Augenblicks, die Leidenschaft ganz gemeinen Vergeltungsbedürfnisses ist. Dieser Schrei nach Vernichtung des Verbrechers ist nun allerdings ein Argument zur Erhaltung der Todesstrafe. Aber freilich nur für Staaten, denen Macht und Energie in der Verfolgung von Verbrechern fehlen, nur in Zeiten, in denen die Blutjustiz von privaten oder staatlichen Organisationen zu den selbstverständlichen und regelmäßigen Reaktionsmitteln gegen das Verbrechen gehörte. Heute hat der

Staat diesen „Schrei" bei allen andern, auch bei Tötungsdelikten mühelos bekämpft, ohne daß die Sicherheit und das Ansehen der Justiz darunter leiden, wenn auch schwerste Verbrecher weitaus überwiegend „nur" Freiheitsstrafe trifft. Es ist also ein kaum verständlicher Anachronismus, die Todesstrafe auch in Kulturstaaten konservieren zu wollen, weil das Vergeltungsbedürfnis der Einzelnen oder der Masse dies fordern. Die Geschichte des Strafrechts lehrt, daß der Staat es überall sonst überwunden hat, die universelle Rechtseinrichtung der Verjährung, daß jedes Strafbedürfnis, mag es sich noch so elementar geltend machen, vergänglich ist. Alle diese Einwände sind in früheren Ausführungen dieses „Gutachtens" [10]) genauer entwickelt worden: weder das Gegengutachten Fingers [11]) noch Kahls Referat haben den Versuch gemacht, diese Ausführungen zu entkräften. Und das ist begreiflich genug. Scheut sich doch jeder Anhänger der Todesstrafe heute, seine Forderung in den Dienst des bloßen Vergeltungsinstinktes zu stellen. Sein Verstand und sein Gewissen kommen erst zur Ruhe, wenn es gelingt, den Ruf nach der Todesstrafe als Ausdruck des Gerechtigkeitsempfindens zu fassen. Hier pflegt er Halt zu machen, eine weitere Begründung seiner These erscheint ihm unnötig [12]).

---

10) Vgl. oben S. 14—18.

11) Verhandl. des 31. deutschen Juristentages (1912) Bd. 2, S. 334—365; vergl. dagegen namentlich Warhaneck in seinem Wiener Korreferat.

12) Eine Ausnahme macht in der neueren Literatur Rich. Schmidt, „Todesstrafe" in dem Reallexikon für protestantische Theologie und Kirche (3. Aufl.), herausgegeben von A. Hauck, 1907: er „deduziert die Notwendigkeit der Todesstrafe gerade vom Standpunkt der Gerechtigkeitsidee". Aus dieser ergebe sich das Prinzip, daß die Schwere der Strafe den Wert des vom Verbrecher verletzten sozialen Gutes zum Ausdruck bringen soll. Da das lebenslängliche Zuchthaus schon für Delikte wie Landesverrat, gefährliche Brandstiftung „unentbehrlich" sei, so müsse bei der Strafe des Mordes, des Attentats auf den Monarchen folgerichtig noch eine weitere Steigerung eintreten und diese könne nur in der Todesstrafe liegen. — Dieser Argumentation kann nur der folgen, der die Strafe lediglich nach der Schwere des Verbrechenserfolges, der Bedeutung der verletzten Rechtsgüter bemißt. R. Schmidt erkennt aber in demselben Artikel richtig, daß die Gestaltung der Strafe nach dem Verbrechenserfolg ein undurchführbares (vor allem auch von keiner modernen Strafgesetzgebung durchgeführtes) Prinzip darstelle, das „unbewußt durch Rachevorstellungen hervorgerufen sei". Damit ist die Unhaltbarkeit seines Gedankenganges dargetan. Es ist ferner nicht richtig, daß der Mord unter allen Umständen ein schwereres Verbrechen darstelle, wie etwa die gefährliche Brandstiftung oder der Landesverrat: folglich besteht kein Recht, geschweige denn eine gesetzliche Pflicht, ein Strafmittel über das lebenslängliche Zuchthaus hin-

Diese Selbstgenügsamkeit ist aber nicht zu rechtfertigen, sondern nur psychologisch zu erklären. Denn in Wahrheit verdankt jener Satz traditionellen, sich unbewußt geltend machenden Gefühlen seine Entstehung, kann er seine Kraft nur als Glaube, als ein jenseits von Wahr und Falsch stehendes Dogma betätigen. Ja, man muß sogar sagen: hier wird ein Credo quia absurdum vertreten. Es ist keiner verstandesgemäßen Rechtfertigung zugängig, mehr noch: es ist absurd, die Todesstrafe als Forderung der Gerechtigkeit verteidigen zu wollen. Eine Forderung, die nicht einmal das Gebiet ihrer Geltung substantiieren kann?! Nur verschwindend ist die Zahl derjenigen die heute noch die Todesstrafe als notwendige gesetzliche Folge eines Delikts vertreten. Kahl, Lammasch[13]), Finger, Köhler[14]), Löffler, sie alle geben zu, daß es Morde gibt, die nicht Todesstrafe „verdienen" [15]). Nicht das Gesetz in abstracto, sondern der Richter in concrēto soll allein noch entscheiden, wer des Todes schuldig ist.

---

aus zu besitzen. Irgendwo müssen wir zudem Halt machen und also Strafmittel der gleichen Art auf Verbrechen verschiedener Schwere anwenden — wer das nicht will, muß Schmidts Gedankengang natürlich auch für Morde verschiedener Schwere gelten lassen und landet dann unrettbar — bei qualifizier-Todesstrafen! Schließlich: was soll es wohl heißen, daß für Landesverrat usw. lebenslängliche Zuchthausstrafe „unentbehrlich" vom Standpunkt der Gerechtigkeitsidee sei? Man beweist also die Gerechtigkeit der Todesstrafe, indem man die lebenslängliche Zuchthausstrafe als Forderung der Gerechtigkeitsidee — voraussetzt? Es ist aber klar, daß hier genau die gleichen Bedenken auftreten, so daß man also in Wahrheit eine Unbekannte durch eine zweite Unbekannte aufzulösen versucht.

[13]) DJZ. 17 (1912), 1088 ff. (Festgabe für den Wiener Juristentag.)

[14]) Österr. Zentralbl. f. d. Jur. Praxis 30 (1912), 1 ff.

[15]) Heute vertritt die absolute Androhung der Todesstrafe bei Mord von Kriminalisten, so viel ich sehen kann, nur noch Rittler. „Glaubt ein Gesetzgeber die Todesstrafe nicht entbehren zu können, dann soll er auch den Mut haben, die Verantwortung dafür ganz auf sich zu nehmen. Er soll nicht die Last auf die schwachen Schultern des einzelnen Richters abwälzen und diesen in die schwersten Seelenkonflikte stürzen" (Allgem. Österr. Gerichtsztg. 1911, Tötung und Körperbeschädigung im österreichischen, schweizerischen und deutschen Vorentwurfe, S. 8 im Sonderdruck.) In der Tat ist diese Auffassung allein haltbar, sobald man die Todesstrafe im Gesetz will, — daß sie heute fast kein noch so energischer Anhänger der Todesstrafe zu vertreten wagt, zeigt eben, daß dieses Strafmittel eine Einordnung in unsere sonstigen kriminalpsychologischen Schuldwertungen schlechterdings nicht mehr verträgt, daß sie mit den Grundsätzen dessen, was uns heute gerecht erscheint, nicht mehr zu vereinigen ist.

Es fehlt also ein generellerMaßstab, der todeswürdige Delikte oder Personen abgrenzt, es fehlt jedes greifbare Kriterium, das uns sagt, wann der Richter oder die Gnadeninstanz den Stab über einen Menschen zu brechen hat. Und das soll Gerechtigkeit, soll ein notwendiges Gebot der nach allgemeinen Gesichtspunkten und gleich wägenden Gerechtigkeit sein, was ganz in das innerste Ermessen eines Einzelnen gestellt ist? Es soll der Ausdruck des Gerechtigkeitsempfindens sein, wenn von 100 zum Tode verurteilten Verbrechern in Österreich sagen wir: ein oder zwei, in Baden und andern süddeutschen Staaten etwa 10, in Preußen 30 oder 40 Personen hingerichtet werden? Die Gerechtigkeit soll eine Forderung stellen, die nach Kahls eigenen Worten die nächste Generation vielleicht schon abschaffen kann? Und was folgt aus dieser These für die Männer, die schon heute aus vollster Rechtsüberzeugung die Todesstrafe aus der Strafjustiz entfernen wollen, für die Staaten, die sie schon seit Jahrzehnten entfernt haben? Ist es richtig, daß die Todesstrafe durch die Gerechtigkeit gefordert werde, — dann ist der Schluß unvermeidlich, daß dann Norwegen, Italien, Holland und alle die andern Staaten ohne Todesstrafe Urteile fällen, die hinter der Gerechtigkeit zurückbleiben, daß nur in Luzern oder Fribourg, nicht aber in Bern oder Zürich, in Genf oder Basel die schwersten Verbrechen ihre „gerechte Sühne" finden. Man sage nicht, daß auch die Gerechtigkeit unter dem Gesetz historischer Entwicklung stehe, so daß heute gerecht sein kann, was morgen als ungerecht erkannt wird. Denn es handelt sich in dieser Frage um Menschen und Staaten von gleicher kultureller und geistiger Entwicklung, die in der Frage der Todesstrafe durchaus getrennte Wege gehen.

Nein jeder Versuch, diesen Gedanken zu Ende zu denken, ihn kritisch zu rechtfertigen, zeigt seine Unhaltbarkeit. Weder Kahl noch Finger haben diese Bedenken entkräften können, ja sie haben sie nicht einmal erwähnt, sondern jenes angebliche Prinzip nur behauptet. Das zeigt, daß es sich hierbei nur um ein Sentiment handelt, genauer nur um gefühlsmäßig sich geltend machende Nachwirkungen einer im übrigen überwundenen Strafauffassung. Daher ist es unmöglich, sie durch die uns sonst heute bestimmenden Grundsätze, durch Gedankengänge, die für den modernen Kriminalisten Beweiskraft haben, zu rechtfertigen.

So steht es also: nicht die Unentbehrlichkeit, auch nicht die Gerechtigkeit können die Beibehaltung der Todesstrafe gebieten. Die verstandesmäßige und wissenschaftliche Reflexion zwingt vielmehr zu der Erkenntnis, daß jene „Argumente" zugunsten der Todesstrafe nur noch gefühlsmäßig nachwirkende Vorurteile einer Jahrhunderte alten Tradition sind. Es ist kein Zufall, sondern nur ein Beweis der vorwärts drängenden Bewegung gegen die Todesstrafe, wenn der Wiener Juristentag die Erhaltung der Todesstrafe nur in Gestalt der Kahlschen These dekretierte. In der Tat bleibt dem nachdenkenden, die Erfahrungen von Vergangenheit und Gegenwart wertenden Anhänger der Todesstrafe nur noch ein Ausweg übrig. Das ist die These Kahls: nur der Glaube an den Wert der Todesstrafe kann ihre vorläufige Konservierung in unseren Strafgesetzbüchern fordern, solange dieser Glaube in einer „zweifelsfreien und allgemeinen Rechtsüberzeugung des Volkes" lebt. —

Daß diese Auffassung keine Rechtfertigung der Todesstrafe enthält, daß ihr damit die letzte wissenschaftliche Stütze entzogen wird, ist bereits entwickelt worden. Aber es ist noch mehr zu sagen. Ist denn jene von Kahl angenommene Voraussetzung überhaupt richtig? Kahl hat auf meine im Plenum gestellte Frage, wo denn jene überwiegende Volksüberzeugung zu finden sei, geantwortet: „sie liegt auf der Straße." Und in der Tat. Auf der Straße, in den Instinkten der Straße ist allerdings eine ganz unverkennbare überwiegende Volksüberzeugung zugunsten der Todesstrafe zu finden, sobald die Erregung über einen frischen Mord die Gemüter erzittern läßt. Aber selbst diese, durch keinerlei Hemmungsvorstellungen eingeschränkte rein elementare und instinktive Stimmung verflüchtigt sich nach wenigen Wochen, und niemals wird ein gefestigtes Staatswesen und ein Strafrecht, das auf kulturellen Grundlagen ruht, sich zu Sklaven dieser Volksleidenschaft erniedrigen. Es hieße, Kahl und jenen 470 Stimmen des Juristentages Unrecht tun, wollte man ihr Bekenntnis zur Todesstrafe aus der Rücksicht auf diese „Volksstimme", die Erregung und Erbitterung des Moments herleiten.

Das ist gewiß nicht ihre Meinung, kann nicht die Meinung eines ernst zu nehmenden Juristen oder Politikers sein. Sondern sie appellieren offenbar an die „Volksüberzeugung", die frei von den Affekten und Trübungen des Augenblicks urteilt. Aber auch das kann offenbar noch nicht genügen.

Denn dies ist eine Frage, in der nicht bloß die Erregungen des Augenblicks, sondern auch unabhängig davon Jahrhunderte alte Traditionen zu einseitigen Urteilen drängen. Es ist kein Wunder, wenn die historische Überlieferung zunächst jedem die Unentbehrlichkeit des alten Hausmittels der Justiz vortäuscht. Kein Wunder, daß sich diese Überlieferung in dem Bewußtsein des „Volks" besonders festsetzt, wenn öffentliche Meinung und Wissenschaft seit länger als 40 Jahren die ganze Frage ignoriert haben; wie dies zweifellos in Deutschland und Österreich geschehen ist.

Die Folge dieser Nichtbeachtung der Frage ist nun eine geradezu deprimierende Unkenntnis über Gründe und Stand der Bewegung gegen die Todesstrafe. Sehr vielen Laien [16]) und nicht wenigen Juristen [17]) ist völlig unbekannt, daß es schon Staaten gibt, die die Todesstrafe abgeschafft haben und sich dabei sehr wohl fühlen. Andere sprechen Zeitungsnotizen oder privaten Phantasien die — in diesem „Gutachten" widerlegte — Behauptung nach, daß die Staaten, welche die Todesstrafe abgeschafft hatten, durch eine „erschreckende" Zunahme der Kapitaldelikte zur Wiedereinführung der Todesstrafe genötigt worden seien.

Es fehlt also der heutigen Generation, man muß sagen: überwiegend die Kenntnis der einfachsten historischen Daten in dieser Frage. Kein Wunder, wenn das Gros der Anhänger der Todesstrafe von den treibenden Kräften und Bestimmungsgründen der abolitionistischen Bewegung nichts weiß. Sie kennen den Gegner nicht, aber sie mißbilligen seine Ansicht. Vor allem ist hier ein, wie es scheint, eisernes Vorurteil zu nennen. Die meisten Anhänger der Todesstrafe sehen in deren Gegner einen „sentimentalen, wehleidigen" „femininen" Gesellen, der aus Mitleid mit dem Leben der „Herren Mörder" die Todesstrafe beseitigen will. Sie sagen ihm nach, er treibe „Humanität im Dienste des Verbrechens" [18]) und glauben infolgedessen, es genüge, dieser Auffassung den „bitteren Witz: que messieurs les assassins commencent!" gegenüber zu stellen [19]). Oder sie meinen, der Gegner der Todesstrafe bestreite dem Staat das formale Recht zur Verhängung der Todesstrafe und haben es dann leicht, diesen längst überwundenen Standpunkt zu widerlegen [20]). Daß unter solchen Um-

---

[16]) Vgl. z. B. aus der Sammlung berühmter Anhänger der Todesstrafe aus der DJZ. die Urteile von Paul Heyse, v. Wilamowitz-Möllendorff, Wundt, Waldeyer, Hans Thoma, Ziegler, Rein (DJZ. 16 (1911), 9 ff. u. 233 ff.).

[17]) Ich bin sehr oft in die Lage gekommen, in Gesprächen auch bei sehr unterrichteten Juristen eine kaum glaubliche Unkenntnis in diesen Dingen berichtigen zu müssen.

[18]) So leider sogar Kahl in seinem Schlußwort vor dem Plenum. Vgl. meine Entgegnung hierauf in der „Neuen Freien Presse", a. a. O.

[19]) So Erich Schmidt in der DJZ., a. a. O. Der Engländer Oldfield nennt diesen „Witz" eine „hoffnungslos imbezille Phrase". (The penalty of Death, 99. Anm.)

[20]) Vgl. aus jener Sammlung v. Wilamowitz-Möllendorff: „In Wahrheit ist der Kampf wider die Todesstrafe nur ein Akt aus dem An-

ständen viele einer so durch und durch verkannten Bewegung die Gefolgschaft versagen, ist begreiflich genug. Aber der überzeugte Anhänger der Todesstrafe sollte sich hüten, mit solchen Gesinnungsgenossen, mögen sie noch so hervorragende Männer sein, zu werben. „Ich kann es nicht belächeln, bekritteln oder geringschätzen — hat Kahl auf dem Wiener Juristentag unter Berufung auf jene Sammlung der Juristenzeitung ausgerufen —, wenn Gebildete, wenn führende Geister die Beseitigung der Todesstrafe zurzeit nicht verantworten wollen." Gewiß soll man das nicht „geringschätzen", aber muß man ihre Ansicht unter allen Umständen hochschätzen? Auch dann, wenn sich nachweisen läßt, daß sie im wesentlichen nur auf falschen Voraussetzungen aufbaut und sich durch Gefühlsmomente ohne Kenntnis der Entwicklung des Problems erklären läßt? Es ist bequem und hat für jeden eine verführerische Kraft, im Schatten berühmter Männer zu kämpfen. Aber was soll daraus folgen, wenn 15 hervorragende Nichtjuristen und 11 nicht minder berühmte Juristen[21]) jener Sammlung heute Anhänger der Todesstrafe sind? Glaubt Kahl, daß sich dieser Zahl nicht eine ebenso große Anzahl Gebildeter und führender Geister aus dem entgegengesetzten Lager gegenüberstellen lasse?

Die Tatsache allein hat somit nicht den geringsten Beweiswert. Auch nicht, wenn Kahls Behauptung richtig wäre, daß hinter seinen Gewährsmännern wirklich die Mehrheit des deutschen Volkes stände. Denn dann erwüchse lediglich den Führern des Volks die Pflicht zu unermüdlicher Aufklärungsarbeit. Immer wieder muß es gesagt werden: solange die Menschen über das Problem der Todesstrafe nichts wissen oder lediglich mit legendären Vorurteilen gespeist werden, sind sie naturgemäß zum nicht geringen Teil Anhänger der Todesstrafe. Wir wollen abwarten, wie es mit dieser Volksüberzeugung aussieht, wenn erst wieder das seit Jahrzehnten bei uns eingeschlafene Interesse und Verständnis für die Frage in weitere Kreise gedrungen ist. — Die Entwicklung der Dinge in der kurzen Zeit vom Danziger zum Wiener Juristentag zeigt, daß gerade auf diesem Gebiet eine unerwartet schnelle

---

sturm anarchistischer (!) Gelüste gegen die staatliche Ordnung, das heißt: gegen die menschliche Gesittung." (!)

21) „Das zähe Festhalten an dem Bestehenden scheint eine Eigenschaft des juristischen Sinnes zu sein, welcher gewohnt ist, ein Verhältnis, weil es längere Zeit bestanden hat, als wohlbewährt anzusehen, und seine Mängel ... weniger zu bemerken." So heißt es in den — Motiven zur deutschen ZPO. § 1. Vgl. auch oben S. 40 den Ausspruch des irischen Richters.

Steigerung in der Bewegung gegen die Todesstrafe schon jetzt eingetreten ist. Und wir stehen ja erst im Anfang des Kampfes. Bisher haben nur die Juristen gesprochen, — auf allen Gebieten des gesellschaftlichen, kulturellen und politischen Lebens sind aber für die nächsten Jahre Aussprachen über diese Frage mit Sicherheit zu erwarten[22]).

Wir brauchen aber nicht erst an die Zukunft zu appellieren. Schon der Wiener Juristentag selbst ist eine glänzende Widerlegung der Kahlschen These. Die Mitglieder des Juristentages gehören doch auch zum „Volk"? Von einer allgemeinen oder gar überwiegenden Volksüberzeugung zugunsten der Todesstrafe hat man hier nichts gemerkt.

Nur eine Stimme mehr auf seiten der Anhänger der Todesstrafe in der „Abteilung", und nur 46 Stimmen mehr im Plenum! Soviel steht also schon heute fest: es besteht kein Recht, die Volksüberzeugung der deutschen und österreichischen Juristen als Argument für die Todesstrafe heranzuziehen.

Wie es mit den Majoritätsverhältnissen in den Parlamenten stehen wird, wissen wir heute noch nicht. So viel ist aber sicher, daß keine einzige politische Partei heute durch ihr Programm verhindert wäre, als Gegner der Todesstrafe aufzutreten; denn die Politik hat gegenwärtig gar nichts mit der Frage zu tun[23]). Und es ist kein Zweifel möglich, wenn in dem deutschen und österreichischen Reichstag überhaupt eine Majorität für Erhaltung der Todesstrafe zu erreichen sein sollte — was kaum zu erwarten ist — groß und beachtenswert wird sie in keinem Falle sein! —

[22]) Wenn v. Staff meint, der Wiener Vorstoß der Gegner der Todesstrafe sei der „für absehbare Zeit" „letzte Kampf" in dieser Frage gewesen, so ist dabei allein der Wunsch der Vater des Gedankens gewesen. (DJZ. 17 (1912), 1261/62. (Vgl. auch S. 215 oben.)

[23]) Das Gegenteil behauptet wieder v. Staff, a. a. O.: Die Frage der Todesstrafe sei „von jeher und noch heute mit politischen Grundanschauungen verknüpft". Dies ist nun für die Vergangenheit zunächst positiv unrichtig. Wenn 1848 die Frage als „politische Parteifrage" behandelt wurde (vgl. oben S. 76), so war dies eine Spezialität dieser Bewegung, der jede Kulturforderung im Lichte der Politik erschien. Im übrigen aber ist die Forderung der Abschaffung von Politikern der verschiedensten Richtung in den Kämpfen um das deutsche Strafgesetzbuch vertreten worden. Der konservative Generalstaatsanwalt Schwarze vertrat sie ebenso leidenschaftlich wie der Liberale Lasker. Und heute braucht man nur an Häckel etwa und Lombroso, die Anhänger, an Birkmeyer und v. Bar zu erinnern, die Gegner der Todesstrafe sind, um zu erkennen, daß die Stellung zur Todesstrafe nicht durch bestimmte politische Anschauungen bestimmt wird.

Wie leicht man sich über solche Volksüberzeugungen täuschen kann, wie wenig man mit ihnen als einem konstanten Faktor in dieser Frage rechnen darf, zeigen die hochbedeutsamen Beschlüsse des Schweizer Juristentages vom 8. Oktober dieses Jahres [24]).

Der Bundesanwalt Dr. Kronauer hatte in seinem „Referat" zu diesen Verhandlungen [25]) die These gestellt, in dem Einführungsgesetz zum kommenden schweizer Strafgesetzbuch den Kantonen die Befugnis vorzubehalten, „auf das im Bundesstrafrecht zu definierende Verbrechen des Mordes durch Spezialgesetz neben der lebenslänglichen Zuchthausstrafe alternativ die Todesstrafe anzudrohen". Den gleichen Beschluß hatte schon vorher im April 1912 die in Luzern tagende Kommission, bestehend aus den Mitgliedern der bisherigen Expertenkommission, Parlamentariern aus dem National- und Ständerat, sowie kantonalen Beamten der Strafgerichtsbarkeit [26]), gefaßt. Kronauer, der dieser Kommission angehörte, vertrat beidemal die von ihm gestellte, oben angegebene These, weil man Rücksicht nehmen müsse auf diejenigen Kantone, die die Todesstrafe bisher in ihren Gesetzbüchern hätten. Es sei zu befürchten, daß diese Kantone durch ihren Widerspruch gegen die Beseitigung der Todesstrafe das ganze Gesetzgebungswerk zu Fall bringen würden. Um also die Zentralisation des Strafrechts zu Werke zu bringen, rate er, — obwohl er Gegner der Todesstrafe sei — den wenigen Schweizer Kantonen, die noch an der Todesstrafe hängen, ein „Ventil" im Sinne seines Vorschlages zu öffnen: die beschränkte Beibehaltung werde überhaupt nicht oder „nur verhältnismäßig sehr wenig" schaden „im Vergleich mit der Möglichkeit ernster Gefährdung des ganzen Gesetzeswerkes durch die fanatisierten Anhänger der Todesstrafe" (a. a. O. 28). — Kahl hatte in Wien auf den Beschluß der Luzerner Kommission sowie auf den Kompromißantrag im Referat Kronauers hingewiesen als Beweis dafür, daß auch der Gegner der Todesstrafe die Stärke der entgegengesetzten Volksüberzeugung respektieren müsse.

Schon damals lag das Korreferat des Genfer Privatdozenten Logoz vor, der das Kronauersche Kompromiß verwarf und

---

[24]) Vgl. hierzu die allgemeinen Ausführungen über die Schweiz oben 89 ff.

[25]) Kronauer, Die Todesstrafe und die Vereinheitlichung des Schweizerischen Strafrechts, 1912 (auch als Sonderdruck erschienen).

[26]) „Unter möglichster Vorsorge dafür, daß sämtliche Landesteile und die drei Hauptsprachen sowie die politischen und beide Religionsgenossenschaften wirksam vertreten seien." (Kronauer, 16.)

eine einheitliche gesetzliche Regelung der Frage für die Schweiz ohne Todesstrafe forderte. Und nun handelte es sich darum, wie der Schweizer Juristen-Verein die Frage entscheiden würde, ob er, der „Pionier der Rechtseinheit", vor dem Lande verkündigen werde, daß er sein „altes Ideal des Einen Rechts in einer kapitalen Frage preiszugeben und der ängstlichen Opportunität zu opfern gewillt sei" [27])? Das ist nicht geschehen. Der Schweizer Juristentag hat mit großer Mehrheit (101 gegen 20 Stimmen!) beschlossen, die Frage der Todesstrafe nicht dem Belieben der Kantone zu überlassen, sondern sie im eidgenössischen Strafgesetzbuch einheitlich zu regeln. Er hat außerdem gemäß dem Antrag des Korreferenten die Resolution gefaßt: „Die Todesstrafe ist nicht in das Strafgesetzbuch aufzunehmen." Beide Beschlüsse sind ein Markstein in der Geschichte des Schweizer Juristenvereins [28]), — zugleich aber ein zur Nachfolge anspornendes Vorbild in der Kulturbewegung gegen die Todesstrafe. So stark war diese Strömung, daß selbst der Autor jenes Kompromißantrages Kronauer sich ihr unterwarf, indem er erklärte, sein Vorschlag habe „mehr den Zweck der Anregung zur Diskussion gehabt". Schon jetzt seien „auf dem Gebiete der Todesstrafe ganz wichtige neue Erscheinungen zutage getreten, die ernste Würdigung verdienen, so bei der Vereinigung der deutschen und österreichischen Juristen in Wien. Die dortigen Referate zu Gunsten der Abschaffung der Todesstrafe zwängen zu neuer Prüfung der Frage auch bei uns. Auf ihn habe die Arbeit von Professor Liepmann (mein „Gutachten") einen tiefen Eindruck gemacht und ihn in der prinzipiellen Gegnerschaft gegen die Todesstrafe bestärkt." Daher werde er „nicht unglücklich sein, wenn man über seinen Vorschlag hinwegginge" [29]).

---

[27]) „Neue Zürcher Zeitung", 2. Morgenblatt, 11. Oktober 1912, Leitartikel.

[28]) So Meyer v. Schauensee in „Nachklänge vom Juristentag", II, „Neue Zürcher Zeitung", 15. Oktober 1912; den zweiten Beschluß nennt er einen „Sieg des im schweizerischen Rechtsleben immer notwendiger werdenden Idealismus über den jeder tieferen Rechtsauffassung feindlichen Realismus"

[29]) Ich zitiere nach dem Manuskript des mündlichen Referats von Kronauer, das mir der Verf. in liebenswürdiger Weise zugängig gemacht hat. Vergl. auch „Neue Zürcher Zeitung", 8. u. 11. Oktober 1911.

Aus diesen Worten möge v. Staff entnehmen, ob wirklich, wie er meint, das Ergebnis des Wiener Juristentages „am wirksamsten dazu beitragen" werde, „die Frage der Abschaffung der Todesstrafe auf längere Zeit zur Ruhe zu bringen"? (a. a. O. 1262.) Aber noch nach einer andern Richtung sind diese Beschlüsse symptomatisch: sie zeigen, daß die Berufung auf eine entgegenstehende Volksüberzeugung sehr oft nur der eigenen Scheu vor einem Wandel in der bisherigen Tradition ihre Entstehung verdankt. —

Kronauers Thesen unterdrückten den Widerspruch gegen die Todesstrafe aus Angst vor einer Gefährdung der ganzen Strafrechtsreform durch diese Einzelfrage. Auch in Wien wurde mit beweglichen Worten Kahls und Goldschmidts den Gegnern der Todesstrafe das gleiche Verfahren vorgeschlagen und nahegelegt, doch nicht durch „vordringliche Einmischung" der einen Frage die ganze Strafrechtsreform zum Scheitern zu bringen. Die Forderung der Abschaffung der Todesstrafe sei jetzt aussichtslos, daher solle man die kommende Strafrechtsreform nicht damit belasten[30]).

Ich gestehe, daß mir dieser Standpunkt von allen zugunsten der Kahlschen These geltend gemachten Ausführungen ganz und gar unfaßbar ist. Der Korreferent Warhanek hat mit Recht darauf hingewiesen, daß der Juristentag kein Parlament und keine Gesetzgebungskommission, sondern eine wissenschaftliche Vereinigung sei[31]).

Und nun soll ein Gegner der Todesstrafe gerade in dem Augenblick seinen Widerspruch aufgeben, wo es darauf ankommt? Der Juristentag sei kein „Dr. juris abstractus" — hat Kahl bemerkt. Ja, ist denn die Frage der Abschaffung der Todesstrafe eine Doktorfrage? Welchen Sinn hat es, für die Beseitigung einer Strafe zu kämpfen, aber in dem Moment zu schweigen, wo es sich darum handelt, ob sie in ein neues Strafgesetzbuch aufgenommen werden soll? In Fragen unbedeutenden Ranges, in Duodezproblemen dogmatischer Art oder

---

[30]) So außer Kahl, Goldschmidt in der DJZ. 1911, 205 und vorher schon in der Rvergleichenden Darstellung des deutschen und ausländischen Strafrechts, Allgem. Teil, IV, 320. Ebenso v. Liszt, Mitteil. d. Intern. Krimin. Vereinigung 1912, 188ff. und in verschiedenen Tageszeitungen.

[31]) Vgl. jetzt noch Kantorowicz, „Wider die Todesstrafe" in „Dtsch. Revue" 1912, 250/253: „Der Juristentag ist keine gesetzgebende Körperschaft; all seine Bedeutung beruhte darauf, daß er das Gewicht seiner freien und eigenen Überzeugung in die Wagschale der taktischen Erwägungen anderer: Regierung und Parlament, und in die Debatten der Laien zu werfen wußte."

bloßen Formulierungssorgen erhitzen wir uns alle Tage. In einer Frage dagegen, die getragen ist, wie man sagt, von einer „überwiegenden Volksüberzeugung", in der das „innerste Gerechtigkeitsempfinden" der Volkspsyche zum Ausdruck kommen soll, mutet man uns zu, unseren Widerspruch aufzugeben? D. h. wir würden sagen: wir sind zwar durchaus anderer Ansicht als ihr Anhänger der Todesstrafe, wir sind der Meinung und haben den bisher nicht widerlegten Nachweis versucht, daß die Todesstrafe weder der Sicherung noch der Abschreckung irgend welchen spezifischen, durch andere Strafmittel nicht zu erreichenden Dienst leistet, daß sie anderseits unserer heutigen Strafrechtspflege schlechthin zur Unehre gereicht, weil sie mit groben, mechanisch wirkenden Mitteln Racheinstinkte befriedigt, ohne wirklich die Zwecke des Staates und der Allgemeinheit in der Bekämpfung des Verbrechens zu erfüllen, weil sie weiter stets der Gefahr eines nie wieder gut zu machenden Justizirrtums unterworfen ist[32]), — aber wir wollen die Konsequenzen aus diesen

[32]) Zur Frage der Justizirrtümer habe ich in meinem „Gutachten" einen detaillierten Beweis nach verschiedenen Richtungen angetreten. Daß die Furcht vor einem Justizmord nicht bloß für die Vergangenheit, sondern für alle Zeit berechtigt, daß sie ganz besonders angebracht ist angesichts der Mängel unseres heutigen Strafverfahrens und der bei der Verfolgung wegen eines Kapitaldelikts gerade besonders ergiebigen und spezifischen Fehlerquellen, daß abgesehen von den vielen nicht zu unserer Kenntnis gelangenden oder schnell in Vergessenheit geratenden Fehlsprüchen der Justiz nachgewiesene Fälle aus der jüngsten Vergangenheit die Realität solcher Justizirrtümer und zugleich zeigen, daß auch eine Verbesserung unseres Strafverfahrens und der Kunst forensischer Menschenbeurteilung niemals diese Gefahr beseitigen können: so daß die Furcht vor einem Justizirrtum nicht Schwäche der Zeit, sondern voll begründetes Bewußtsein der wirklichen Verantwortung bedeutet! (Vgl. oben S. 126—177.) Wer diesem Beweis die Schlüssigkeit abspricht, mag dies darlegen, aber er hat es — das darf ich ohne Überhebung sagen — nicht verdient, ignoriert zu werden. Auf diese Taktik haben sich aber Löffler wie Kahl beschränkt. Jener, indem er diese Frage überhaupt nicht mehr berührte. Aber auch Kahl vermied jede Auseinandersetzung mit meinen Ausführungen: er hielt sich „aller Zurechtweisungen ungeachtet" für „berechtigt, die Frage zu wiederholen: „wo sind die Justizmorde, die uns zwingen, die Frage der Irreparabilität in den Vordergrund zu stellen?" Und v. Staff verhält sich a. a. O. 1259 ebenso, indem er die auf dem Danziger Juristentag noch zu verstehende, heute aber nicht mehr diskutable abwartende gleiche Frage (vgl. oben S. 127), wie damals stellt. — Gegen diesen Quietismus muß protestiert werden. Wie tief einen das Gefühl der Unvollkommenheit der Strafjustiz, die Furcht vor ihrer Fehlbarkeit gerade bei „todeswürdigen" Delikten berührt, ist Sache der Individualität und im letzten Grunde des ethischen Empfindens. Aber es heißt die Frage nicht lösen, sondern verschleiern, wenn man dem

Prämissen jetzt noch nicht zur Geltung bringen und unseren Widerspruch gegen die Todesstrafe bis zum übernächsten Strafgesetzbuch vertagen!! Man sieht: ein solcher Gedankengang ist ganz und gar unmöglich. Er widerstreitet jedem ethischen Empfinden, er steht aber auch mit den einfachen Anforderungen an richtiges Denken auf Kriegsfuß. Und schließlich: wie verträgt sich jene Forderung mit dem Appell an die Volksüberzeugung? Soll denn jene „volkstümliche Rechtsanschauung" nur Berücksichtigung finden, wenn sie von einem Anhänger der Todesstrafe stammt, — dagegen nicht einmal zu Worte kommen, wenn sie die „tiefinnerste Überzeugung" eines Gegners der Todesstrafe ist? — Aber werden Kahl, Liszt und Goldschmidt einwenden: welchen Zweck hat euer Widerspruch? Gelegentlich der heutigen Strafrechtsreform, „bei welcher nur der soziale Sicherungsgedanke die treibende Kraft ist"[33]), wird die Todesstrafe doch nicht fallen. Die Regierungen werden noch viel energischer, als zur Zeit der Entstehung des jetzigen Strafgesetzbuchs an ihrer Beibehaltung festhalten. Die Folge einer energischen Agitation gegen die Todesstrafe würde also nur das Reformwerk auf unbestimmte Zeit zum Scheitern bringen. Und das wäre ein schwerer Verlust um der vielen und großen Fortschritte willen, die die Strafgesetzentwürfe in Deutschland und Österreich bieten. —

Dieser Gedankengang leuchtet offenbar vielen ein und hat vermutlich nicht bloß Goldschmidts Stimme der Kahlschen These zugeführt. Und doch ist auch er abzulehnen. Zunächst gerade vom Standpunkt der Begründung Kahls. Wenn die Todesstrafe nur so lange berechtigt sein soll, als eine überwiegende Volksüberzeugung sie fordert, so kommt es eben darauf an, ob diese Volksüberzeugung beim Zustande-

---

ganzen Problem gegenüber die Augen schließt und ohne den Versuch eines Gegenbeweises sich und andere damit zu beruhigen versucht, daß diese Gefahr heute überhaupt nicht mehr ernsthaft in Betracht kommt. Man höre die Worte des sächsischen Ministers in der 2. Kammer aus dem Jahre 1868: „Wir haben das Beispiel in Deutschland in den letzten Jahrzehnten gehabt, daß jemand hingerichtet worden ist, weil meineidige Zeugen geschworen hatten, er wäre der Täter gewesen. Die Geschworenen hatten ihn verurteilt, die rechtsgelehrten Richter waren von seiner Schuld überzeugt, alle waren davon überzeugt; er wurde hingerichtet und dann ergab sich, daß die Zeugen meineidig gewesen waren. Hiergegen schützt keine Gewissenhaftigkeit des Regenten und eine solche furchtbare Tat bleibt nur bei Aufrechterhaltung der Todesstrafe, aber bei dieser noch alle Tage möglich." (Holtzendorffs Allgem. Deutsche Strafrechtzeitg. 8 (1868), 265.)

[33]) Goldschmidt in Vergl. Darstellung a. a. O. 320.

kommen des neuen Gesetzbuchs sich wirklich geltend macht. Ist das nicht der Fall, zeigt sich im Parlament und sonst in der Volksstimmung, daß die „Idee" der Todesstrafe in dem Bewußtsein des Volkes keine Resonanz mehr findet, daß sie überwiegend von ihm abgelehnt wird, — nun so müßte eben Kahl die Konsequenzen seiner Auffassung ziehen (ich bin kein grundsätzlicher Dauerkämpfer für die Idee der Todesstrafe — sagte er in Wien) und mit den heutigen Gegnern der Todesstrafe ihre Abschaffung fordern. Er und seine Gesinnungsgenossen müßten die Regierungen davon überzeugen, daß nun nicht mehr das Recht bestände, die Todesstrafe beizubehalten: weil ein Teil des Volkes sie als überflüssige, unwürdige, ihrem ethischen Empfinden widersprechende Strafe verwerfe, und sie im übrigen nicht mehr von einer starken Mehrheit des Volkes gefordert werde.

Weiter: entweder die Frage der Todesstrafe ist wirklich eine Frage von großer kultureller Bedeutung, so wiegt sie schwerer als die vielen prophylaktischen und sichernden Maßnahmen, die jetzt zur zielbewußteren Bekämpfung des Verbrechens gefordert werden. Vor allem weil die meisten Einrichtungen dieser Art durch Spezialgesetze (man denke an ein Jugendschutzgesetz), ja sogar im Wege der Verwaltung geschaffen werden können, — und zudem gerade hier keineswegs „periculum in mora" besteht, sondern umgekehrt jedes weitere Jahr der Entwicklung ein Gewinn für die reifere Erfassung der hier anzuwendenden Mittel ist. Die Entwicklung in Deutschland vom Vor- und Gegenentwurf zum Kommissionsentwurf, soweit wir ihn kennen, zeigt, daß gerade auf diesem Gebiete die Ideen noch in vollster Entwicklung sich befinden. Wäre der zuerst fast allgemein gerühmte „Vorentwurf" gleich Gesetz geworden, — er würde schon heute auch gemäßigten Kriminalisten als veraltet erscheinen! Die Frage der Todesstrafe aber ist spruchreif, man kann sagen seit mehr als 50 Jahren. Sie zurückzustellen hinter andern Reformforderungen ganz neuen Datums, liegt gar kein Grund vor. Oder — und das ist die zweite Möglichkeit — die Frage der Todesstrafe ist wirklich eine „untergeordnete", eine „reine Zweckmäßigkeitsfrage", deren praktische Bedeutung sich darin erschöpfe, daß einige schwerste Verbrecher statt mit dem Leben mit lebenslanger schwerer Kerkerhaft ihre Straftaten büßen würden"[34]). Wozu dann der Lärm, wenn es sich um ihre

---

[34]) So v. Staff, a. a. O. 1259. Daß die Bedeutung der Frage keineswegs hierin liegt, hätte der sonst nach Objektivität strebende Verfasser aus diesem „Gutachten" erkennen können.

Abschaffung handelt? Ist es wirklich die Überzeugung der Anhänger der Todesstrafe, daß es sich um eine untergeordnete Frage handelt, dann müssen sie eben ihre Wünsche zurückstellen, um die großen und wertvollen Ergebnisse der Strafrechtsreform nicht zu gefährden!

Noch ein letzter Gegengrund. Man sagt, der jetzt herrschende Sicherungsgedanke werde die Abschaffung der Todesstrafe verbieten. Aber darum handelt es sich ja gerade, allen Anhängern der Todesstrafe klar zu machen, daß die Todesstrafe vom Standpunkt der Sicherung heute nur eine ganz geringe Rolle spielt, weil sie keineswegs die gemeingefährlichsten und schwersten Verbrecher trifft[35]), und der Schutz der Gesellschaft durch strenge, langzeitige oder gar lebenslange Freiheitsentziehung ebenso sicher erreicht werden kann[36]). Man muß sogar umgekehrt sagen: ein Strafrecht, dessen „treibende Kraft der soziale Sicherungsgedanke" ist, darf gar nicht die Todesstrafe aufnehmen. Denn diese Strafe steht in denkbar schwerstem, in unheilbarem Widerspruch zu dem „Sicherungsgedanken" und zu allen andern regulativen Prinzipien unserer heutigen Strafauffassung. Diese lehren, daß man, so viel als irgend möglich, die gemeingefährlichen, zu Verbrechen tendierenden Ursachen des Verbrechens, nicht die Augenblickswirkungen und -Erregungen bekämpfen soll; daß man nicht kurzsichtig der Erregung des Verletzten oder der Angst des friedlichen Bürgers zu Liebe mit der Strafe dreinhauen, sondern klar und besonnen über dieser vergänglichen Erregung stehen und den allgemeinen Bedürfnissen des Staates und der Gesellschaft dienen soll. Wer also die schon jetzt verwirklichte und in Zukunft noch schärfer auszubildende Strafauffassung vertritt, muß sich darüber klar sein: daß die Todesstrafe zu ihr einen Fremdkörper bildet, den jeder gesunde Staat ausstoßen kann, ja ausstoßen muß. Haben wir doch im übrigen alle Strafmittel beseitigt, die den Verbrecher vernichten sollen und die irgendwie die Grausamkeit des Verbrechens in der Exekution an dem Täter widerspiegeln. Dem modernen Staat muß, wenn er sich auf seine sonstigen Grundsätze der Strafjustiz besinnt, die Todesstrafe genau so unwürdig und überflüssig erscheinen, wie die qualifizierten Todes- und Verstümmelungsstrafen der Vergangenheit. —

Das ist also das Ergebnis des Wiener Juristentages: Eine nicht in Betracht kommende Majorität solcher Anhänger der Todesstrafe, welche vorläufig noch nicht die Verantwortung der Abschaffung dieser Strafe

---

[35]) Vgl. oben 110 ff.

[36]) Vgl. 190, Anm. 383.

übernehmen wollen. Und die Gründe dieses Votums lehren: die Tage sind vorüber, in denen die Beibehaltung der Todesstrafe in den allgemeinen Strafgesetzbüchern von Kulturstaaten auf Forderungen der Staatsnotwendigkeit gestützt werden kann. In dem ganzen Kampfe, der in Wien geführt wurde, sind einzig und allein imponderabile, jeder exakten Argumentation ausweichende und unzugängliche Sentiments und daneben opportunistische Scheingründe die „Sieger" geblieben.

Berichtigungen und Nachträge.

S. 6 und ff.: Adolf Merkel, Die Lehre von Verbrechen und Strafe, auf der Grundlage des „Lehrbuchs des Strafrechts" in Verbindung mit den übrigen Schriften des Verfassers herausgegeben und mit einer Einleitung versehen von M. Liepmann ist inzwischen im Verlage von Ferdinand Enke, Stuttgart, erschienen.

S. 7 Zeile 7 von oben: statt „einer" — seiner.

S. 23 Anm. 28: statt „S. 668" — 101 ff.

S. 25: Unter den Männern, denen ich für Unterstützung meiner Arbeit zu danken habe, ist noch zu nennen der Directeur général des Prisons et de la Sureté Publique Gonne aus Brüssel.

S. 49 Zeile 9 von unten (ohne Zählung der Anmerkungen): statt „Straftat" — „Strafart".

S. 49 Zeile 5 und 4 von unten: statt „bestraft worden" — „begangen worden".

S. 65 Zeile 9/10: statt „die Zahlen der Statistik (siehe S. 62)" — die Zahlen der Statistik (siehe S. 66) beweisen:

S. 68 vorletzte Zeile: statt „S. 582 ff." — S. 15/16.

S. 95 die letzten 4 Zeilen von unten: Hier muß es nach dem letzten Stand der Schweizer Bevölkerung heißen:

15 Kantone mit 2 840 234 Einwohnern oder 75,44 % der Bevölkerung ohne Todesstrafe,

10 Kantone mit 924 889 Einwohnern oder 24,56 % mit Todesstrafe. (Nach Kronauer, Die Todesstrafe und die Vereinheitlichung des Schweizerischen Strafrechts 1912.)

S. 152 Anm. 302: statt „S. 757 ff." — 190.

S. 154 Anm. 304: statt „von einem Gefangenen berichtet" — über einen Gefangenen berichtet.

S. 171 Zeile 9 von unten: statt „S. 703" — S. 136.

S. 193 Zeile 2/3: statt „Lebenslichen" — Lebenslänglichen.

S. 194 Anm. 391: statt „S. 191" — S. 195.

Druck von Leonhard Simion Nf. in Berlin SW. 48

FSC
www.fsc.org
MIX
Papier | Fördert
gute Waldnutzung
FSC® C083411

Kolibri 360 GmbH
Ferdinand-Jühlke-Straße 7
99095 Erfurt, Deutschland
produktsicherheit@kolibri360.de